AF577983

Hünermann
Der Pfarrer von Ars

Wilhelm Hünermann

Der Pfarrer von Ars

Johannes Vianney

Tyrolia-Verlag · Innsbruck-Wien

15. Auflage 2022

Titel der früheren Ausgaben: Der Heilige und sein Dämon. Das Leben des armen Pfarrers von Ars
Umschlaggestaltung und Satz: Tyrolia-Verlag, Innsbruck
Druck und Bindung: Finidr s.r.o., Tschechien
ISBN: 978-3-7022-1594-1
E-Mail: buchverlag@tyrolia.at
Internet: www.tyrolia-verlag.at

INHALTSVERZEICHNIS

STUFEN INS LICHT

Ein seltsamer Gast 8
Ohne Bildung? 15
Angst und Sorgen 21
Die Predigt vom Küchenstuhl 30
Gottes Licht in dunkler Zeit 35
Petrus in Ketten 41
Das Tor springt auf 49
Der brennende Dornbusch 55
Ein Blitz aus heiterem Himmel 63
Der Flüchtling 68
In der Verbannung 76
Verworfen und berufen 82
Aufstieg zur Höhe 90

DER HEILIGE UND SEIN DÄMON

Der neue Kaplan 98
Einzug in Ars 109
Licht und Finsternis 119
Teufelstanz 129
Engel und Teufel 137
Grappin wird ungemütlich 146
Ecce homo! 157
Handlanger und Beichtvater 170
Das Wunder von Ars 178
Die große Versuchung 190

ZWISCHEN HIMMEL UND HÖLLE

Das Wunder der kleinen Heiligen 194
Zweifache Flucht 204
Unter dem Kreuz 215
Der Seherbub von La Salette 220
Ein rotes Mäntelchen 226
Spielball zwischen Himmel und Hölle 231
Die Krone der Madonna und das Kreuz des Pfarrers 237
Zehn in einem Abteil 244
Das Zeichen der Madonna 258
Das Spiel ist aus 266

STUFEN INS LICHT

EIN SELTSAMER GAST

1770

Unter ihren Schritten knirschte der Schnee. Eisig peitschte der Wind, der von den Höhen herabfuhr, ihre Gesichter. Irgendwo flatterte ein Krähenschwarm auf und verlor sich gespenstisch im bleichen Licht.

„Wird Zeit, daß wir eine Bleibe finden", keuchte der ältere der beiden Wanderer und tastete an seinem zerlumpten Rock herum, sich gegen die schneidende Kälte zu schützen. „Es wird Nacht."

„Ja, es wird Nacht über Frankreich!" erwiderte sein Gefährte, ein etwa zwanzigjähriger Mann, der auf dem Ordenskleid der Trappisten ein kupfernes Kreuz und einen Rosenkranz aus großen, groben Holzperlen trug.

„Possen!" knurrte der Alte im Vagabundenkleid und warf dem anderen einen mürrischen Blick zu. „Wird überall Nacht, nicht nur über Frankreich. Ehe wir in Lyon sind, siehst du die Hand nicht mehr vor den Augen."

Der Jüngere antwortete nicht. Leise nur bewegten sich seine Lippen, während seine Rechte an dem mächtigen Rosenkranz herumfingerte.

„Bei Gott, du bist ein langweiliger Weggenosse!" brummte der Alte ärgerlich. „Man muß dir wohl erst jedes Wort mit dem Brecheisen aus den Zähnen ziehen. Wird ein verdammt hungriges Kloster gewesen sein, aus dem die heiligen Brüder dich fortgejagt haben. Man kann dir ja das Vaterunser durch die Backen blasen." Er wollte lachen, aber ein hohler, bellender Husten überkam ihn. Er ballte die Faust und schlug auf die keuchende Brust. „Ist alles kaputt da drin."

Wieder stapften sie schweigend nebeneinander her.

„Hat keinen Zweck, nach Lyon zu gehen", begann der Alte wieder. „Ist auch zu gefährlich in der Stadt für unsereinen. Wenn die Gendarmen uns beim Betteln erwischen, bringen sie uns auf die Galeere. Drei Jahre haben sie mich an die Ruderbank gekettet, weil ich in Toulon um ein Stück Brot bettelte. Hast du kein Geld, dir was zu kaufen, mußt du eben verrecken, Kamerad. Sonst packen sie dich und bringen dich auf die Galeere. Zuerst für drei Jahre, dann für neun, und wenn du dann noch lebst und nochmal die Frechheit hast, um einen Bissen für deinen knurrenden Magen vorzusprechen, kannst du rudern, bis du den letzten

Schnaufer tust. So ist das jetzt in unserem glorreichen Königreich. Aber du hörst ja gar nicht zu. Denkst wohl, deine fromme Kutte schützt dich vor der Galeere? Hab' manchen Geschorenen am Ruder gesehen, und die Peitsche zischte ihm genauso über den Rücken wie jedem anderen auch."

Wieder riß ihm der Husten das Wort von den Lippen. Er spuckte Blut in den Schnee und fluchte wild, als er wieder zu Atem kam.

Irgendwo kamen sie an einen Wegweiser. Mühsam entzifferte der Alte die Aufschrift:

„Dardilly – 3 Kilometer. Soweit kommen wir noch." Schweigend bogen sie in den von vielen Karrenspuren ausgefahrenen Weg ein.

Es war völlig dunkel, als sie in dem Dorf anlangten. Aus einem der ersten Gehöfte fiel ein trüber Schein auf die holperige Straße.

„Da ist Licht!" sagte der Jüngere.

Ein Hund schlug an.

„Hoffentlich jagen sie uns nicht mit dieser Bestie wieder fort!" brummte der Alte. Dann aber pochte er mit seinem Knotenstock gegen das verschlossene Tor.

Eine Weile währte es, bis sie Schritte aus dem Inneren des aus Lehm gebauten Wohnhauses hörten. Die Tür öffnete sich einen Spalt weit. Eine Laterne leuchtete ihnen entgegen. Dann tat sich das Tor vollends auf, und ein etwa fünfzehnjähriger Bursche betrachtete sie prüfend im Schein seines Lichtes.

Der Alte leierte nach Vagabundenbrauch das Vaterunser und fügte seine Bitte um ein Obdach hinzu. Mißtrauisch spähte der Junge in sein zernarbtes Gesicht. Es trieb sich in jenen Tagen viel Räuber- und Lumpenvolk in Frankreich herum. Als dann aber sein Blick auf das ernste, schöne Gesicht des Jüngeren fiel, der im Ordensgewand vor ihm stand, nickte er, ließ sie ein und führte sie über den gestampften Lehmboden in die Küche, aus der der Schein eines Kienspans kam.

„Setzt Euch, bitte!" wies der Junge auf eine Bank. „Die Mutter ist noch im Stall beim Vieh, ich will sie holen."

„Glück gehabt!" seufzte der Alte erleichtert und ließ sich nieder. Bald kam der Junge mit der Bäuerin zurück, die einen Eimer Milch hereintrug. Mit wenigen Worten hieß sie ihre Gäste willkommen und machte sich am Herd zu schaffen. Indessen trat auch der Bauer durch die Tür, musterte die beiden Fremden mit seinem hellen Blick und nickte ihnen zu. Der Vagabund wollte abermals sein Vaterunser daherplappern.

Aber der Bauer schüttelte den Kopf und sagte:

„Laßt das! Das Vaterunser ist kein Bettelgebet. Ihr seid im Haus des Peter Vianney willkommen."

Dann setzte er sich schweigend an den eichenen Tisch. Der Junge holte ungeheißen einen Armvoll Buchenholz herein, das Feuer zu schüren. Die Bäuerin hatte einen Topf Milch aufgesetzt und schnitzelte ein großes Stück Speck in eine Pfanne.

Der Alte folgte ihrer Hantierung mit gierigen Blicken. Der im Ordensgewand aber saß in sich selbst versunken da, ohne den Blick zu heben.

„Ihr seid Mönch?" fragte der Bauer endlich, nachdem er ihn eine Weile beobachtet hatte.

„Ich war Novize bei den Trappisten von Sept-Fons", erwiderte der Gefragte aufblickend. „Man schickte mich meiner schwachen Gesundheit wegen fort. Das Ordenskleid ließ man mir, weil ich darum bat. Nun bin ich auf dem Weg nach Rom."

„Nach Rom?" entfuhr es staunend dem Jungen, der unwillkürlich nähertrat.

„Hofft Ihr in Rom ein Kloster zu finden?" forschte der Bauer.

„Ich darf nicht hoffen, daß man mich aufnimmt."

„Was sucht Ihr dann in der Ewigen Stadt?"

„Gott und seine Gnade!"

„So sucht Ihr, was wir allerorten suchen sollten!" nickte Peter Vianney. „Die Zeiten sind böse."

„Ja, die Zeiten sind böse!" schaltete sich der alte Vagabund ins Gespräch ein. „Das ganze Land ist voller Armut und Not. In Scharen ziehen die Ausgehungerten herum, obschon man die Bettler auf die Galeeren schleppt, wenn sie keinen finden, der für sie bürgt. Wie soll der arme Mann leben, wenn der König selbst Salz und Brot versteuert? Siebzehn Sous kostet das Pfund Salz. Ist das noch eine Gerechtigkeit?"

„Das sagt Ihr wohl recht!" seufzte die Bäuerin. „Es ist Unrecht und Sünde, dem armen Mann das Allernotwendigste so zu verteuern."

„Teufelsspiel ist das, was man mit uns treibt!" ereiferte sich der Alte.

„Nicht nur mit dem Salz ist das so", nickte der Bauer. „Der Pfarrer sagt, in Paris wolle man jetzt unsere heilige Religion abschaffen. Da soll ein Mann aufgestanden sein, der sich Feind Gottes nennt und ganz allein die Kirche vernichten will. Nicht einmal das Kreuz unseres Herrn und sein heiligstes Sakrament schont er in seinem Haß und Spott, sagt der

Pfarrer. Luzifer nennen ihn seine Freunde. Den wirklichen Namen habe ich vergessen."

„Voltaire heißt er", erinnerte sich der Junge. „So hat ihn der Pfarrer in der Predigt genannt."

„Ja, so war's wohl, Matthäus!" nickte der Bauer seinem Sohn anerkennend zu. „Was soll nur aus Frankreich werden, wenn nicht einmal das heilige Evangelium ungehöhnt bleibt?"

„Es gibt solche, die sagen, man müsse alles zerschlagen, wenn es besser werden solle!" sagte der Vagabund zu Boden schauend. „Man kommt ja überall herum im Land, hört hier mal was und da wieder was. Es ist viel Volk auf der Straße, entlaufene Soldaten, Bettler, Zigeuner, Salzschmuggler und Räuber, auch fahrende Schüler. Sie reden viel in den Schenken und Scheunen, in denen man unterkriecht."

„Und was sagen sie?" forschte der Bauer aufblickend.

„Nun, es würde alles anders in Frankreich. Manche sagen, es kämen herrliche und schöne Zeiten, weil statt des Aberglaubens der Pfaffen die Vernunft der Philosophen das Land erleuchten würde. Das Zeitalter der reinen Menschlichkeit würde kommen. Dann gäbe es keine Galeeren mehr, keine Kerker und keine Blutgerichte, keine Gewalttat und keine Steuern. Der Edelmann würde den Bauern seinen Bruder nennen, und kein Armer brauche mehr nach dem Bettelstab zu greifen."

„Ich bin ein ungelehrter Mann und weiß nichts von den Philosophen", fuhr Peter Vianney mit grollender Stimme dazwischen. „Aber soviel weiß ich, ohne Gott und seine Gebote hat auch der Mensch nichts zu hoffen. Da gibt es kein Glück und keinen Frieden auf Erden. Wer Gott nicht fürchtet, kann das Paradies nicht bringen, von dem Ihr schwätzt."

„Was sagt Ihr zu alledem?" forderte Vianney den im Trappistenkleid zum Reden auf.

Der ernste Gast blickte aus seiner Versunkenheit auf. Dann sagte er kaum verständlich:

„Als sie Hand an ihn legten, sprach er: ‚Das ist eure Stunde und die Macht der Finsternis.' Wir müssen beten."

„Hört nicht auf ihn, er ist nicht richtig im Kopf!" kicherte der Alte, dem Bauern zublinzelnd.

Lang noch bevor der Morgen graute, erhob sich der ehemalige Trappist. Matthäus, der gerade den Stall verließ, wo er bei den Tieren seine Schlafstätte hatte, schaute ihn verwundert an.

„Es ist noch früh, Herr!“ sagte er.

„Niemals zu früh, um zu beten!“ erwiderte der andere. Dann fragte er nach dem Weg zur Kirche.

„Wird eine gute Stunde dauern, ehe der Küster aufschließt.“

„Ich warte gern vor Gottes Tür!“ lächelte der Pilger.

Kopfschüttelnd blickte der Junge ihm nach.

Die Sonne stand bereits hoch am Himmel, als der Fremde zurückkehrte.

„Euer Kumpan ist schon unterwegs“, berichtete Matthäus. „Er wollte nicht länger auf Euch warten. Aber kommt! Das Morgenbrot hat die Mutter Euch aufgehoben.“

Schweigend aß der Gast die gebotene Speise. Der Bauer kam, ihm Lebewohl zu sagen, während die Frau noch eine Wegzehr in den Bettelsack stopfte.

„Sagt mir doch Euren Namen, Fremder“, bat Vianney, als er ihm die Hand zum Abschied reichte.

„Benedikt Labre“, erwiderte der. „Bruder Urban nannte man mich bei den Trappisten.“

Eine Weile zögerte der Bauer.

„Nehmt es nicht übel; es ist nicht meine Art, viel nach dem Woher und Wohin derer zu fragen, die die Not über meine Schwelle treibt. Aber von Euch möchte ich das schon erfahren.“

„Ich suche Gott an den Orten seiner Gnade“, antwortete der Gefragte. „In Paray-le-Monial betete ich in der Kapelle, in der Unser lieber Herr der Klosterfrau Margarete Alacoque die Geheimnisse seiner Liebe offenbarte. Die Flammen seines Herzens müssen brennen in der Nacht, die über Frankreich kommt.“

„Glaubt Ihr an die Zeit der Schrecken, von denen sie allenthalben reden?“

„Wir müssen beten und Buße tun; denn die Macht der Finsternis ist groß. Die Lichter Gottes werden verlöschen und die Lampen des Teufels werden statt ihrer vor den Altären brennen. Dann wird einer kommen, der Gottes Feuer in seinen Händen trägt. Seine fromme Einfalt wird heller leuchten als alle Weisheit der Philosophen, denn die Hand, die das Feuer trägt, hat Gott gesalbt. Und die Menschen werden sich aufmachen und ihn suchen, wie solche, die aus dem Dunklen dem Lichte zustreben. Der Fackelträger Gottes wird er sein und sich selbst verzehren gleich dem Licht, das verbrennt.“

„Ihr redet seltsame Worte, Herr!" erwiderte Peter Vianney staunend. „Wie einer, der Verborgenes weissagt, redet Ihr. Seid Ihr ein Prophet?"

„Ich bin nur ein Pilger auf elenden Straßen. Überall suche ich nach dem, der das Licht bringt in die Nacht. Ich bete an jedem Weg, weil Gott auf ihm seinen Boten zu uns führen kann, und jedes Haus segne ich, weil Gott seinen Sendling darin erwecken kann."

„Wen meint Ihr, Fremder?" fragte der Bauer verwirrt.

„Den Lichtträger Gottes, den heiligen Priester, den Er uns senden wird!" antwortete Benedikt Labre, und in seinen Augen stand ein wundersames Leuchten.

„So segnet auch mein Haus und alle, die darin wohnen!" bat Peter Vianney im Innersten erschüttert.

Und Benedikt Labre, der Pilger der göttlichen Gnade, den einmal die Kirche in den Chor ihrer Heiligen aufnehmen würde, segnete das Haus des Peter Vianney, und als auch Matthäus, des Bauern ältester Sohn sich niederkniete, ruhte seine Hand länger auf dessen Scheitel. So geschah es an einem Wintermorgen des Jahres 1770, daß ein Heiliger in einem verlorenen Dorf des Lyoneser Berglandes den segnete, der nach Gottes Willen der Vater des kommenden Heiligen werden sollte.

Niemals vergaß man im Bauernhaus von Dardilly den seltsamen Gast, und auch der Pilger im Mönchsgewand vergaß die Stunde dieser Begegnung nicht. Aus der Ewigen Stadt noch sandte er Peter Vianney einen Brief, den man durch alle Jahre wie ein kostbares Heiligtum in Ehren hielt.

Es rauschten die Blätter im Buch der Geschichte. Jahr um Jahr trug seine dunklen Ziffern darin ein, berichtete von Not, Angst, Hunger und Krieg. Immer größer wurde die Zahl der Elenden, die an Peter Vianneys Tür pochten.

Von Jahr zu Jahr wurde das Fronjoch drückender, das auf den vom Schicksal Enterbten lastete. Neue Steuern erfand man am Hof des entarteten Königs, damit der ewige Karneval, den man in Prunk und Verschwendung feierte, weiterging. Mißernten brachten Hunger ins Land. Die Scheunen blieben leer, und im Frühjahr mangelte es an Saatgut, weil die Not das letzte Korn verzehrt hatte. Mochte das arme Volk darben und sich zu Tode schinden, wenn nur in den Spiegelsälen von Versailles die goldenen Becher schäumten zum Fest ohne Ende. Zwar fehlte es nicht an solchen, die dem Fastnachtstreiben einen bösen Aschermittwoch verhießen; die Feiernden am Hof und in den Schlössern der Adeligen hatten auf solch düstere Stimmen nur eine Antwort: „Was soll's schon? Nach uns die Sintflut!"

Doch schlug Gottes zürnende Faust hie und da schon zu, ehe die ersten Wellen der blutigen Racheflut das Gestade erreichten.

An einem Frühlingstag des Jahres 1774 starb Ludwig XV., Frankreichs verruchter König, und hinterließ seinem unglücklichen Enkel das furchtbare Erbe. Die Hände des neuen Herrschers Ludwig XVI. waren rein geblieben in aller Verderbnis des Hofes. „Désiré" hatte man ihn genannt, und viele im Land hielten ihn wirklich für den „Ersehnten", der Recht und Ordnung schaffen und das drohende Verhängnis abwenden werde.

Als vier Jahre später abermals die Welt im Schmuck der Blüten stand, starb Voltaire, der Prophet der Gottlosigkeit, in Verzweiflung. Es war das gleiche Jahr, in dem Matthäus Vianney, der Bauernbursch von Dardilly, die fromme Marie Beluze vom Traualtar heimführte.

Aber wie? Schien nicht die Sonne des Glücks noch einmal strahlend aufzugehen? An der Seite der nordamerikanischen Staaten hatte Frankreich einen glorreichen Krieg gegen das stolze England beendet. Als Großmacht stand es da, mit dem Ruhm des Befreiers geziert. Anleihen brachten viele Millionen ins Land. Leichtsinnig vergaß man, daß durch sie die Schuldenlast nur immer größer wurde. Neue Wunder wurden bestaunt, die der Geist der Erfinder schuf. Der uralte Traum der Menschheit schien sich zu erfüllen. Zum erstenmal spotteten Menschen der Schwerkraft der Mutter Erde. Als an einem Herbsttag des Jahres 1783 ein Luftballon über die Dächer von Paris schwebte, gab es Stimmen, die zuversichtlich verkündeten, es könne nicht mehr lange dauern, bis der Geist der Forscher und Gelehrten auch den Tod bezwinge.

Dennoch zog Gott seine Hand nicht ganz ab von dem Volk, das durch so viele Freveltaten seinen Zorn auf sich herabschrie. Ein neuer Frühling kam und legte ein Kind in die Wiege des Bauernhauses von Dardilly. Am 8. Mai 1786 wurde Matthäus Vianney nach zwei Mädchen und einem Buben ein Sohn geschenkt, der einem ganzen Land das Licht Gottes aufs neue entzünden sollte. Johannes war sein Name, und da die fromme Mutter ihn schon vor seiner Geburt der himmlischen Frau geweiht hatte, erhielt er in der Taufe als zweiten Namen den der Mutter des Herrn. Johannes-Maria Vianney war Gottes schönstes Geschenk in einer Zeit, in der Frankreichs dunkelste Stunde sich vorbereitete.

OHNE BILDUNG?

1786

Vikar Blanchon schlug das Taufbuch der Pfarrgemeinde Dardilly auf, tauchte den Gänsekiel ins Tintenfaß, machte, die Feder zu prüfen, ein paar Striche auf den Rand der Pariser Zeitung, die vor ihm lag, nickte befriedigt vor sich hin und schrieb mit steilen, kräftigen Buchstaben:

„Johannes-Maria Vianney, ehelicher Sohn des Matthäus Vianney und seiner Gattin Maria Beluze, wurde am 8. Mai 1786 geboren und durch mich, den unterzeichneten Vikar, am gleichen Tag getauft. Sein Pate war sein Onkel väterlicherseits Johannes-Maria Vianney, Einwohner von Dardilly, und seine Patin war Franziska Martinon, die Ehefrau des genannten Johannes-Maria Vianney, beide gemäß Befragen ohne Bildung."

„Sine cultura!" lächelte er, als er die letzten beiden Worte schrieb, und dachte an die verlegenen Gesichter der guten Bauersleute, die ihm kleinlaut erklärt hatten, daß sie die Taufurkunde nicht zu unterschreiben vermöchten.

Behutsam streute er Sand über das gewichtige Dokument, dann stand er auf, trat ans Fenster und schaute in die blühende Pracht des Pfarrgartens. Vom höchsten Zweig eines Apfelbaums schmetterte eine Amsel ihr Lied in den hellen Morgen.

„Sine cultura!" murmelte er vor sich hin. Ach ja, er nahm es dem Bischof ein wenig übel, daß er ihn in ein Dorf unwissender Bauern geschickt hatte, unter denen kaum einer seinen Namen schreiben konnte, ihn, den Vikar, der mit seiner glänzenden Beredsamkeit doch jeder Stadtkanzel zur Ehre gereicht hätte. Aber was nützte die ganze klassische Rhetorik, deren er sich mächtig fühlte, im Predigtstuhl von Dardilly? Gerade der Taufpate Johannes-Maria Vianney war ihm am letzten Sonntag über seinen kunstvoll gedrechselten Sätzen in der Predigt eingeschlafen.

„Sine cultura" hatte der Vikar darum mit einem gewissen Behagen ins Taufbuch geschrieben.

Der Priester ließ seinen Blick über die Dächer von Dardilly gleiten und gestand sich, daß unter ihnen fast nur solche wohnten, die das gleiche Prädikat „sine cultura“ verdienten. Nein, es war wirklich nicht zu begreifen, daß der Bischof von Lyon einen seiner fähigsten Priester zu den Analphabeten verbannt hatte.

Trotz des strahlenden Frühlingstages war die Stirn des Vikars ein wenig umdüstert, als er sich jetzt umwandte. Es hatte an der Tür gepocht. Jakob Rey, der Pfarrer von Dardilly, dem die Gutmütigkeit und die Zufriedenheit mit Gott und der Welt aus den stets vergnügt dreinschauenden Äuglein blinkte, trat mit einem Grußwort ein.

Umständlich öffnete er seine Schnupftabakdose, nahm eine Prise und wischte mit seinem großen roten Taschentuch flüchtig über den nicht ganz sauberen Talar.

„Da, nehmen Sie auch!“ bot er dem Mitbruder an.

„Sie wissen doch, daß ich nicht schnupfe“, antwortete der Vikar.

„Wäre aber gar nicht so übel, wenn Sie es lernen würden!“ lächelte der Pfarrer. „Dann würden Sie vielleicht der Welt auch mit etwas freundlicheren Augen ins Gesicht sehen. Wie kann man nur so ernst und streng dreinschauen an einem so schönen Morgen? Sie haben doch nicht etwa einen Kummer, he?“

„Ach, es ist nichts“, antwortete Blanchon zögernd.

„Na ja, ich weiß schon, wo der Schuh drückt! Sie fühlen sich nicht am Platz unter den Bauern und Kuhhirten.“

„Da steht's!“ brummte der Vikar ärgerlich und deutete auf die beiden letzten Wörtlein, die er ins Taufbuch eingetragen hatte. „Sine cultura! Man muß ja verbauern unter den Analphabeten!“

„Danke für das Kompliment!“ lachte das kleine behäbige Pfarrherrlein. „Bin schließlich schon seit vierunddreißig Jahren der Hirt von Dardilly. Aber meinen Sie wirklich, daß es so schlimm ist, wenn ein Bauernpastor im Laufe der Jahre ein bißchen verbauert? Omnibus omnia, sagt der heilige Paulus. Allen sollen wir alles werden, das heißt doch gewiß auch den Bauern ein Bauer. Übrigens könnte es Ihnen nichts schaden, wenn Sie ab und zu daran denken würden, daß wir unter der Kanzel von Dardilly wirklich nichts anderes haben als Bauern und Kuhhirten. Denen muß man das Wort Gottes so verkünden, daß sie es verstehen. Am Sonntag haben etliche wieder während Ihrer Predigt geschlafen, weil es gar so hoch und gelehrt auf sie herunterkam.“

„Was haben Sie an meinen Predigten auszusetzen?“ fragte der junge Priester ein wenig gekränkt. „Ich studiere sie gründlich. Da schauen Sie her!“ Erregt griff er nach ein paar dickleibigen Büchern.

„Ja, ich seh schon", schmunzelte der Pfarrer, „bewährte Autoren! Treffliche, hochberühmte Kanzelredner! Aber denken Sie daran, daß unter dem Predigtstuhl von Dardilly nicht gerade der Königshof von Frankreich sitzt, sondern schlichtes, einfaches Bauernvolk, das direkt aus dem Kuhstall zur Kirche kommt. Außerdem sollten Sie die Geschichte von David und Goliath einmal aufmerksam nachlesen."

„Was hat das mit meinen Predigten zu tun?" fragte Vikar Blanchon ärgerlich.

„Ach, weiter nichts! Nur hat der Hirtenbub von Bethlehem die Rüstung des riesenhaften Königs anlegen wollen und mußte dann merken, daß er keinen Schritt darin tun konnte. So geht's auch manchem jungen Gotteshirten, wenn er mit dem Rüstwerk der großen Pariser Hofprediger daherstolziert kommt. Mit der Schleuder und ein paar harten Kieselsteinen aber wurde der David dann ganz trefflich fertig. Nicht böse sein, Lieber! Mir ging es anfangs genau sowie Ihnen, aber dann habe ich die bewährten Autoren ins tiefste Schubfach meines Bücherschranks vergraben und den Bauern dafür ein bißchen mehr aufs Maul geschaut, und da ging's besser. Meine Kieselsteinchen, die ich von der Kanzel schleuderte, trafen dann wirklich ins Herz, während ich wahrscheinlich eine höchst lächerliche Figur gemacht habe, als ich noch mit dem Saulusschwert höfischer Eloquenz auf meiner Dorfkanzel herumfuchtelte."

Pfarrer Rey lachte so herzlich über seinen Scherz, daß ihm die Tränen über die dicken, roten Bäcklein rollten.

Na, lassen Sie's gut sein", fuhr er gutmütig fort, als der Vikar ein verdrießliches Gesicht dazu machte. „Ich weiß schon, wenn Sie dem Bischof über mich zu berichten hätten, würden Sie höchstwahrscheinlich auch ein ‚sine cultura' hineinschreiben. Das macht mir aber gar nichts, und übrigens haben Sie vielleicht doch nicht recht, wenn Sie glauben, unser liebes Dardilly wäre ein Dorf sine cultura. Unser Zeitalter ist so stolz auf seine Vernunftbildung. Wenn nur ein bißchen mehr Herzensbildung zu spüren wäre; aber daran fehlt es, Gott sei Dank, unseren Dörflern nicht, schon gar nicht den Vianneys, denen sie den Vermerk ins Taufbuch geschrieben haben. Ohne die sogenannte und vielgerühmte Geistescultura erziehen sie ihre Kinder besser, als wenn sie den ganzen ‚Emile' von diesem Rousseau durchstudiert hätten, der mit seinen eigenen Kindern nichts anderes anzufangen wußte, als sie ins Findelhaus zu stecken. Wahre Frömmigkeit und echte Gottesfurcht finden auch in der Erziehung den rechten Weg sicherer als die ganze Weisheit der Pädagogen."

„Darin widerspreche ich Ihnen keineswegs, Herr Pfarrer."

„Na also, dann sind wir ja mal wieder einig. Danken Sie Gott, daß er Sie als seinen Hüter in eine so brave, gute Gemeinde gestellt hat. Aber nun kommen Sie, wir wollen den Vianneys einen Besuch machen, um ihnen zur Taufe Glück zu wünschen."

Seufzend machte der Vikar sich an der Seite des Pfarrers auf den Weg zu dem schlichten Bauernhaus. Auf der Dorfstraße grüßten die Leute sie mit fröhlichen Gesichtern, und die Kinder liefen herzu und streckten ihnen die schmutzigen Händchen entgegen.

„Fallen Sie nicht über den Dunghaufen!" schmunzelte Pfarrer Rey, als sie am Haus des Bauern Vianney anlangten. „Wäre schade um die schöne Soutane!"

Aufrichtig erfreut hieß Matthäus Vianney den hohen Besuch willkommen und bot den Priestern mit festem Druck seine schwielige Hand zum Gruß. „Ihnen danke ich ganz besonders, daß Sie meinen Buben getauft haben", sagte er dem Vikar.

„Gott hat euch eine gute Frucht mitten im Frühling beschert", nickte der Pfarrer fröhlich.

„Ja, Herr Pfarrer, und ich dank es ihm von Herzen!" antwortete der Bauer, und sein Gesicht strahlte vor Glück und Stolz. Dann nötigte er die beiden in die gute Stube, wo die Paten und ein paar andere Verwandte bei einem Glas roten Weins beisammensaßen.

„Wir feiern halt ein wenig das neue Gotteskind", sagte Matthäus, als müsse er sich entschuldigen. „Ist selbstgezogener Wein, und wenn er Ihnen nicht zu gering ist, wäre es mir eine Ehre, wenn Sie eine kleine Probe nicht verschmähten. War ein guter Jahrgang, den Gott uns geschenkt hat."

„Das lassen wir uns nicht zweimal sagen", schmunzelte der Pfarrer und nahm mit dem Vikar die ihnen gebotenen Ehrenplätze ein. „Jeder im Dorf weiß, daß ihr den besten Wein zieht. Man spürt die Liebe heraus, mit der ihr euren Weinberg pflegt. Ei ja", fuhr er nach dem ersten Schluck fort, „da kommt der Pfarrkeller gar nicht mit."

Sein leutseliges Wesen überwand bei den Dörflern schnell die erste Befangenheit. Man plauderte nach Bauernart über Feld und Vieh, Frucht und Wein, und der alte Pfarrer wußte so sachverständig mitzusprechen, daß die Bauern sich anerkennend zunickten.

„Ist fein, wenn ein Pastor sich so gut in unserem Bauernkram auskennt wie Sie“, lachte Johannes-Maria Vianney, dem der schwere Wein ein bißchen mehr als sonst die Zunge gelöst hatte. „Man könnte fast glauben, Sie wären selbst ein Bauer.“

„Mein Vikar glaubt auch, ich wäre wenigstens auf dem Weg, einer zu werden“, antwortete der Pfarrer mit einem vergnügten Seitenblick auf seinen Mitbruder, der vor Verlegenheit nicht wußte, wohin er schauen sollte.

„Priester bleibt Priester, und Bauer bleibt Bauer“, sagte Matthäus schnell, dem die Bemerkung des jüngeren Bruders nicht ganz geziemend erscheinen wollte.

„Ach was, ein bißchen Bauernverstand tut jedem Priester gut“, lachte der Pfarrer. „Aber nun wollen wir uns doch deinen Hof anschauen.“

Voll Stolz führte Matthäus seine Gäste in die Ställe und Scheunen, und der Pfarrer bewunderte mit immer neuen Lobesworten Kühe und Schweine, Schafe und Hühner, Korn und Futter und das vor Sauberkeit blinkende Ackergerät.

„Gottes Segen ist mit dir, Matthäus“, sagte er dann, „aber du hast ihn dir auch mit deiner Hände Arbeit redlich verdient.“

„Der Herrgott tut immer noch die Hauptsache“, antwortete Vianney bescheiden.

Als sie durch das Gartentörchen traten, kam ein siebenjähriges, flachsblondes Mädchen, das einen pausbackigen Buben an der Hand führte, gerade auf sie zu. In respektvoller Entfernung blieb die Kleine stehen und steckte verlegen den Schürzenzipfel in den Mund, als sie die beiden Priester sah.

„Meine Kinder!“ sagte der Bauer stolz. „Na, komm her, Katharina, und gib den Herren die Hand!“

„Gelobt sei Jesus Christus!“ stammelte das Mädchen, verlor aber rasch seine Schüchternheit, als der Pfarrer ihm herzhaft die Hand drückte und fragte:

„Na, was macht denn das Brüderchen? Paßt du auch gut auf den Kleinen auf?“

„Ich hab jetzt zwei Brüderchen!“ erwiderte Katharina stolz, während der kleine Franz vor Vergnügen krähte, als ihm der Pfarrer scherzend durch das braune Gelock fuhr. „Ein Schwesterchen hatten wir auch“, schwätzte das Mädchen weiter. „Aber das ist jetzt beim lieben Gott.“

„Ja, ich weiß!“ nickte der Pfarrer. Eure Johanna-Maria! Im letzten

Winter hat sie der liebe Gott in den Himmel geholt. Aber dafür habt ihr ja jetzt den Johannes-Maria."

„Gott nimmt und gibt!" sagte der Bauer. „Wie er es macht, ist es gut."

Dann traten sie wieder ins Haus ein. Behutsam führte Matthäus seine Gäste jetzt in die Schlafkammer, in der sein Weib in den rotkarierten Kissen lag. In ihrem Arm hielt sie das Neugeborene.

„Mein Kind, Herr Pfarrer!" sagte die Bäuerin und hob den kleinen neuen Erdenbürger ein wenig empor. „Und Sie, Herr Vikar, haben es getauft!" fügte sie mit dankbarem Blick hinzu. „Segnen Sie es bitte, Herr Pfarrer, und auch Sie, Herr Vikar!"

Andächtig zeichneten die Priester dem Neugeborenen ein Kreuzlein auf Stirn und Herz, worüber der Kleine in ein kräftiges, gesundes Geschrei ausbrach.

„Na, mit der Stimme kann das Büblein vielleicht einmal ein tüchtiger Pfarrer werden!" lachte Jakob Rey vergnügt.

„Aber, Herr Pfarrer!" stammelte die Bäuerin errötend. Niemandem hatte sie es anvertraut, daß gerade das ihr stiller, heimlicher Wunsch war, seit sie das junge Leben unter ihrem Herzen gespürt hatte, und daß sie den Jungen deswegen schon vor seiner Geburt der lieben Gottesmutter aufgeopfert hatte.

Vom Kirchturm her läutete die Mittagsglocke.

„Wir wollen den Angelus beten!" mahnte die Frau in den Kissen, und auf einen Blick des Vaters sprach Katharina mit sicherer, klarer Stimme das heilige Gebet vor: „Der Engel des Herrn brachte Maria die Botschaft."

Schweigend gingen die Priester heim. Als sie das Pfarrhaus erreichten, sagte Jakob Rey:

„Nun, was denken Sie, Mitbruder? Wirklich sine cultura?"

„Sie haben recht, Herr Pfarrer!" nickte der Vikar. „Ich will das nie mehr sagen."

„Auf jeden Fall gilt ein gutes, frommes Herz vor Gott mehr als die ganze cultura."

ANGST UND SORGEN

1792–1798

„Es ist gar zu toll, was der dreijährige Johannes alles zusammenfragen kann“, klagte Katharina der Mutter, als sie wieder einmal am Abend mit ihrer Herde heimkehrten.

„Heute wollte er wissen, ob Bello, der Spitz, eine Seele hat. Dabei weiß er gar nicht, was eine Seele ist.“

„Hast du es ihm denn nicht erklärt?“

„Ach, er begreift es ja doch nicht.“

„Was ist denn eine Seele, Mutter?“ fragte der Bub. Einen Augenblick dachte die Mutter nach, dann sagte sie:

„Sie ist ein schönes Licht, das der liebe Gott, als er dich schuf, in deinem Herzen entzündet hat. Wenn du etwas Böses tust, wird das Flämmchen schwach, oder es geht ganz aus, und das Herz wird dunkel.“

„Dann will ich nie etwas Böses tun!“ versicherte Johannes, und seine lichtblauen Augen strahlten die Mutter an.

Als Frau Maria das Kind zu Bett brachte, drängte es sich ganz dicht an die Mutter heran und flüsterte ihr ins Ohr: „Wenn ich nie etwas Böses tu, bleibt dann das Licht im Herzen immer hell?“

„Ja, mein Kind!“

„Und wenn ich es nun doch mal täte . . .?“

„Dann tätest du dem Heiland weh, und deine Mutter müßte über dich weinen.“

„Du auch?“

„Ja, ich auch! Ich wäre sehr traurig, wenn eines von meinen Kindern eine Sünde täte, aber wenn du etwas Böses tätest, würde es mir besonders weh tun.“

Da klammerte der Junge seine Hände ganz fest um der Mutter Hals, und noch einmal versprach er:

„Niemals, Mutter, niemals!“

Seit zwei Tagen schon trommelte der Regen gegen die Scheiben. Mutter Vianney stand in der Küche und badete in einem hölzernen Zuber ihren Jüngsten, Franz-Xaver, der 1789 als dritter Bub zur Welt gekommen war. Über dem Plantschen und Schreien des Kleinen überhörte sie, daß es an der Tür pochte, und als sie aufschaute, stand Andreas Leloux, der alte Hausierer, da und öffnete seinen Trödelkasten. Er war so durchnäßt, daß ihm das Wasser aus den Kleidern troff.

„Ist das ein Wetter!“ schüttelte er sich. „Keinen Hund sollte man vor die Tür jagen, aber was will man machen, man muß leben. Einen Kognak könnte man brauchen, damit man sich nicht den Schnupfen holt.“

„Eine heiße Milch tut es auch!“ antwortete Frau Maria. „Ich hab eine auf dem Herd. Hockt Euch nur derweil ans Feuer und wärmt Euch, bis ich mit meinem Buben fertig bin.“

„Na, der scheint auch nicht viel vom Naßwerden zu halten!“ lachte der Mann.

„Kriegt aber auch nur Milch und keinen Schnaps!“ scherzte die Bäuerin.

„Was gibt's denn Neues in der Welt?“

„Sind glorreiche Zeiten, Bäuerin!“ antwortete der Händler begeistert. „War gestern in Lyon. Du lieber Gott, war das ein Menschenspiel in der Stadt! Da hatten sie eine riesige Figur aufgerichtet. Eine prächtige Weibsfigur, sag ich Euch. In der einen Hand hielt sie eine Lanze, auf deren Spitze eine rote Mütze hing, wie manche sie zum Karneval tragen. Seht so!“ Meister Andreas nahm einen Besen, stülpte seine Kappe darüber und reckte ihn mit der Linken hoch, während er mit der Rechten nach einer Kuchenform griff, die er ebenfalls feierlich erhob. „So stand sie da, aber es war kein Tortenblech, sondern die Bürgerkrone.“ Dabei versuchte er ein solch bedeutsames Gesicht zu machen, daß die Frau hell auflachte und fragte, ob man denn in der Stadt mitten im Sommer Karneval feiere.

„Ja, wißt Ihr denn nicht, daß gestern der 14. Juli war?“ fragte Leloux erstaunt und ließ Lanze und Krone sinken.

„Und was ist damit?“

„Da hat sich doch der Sturm auf die Bastille gejährt. Das Volk hat seine Fesseln zerbrochen und hat seitdem eine Verfassung, versteht Ihr?“

„Und die Weibsfigur?“

„Die stellt die Freiheit dar, die wir errungen haben. Fünfzigtausend standen um die Weibsfigur herum. Ein Priester las zu ihren Füßen die heilige Messe. Nachher war Tanz im Freien, der Wein floß in Strömen und niemand brauchte zu zahlen. Am Abend haben sie dann ein Feuerwerk abgebrannt."

„So, und hier ist die Milch!" tischte die Bäuerin dem Hausierer auf.

„Ist Dankes wert!" nickte der und tat einen festen Zug. „Wie steht's nun mit unserem Geschäft?"

„Wenn Ihr weiter nichts habt als feine Seife, Parfüm und Spitzen, so packt nur wieder ein!"

„Oh, ich hab noch mehr! Schaut nur!" prahlte der Händler und packte seine Ware aus. „Kleine Freiheitsfigürchen habe ich, wie sie jetzt im Lande Mode werden."

„Brauchen wir nicht!"

„Blauweißrote Kokarden?"

„Die steckt Euch nur selbst an den Hut! Einen Rosenkranz habt Ihr nicht?"

„Rosenkränze? Nein, die nicht! Aber seht her, hier ist eine prächtige Muttergottesfigur, blau und weiß und golden. Aus Holz, nicht aus Gips! Wie gefällt Euch die?"

„Laßt schauen!"

Johannes trat herzu und streckte seine Hand nach dem kleinen Heiligtum aus.

„Oh, ist die schön!" stammelte er.

„Und billig! Für zwei Franken lasse ich sie Euch."

„Viel Geld!" zögerte die Bäuerin. Dann aber nahm sie aus einer Tasse im Küchenschrank zwei Silberstücke, händigte sie dem Trödler ein und sagte:

„Na gut, ich nehme sie!" Dann legte sie die Figur ihrem Jungen in die vor Aufregung zitternden Hände: „Da, für dich."

„Für mich?" stammelte das Bürschlein.

„Ja, für dich!"

Einen Augenblick wich jeder Blutstropfen aus des Knaben Gesicht. Dann wurde es brennend rot, und die blauen Augen leuchteten vor Freude.

„Danke, Mutter, danke!" jubelte der Bub und umklammerte sein Heiligtum so fest, als müßte er es gegen die ganze Welt verteidigen.

Von da an ließ er die Figur kaum mehr aus den Händen. Sie stand neben ihm, wenn er am Tisch saß, lag an seiner Seite, wenn er schlief. Wann immer er betete, umfing er das heilige Bild. Selbst in die Kirche nahm er es mit und hielt es umklammert.

Auch in den Amselliedgrund mußte es ihn begleiten. Katharina half ihm unter einer Ulme ein kleines Altärchen bauen, auf das der Junge sein kostbares Heiligtum stellte. Dann setzte oder kniete er sich davor und schaute es immerzu mit gefalteten Händen an, ohne sich durch das ungestüme Gebell seines vierbeinigen Freundes stören zu lassen.

Bello war ein guter Hund, aber er schien gar keinen Sinn für fromme Andachten und heilige Bilder zu haben.

Eifersüchtig wachte Johannes über seinen Schatz. Eines Tages hatte er sich heimlich aus der Küche gestohlen. Die Mutter, die ihn vermißte, rief nach ihm im ganzen Haus. Jählings stieg eine heiße Angst in ihr auf. Wo mochte der Bub denn nur stecken? Es würde ihm doch nichts zugestoßen sein?

Voller Not lief sie auf den Hof, schaute im Holzschuppen nach, bei den Strohhaufen hinter dem Haus. Mein Gott, der Brunnen!

Man hatte am Brunnenschacht gearbeitet und ihn nicht wieder zugedeckt. Der Junge konnte ja in den Schacht gefallen sein. Angsterfüllt eilte sie zu der Wasserstelle, fand aber keine Spur. Immer wieder rief sie laut seinen Namen. Schließlich riß sie die Stalltür auf und lehnte sich hochaufatmend gegen den Pfosten. Da kniete ihr Johannes zwischen Ochs und Esel im Stroh. Die kleine Figur hatte er auf die Futterraufe gestellt und betete mit lauter Stimme alles, was er nur wußte. Die Hirten von Bethlehem mochten es nicht mit größerer Andacht getan haben, als sie zwischen Ochs und Esel im Stall von Bethlehem niederfielen.

„Kind, was hast du mir Angst gemacht!“ sagte die Mutter, immer noch außer Atem. „Du kannst doch mit uns beten und brauchst dafür nicht in den Stall zu laufen, ohne mir etwas davon zu sagen. Weiß Gott, wie ich dich gesucht habe.“

„Ich will es nie mehr tun!“ sagte der Junge und schlang seine Arme um den Hals der Mutter. Er spürte die Angst, die sie um ihn ausgestanden hatte.

Das Jahr verging mit seinen kleinen Freuden und Schmerzen. Matthäus sah seine Saat gedeihen, und die Mutter freute sich über ihre Kinderschar, die gesund und brav unter ihren Augen aufwuchs. Indes gab es in der Welt, und in Frankreich zumal, neue große Sorgen und Nöte.

Auch der gute Pfarrer Rey, der sonst dem Leben am liebsten die fröhliche Seite abgewann, hatte seine Verdrießlichkeiten. An einem der ersten Tage des neuen Jahres saß er in seinem Amtszimmer und sog aufgeregt den Dampf aus seiner irdenen Pfeife, während er ein umfangreiches Schreiben in Händen hielt, das ihm vom Generalvikariat in Lyon zugestellt worden war und die Unterschrift des neuernannten Bischofs Monseigneur Lamourette trug. Zusehends verfinsterte sich sein sonst so gutmütiges Gesicht, und immer zorniger zog er an der Pfeife. Als er schließlich merkte, daß sie leer war, klopfte er sie so nachdrücklich aus, daß sie in Stücke ging, was keineswegs dazu beitrug, seine schlechte Laune zu bessern.

Schließlich nahm er das Schreiben und ging mit ihm ins Vikarzimmer.

Herr Blanchon war immer noch Hilfsgeistlicher in Dardilly, und obschon die fünf Jahre seinen Ehrgeiz gedämpft hatten, bohrte in ihm doch noch ein bitteres Gefühl gegen die Behörde, die ihn anscheinend völlig vergessen hatte. So nickte er denn verständnisvoll, als der Pfarrer eintrat und erbittert brummte:

„Hol der Kuckuck die ganze Behörde! Nichts als Scherereien machen sie einem armen Dorfpastor. Das ganze Jahr über plagen sie einen mit ihrem Geschreibsel, mit Fragebogen, Statistiken und solch überflüssigem Kram, aber das hier ist doch das Ärgerlichste, was ich von Lyon jemals bekommen habe. Da lesen Sie!"

Schadenfroh lächelnd überflog der junge Priester das Schreiben, während Herr Jakob Rey sich ächzend in einen Sessel niederließ. Aber bald wurde sein Gesicht ernster.

„Ja, das ist nicht mehr und nicht weniger als die Aufforderung, den Eid auf die Zivilverfassung des Klerus zu leisten!" sagte er endlich und ließ das Papier sinken. „Das ist eine schwere Entscheidung, die Sie sich sehr wohl überlegen müssen."

„Was ist das eigentlich mit der vertrackten Zivilverfassung?" seufzte das behäbige Pfarrherrlein und wischte sich, trotz der Kälte des Wintertags, den Schweiß von der Stirn. „Ich hab mich nicht viel darum gekümmert, wissen Sie, weil ich dachte, das sei eine Sache, die nur die Bischöfe anginge und mit der man uns arme Landpfarrer verschonen würde. Aber Sie sind doch so ein Studierter. Da können Sie mich wohl mal ein bißchen aufklären."

„Ja, das ist so", antwortete Herr Blanchon, befriedigt, daß er nun auch einmal seinen Pfarrer belehren durfte. „Im vergangenen Sommer hat die Nationalversammlung in Paris eine grundlegende Änderung der Kirchenordnung beschlossen. Danach verliert die Kirche ihr weltliches

Besitztum. Bischöfe und Pfarrer sollen in Zukunft dafür ein Gehalt vom Staat bekommen. Für den Pfarrer wird das 1200 Franken jährlich betragen. Dazu hat er freie Wohnung und einen Garten. Die Bischöfe sollen 20.000 Franken haben, der Erzbischof von Paris deren 50.000."

„Da braucht keiner zu verhungern!" knurrte Herr Rey. „Ich hab auch bisher nicht mehr gehabt, und die hohen Würdenträger waren in ihrer Sorge um das Irdische manchmal doch allzu weltlich geworden. Was weiter?"

„Statt 136 Bistümer soll es künftig in Frankreich nur noch 83 geben, entsprechend der Zahl der Departements."

„Das mögen die da droben machen, wie sie wollen. Schließlich muß der Papst das entscheiden und nicht der Pfarrer von Dardilly."

„Da kommt aber der ärgste Haken. Der Papst soll in Zukunft gar nicht mehr das Recht haben, die Bischöfe zu bestätigen. Nur noch in Glaubenssachen soll er als Haupt der Kirche gelten."

„Und Pius VI.? Was sagt der dazu?"

„Bisher hat er sich noch gar nicht dazu geäußert."

„Aber der Pfarrer von Dardilly soll sich entscheiden!" sprang Abbé Rey auf und durchmaß mit zornigen Schritten das Zimmer. „Kein Mensch weiß, was dabei herauskommt."

„Das weiß man sehr gut", antwortete der Vikar mit überlegener Ruhe. „Sie können den Eid schwören oder verweigern. Schwören Sie, bleiben Sie im Amt, weigern Sie sich, verlieren Sie Ihr Amt und müssen das Pfarrhaus Ihrem Nachfolger, den der Bischof bestimmen wird, räumen."

„Neununddreißig Jahre bin ich nun Pfarrer von Dardilly!" Herrn Reys Stimme zitterte vor Erregung. „Freud und Leid hab ich mit meiner Herde getragen. Die meisten im Dorf hab ich getauft, fast alle getraut. Und jetzt heißt es, pack dich fort, wenn du nicht schwören willst. O du mein Gott, du hängst deinem Diener eine schöne Geschichte an den Hals."

„Der Bischof von Lyon hat den Eid verweigert, wie Sie wissen. Sein Nachfolger, der ehemalige Lazarist Lamourette, Mirabeaus getreuer Berater in theologischen Fragen, hat ihn geleistet. Nun fordert er seine Pfarrer auf, das gleiche zu tun."

Der kleine Abbé hielt plötzlich inne, schaute den Vikar an und sagte:

„Bei meiner Weihe habe ich meinem Bischof und seinen Nachfolgern Treue und Gehorsam gelobt. Auch seinen Nachfolgern, wie Sie wissen!

Ergo muß ich tun, was der Nachfolger verlangt. Oder...?"

„Die Frage ist nur, ob Lamourette der rechtmäßige Bischof von Lyon ist."

„Sapristi! Da bin ich so klug wie zuvor!" knurrte der Pfarrer und lief wieder hin und her. Nervös suchte er nach seiner Pfeife, bis ihm einfiel, daß er sie ja zerbrochen hatte. „Und die Pfeife ist auch hin! Aber lesen Sie doch mal den Wortlaut des Eides vor, den man von mir verlangt!"

„Ja, hier steht er: Ich schwöre, mit Sorge über die Gläubigen meiner Pfarrei zu wachen, die mir anvertraut sind, gehorsam zu sein der Nation, dem Gesetz und dem König..."

„Das klingt gar nicht schlecht!"

„...und mit ganzer Kraft einzutreten für die Verfassung, die die Nationalversammlung bestimmt hat und vom König angenommen worden ist."

„Da haben wir den Salat! Da steckt der Pferdefuß!" schimpfte der Pfarrer. „Was soll man da machen? Ich will mich mal erkundigen, was die anderen tun. Heute noch mach ich mich auf den Weg."

Ein paar Tage lang lief der Pfarrer von einem Mitbruder zum andern, fand überall die gleiche Ratlosigkeit, obschon die meisten entschlossen schienen, den Eid zu verweigern.

„Jetzt bin ich so klug wie zuvor!" seufzte Herr Rey, als er schließlich müde und durchfroren heimkehrte. „Sie haben's gut", sagte er zu seinem Vikar. „Von Ihnen als Hilfsgeistlichen verlangt man den Eid nicht. Aber Hand aufs Herz, was würden Sie tun, wenn Sie sich entscheiden müßten?"

„Ich würde tun, was mir das Gewissen sagt."

„Und was würde das Gewissen Ihnen sagen?" lauerte der Pfarrer.

„Das könnte sich doch nur entscheiden, wenn ich Pfarrer wäre!"

„Da hab ich ein salomonisches Urteil!" knurrte der Pfarrer und warf die Tür hinter sich zu.

Den Rest der Woche ging er mit sich zu Rate und fand schließlich den Ausweg, daß er den Eid leisten wolle, aber unter dem stillen Vorbehalt, daß er nicht gelten solle, wenn der Papst sich gegen ihn entscheiden würde. Gott sei Dank! Das war eine gute Lösung. Damit würde wohl auch der liebe Gott einverstanden sein.

So geschah es, wie er es sich vorgenommen hatte. Am nächsten Sonntag schwor er vor der ganzen Gemeinde in der Kirche den Eid, den der neue Oberhirt von ihm verlangte. Die Bauern wunderten sich zwar über die seltsame Zeremonie. Da sie aber kaum etwas von der Bedeutung des Schwures verstanden und ihrem Pfarrer vertrauten, nahmen sie keinerlei Anstoß daran, zumal ja im Gottesdienst alles blieb, wie es war. Nur der Vikar schüttelte den Kopf und sagte beim gemeinsamen Mittagessen:

„Ich glaube, ich hätte den Eid verweigert."

Da blieb dem Pfarrer vor Ärger der Bissen im Hals stecken.

„Das sagen Sie jetzt?" knurrte er wütend. „Jetzt auf einmal sagt Ihnen Ihr Gewissen etwas?"

„Mein Gewissen verbot mir, Ihnen die Entscheidung abzunehmen!" erklärte Herr Blanchon.

„Na, dann gesegnete Mahlzeit!" Der Pfarrer stand auf, warf seine Serviette hin. „Mir ist der Appetit vergangen."

Erst im Frühjahr kam der so lange erwartete Bescheid von Rom. Papst Pius VI. verwarf in einem besonderen Breve die Beschlüsse der Nationalversammlung und suspendierte alle Priester, die den Eid geschworen hatten, bis sie ihn widerrufen würden. Dagegen lobte er diejenigen, die ihn verweigerten.

Obschon diese Entscheidung den guten Pfarrer Rey wie ein Blitzstrahl traf, fühlte er sich doch der Gewissensangst ledig, die ihn seit Monaten gequält hatte. Nun endlich war die Sache für ihn klar. Er verließ in aller Stille seinen Pfarrort, reiste nach Lyon und gab der Behörde seinen Widerruf bekannt. Man empfing ihn mit eisiger Kälte, nahm, ohne viel zu fragen, seine Erklärung zur Kenntnis und bedeutete ihm, daß er sein Amt in Dardilly verloren habe. Der Bischof werde einen Nachfolger bestimmen, der sich weniger störrisch zeige.

Jahre noch hielt der greise Priester sich in aller Armut verborgen, übte, gleich Tausenden seiner Mitbrüder, in aller Heimlichkeit sein priesterliches Amt aus und entkam der Guillotine nur mit knapper Not durch eine Flucht nach Italien.

Auch für Vikar Blanchon sollte die Stunde der Entscheidung bald genug schlagen. Der Generalvikar von Lyon trug ihm eine der begehrtesten Pfarreien in der Hauptstadt des Bistums an.

„Sie werden eine aufgeschlossene und gebildete Gemeinde erhalten, die zweifellos Ihren Fähigkeiten und Neigungen entspricht", versprach der Stellvertreter des Bischofs, „natürlich unter der Voraussetzung, daß Sie einsichtig genug sind, den Eid auf die Zivilverfassung zu schwören."

Da wurde ihm also mit einem Male das geboten, wonach er sich jahrelang gesehnt hatte: eine Gemeinde, in der es sich lohnen würde, sein ganzes Können zu entfalten, und nun...! Nur einen Augenblick lang zögerte der Vikar mit der Antwort, dann sagte er mit fester Stimme:

„Nein, Monseigneur, ich muß Sie enttäuschen. Ich werde den Eid nicht leisten, den Rom verboten hat.“

„Dann werden Sie aber auch nicht mehr nach Dardilly zurückkehren!“ antwortete der Generalvikar, der wie Lamourette seine Stellung durch den Eidschwur erkauft hatte. „Ich habe keine Verwendung mehr für Priester, die sich der glorreichen Nation widersetzen und ihrem Bischof den Gehorsam verweigern.“

„Und ich erkenne weder einen Bischof noch einen Generalvikar an, der sich dem Papst nicht unterordnet.“

So ging auch der Priester Blanchon in Armut und Elend.

Von Herzen trauerte die Gemeinde Dardilly um ihren guten Hirten, der sie so plötzlich verlassen hatte, ohne daß jemand zu sagen wußte, warum das geschehen war. Schließlich glaubte man, der fast Siebzigjährige sei seines Alters wegen in den Ruhestand getreten, der Vikar sei vom Bischof versetzt worden; doch wußte niemand wohin.

Bald aber hielt schon ein neuer Pfarrer seinen Einzug in Dardilly, ein noch junger, aber gestrenger Herr, dem die Gutmütigkeit und das leutselige Wesen seines Vorgängers völlig fehlte. Immerhin sang er das Hochamt mit prächtiger Stimme, und auf der Kanzel wußte er sein Wort zu machen. So gewöhnte man sich schließlich an ihn, freilich ohne ihm das kindliche Zutrauen zu schenken, das man dem früheren Hirten entgegengebracht hatte.

DIE PREDIGT VOM KÜCHENSTUHL

1792

Am Weißen Sonntag des Jahres 1792 kam der Bäuerin Schwester Margarete mit ihrem Mann Franz Humbert zu Besuch.

Nachmittags saßen die Erwachsenen, zu denen sich auch des Bauers Bruder Johannes mit seinem Weib gesellt hatten, in der Stube beisammen, während die Kinder, des schlechten Wetters wegen, in der Küche spielten. Man hörte ihr Lachen und Lärmen durch die Tür.

Schließlich aber vernahm man nur noch eine Kinderstimme, die laut etwas herzusagen schien.

„Da ist wohl mein kleines Patenkind wieder am Predigen!" lachte Johannes Vianney.

„Nun, eine solch gute Gelegenheit, Gottes Wort zu hören, sollten wir uns nicht entgehen lassen", meinte Frau Margarete und öffnete die Tür. Ein reizendes Bild bot sich den heimlichen Zuhörern.

Auf einem Küchenstuhl stand der kleine Johannes-Maria, das Gesicht glühend vor Eifer und Begeisterung, während die Geschwister auf der Bank saßen und ihm geduldig zuhörten. Auch das Nachbarkind, die sechsjährige Marion Vincent, saß unter der andächtig lauschenden Gemeinde, und selbst Bello, der Spitz, schaute aufmerksam zu der Küchenkanzel empor.

„Ihr müßt immer brav sein", predigte der Bub. „Den Heiland müßt ihr lieb haben; denn er hat euch auch lieb und ist für euch am Kreuz gestorben. Denkt daran, daß ihr eine Seele habt und nicht wie Bello, der keine hat, weil er ein Hund ist und kein Mensch."

Der Spitz, der seinen Namen verstanden hatte, hob für einen Augenblick den Kopf von den Pfoten und machte Miene zu bellen. Doch besann er sich offensichtlich darauf, daß sich das während einer Predigt nicht schickt, und ließ die Schnauze wieder sinken.

„Lügen dürft ihr nicht, und stehlen auch nicht, und was die Mutter sagt, müßt ihr immer tun!" fuhr der Kanzelredner fort. „Wer eine Sünde tut, kommt in die Hölle und muß immer brennen, und Teufel sind darin. Die haben einen langen Schwanz und Hörner am Kopf und ein ganz schwarzes Gesicht." Der Junge geriet so sehr in heiligen Eifer, daß der Küchenstuhl zu schwanken anfing.

„Paß auf, du fällst von der Kanzel!“ lachte Franz.

„In der Kirche darf man nicht schwätzen!“ verwies der Prediger den Zwischenrufer. Doch hatte der ihn anscheinend verwirrt. Der Stoff ging ihm aus, und er geriet ins Stammeln. Schließlich aber fand er den verlorenen Faden wieder. Er machte es wie alle Prediger, wenn sie unsicher werden, er verdoppelte die Kraft seiner Stimme und schrie:

„Und die Verfassung sollt ihr ehren und gute Bürger sein. Und wir haben jetzt eine herrliche Zeit. Eine ganz herrliche Zeit haben wir jetzt.“ Abermals riß ihm der Faden. Noch einmal versicherte er mit lauter Stimme, daß eine herrliche Zeit angebrochen sei und sie jetzt die Freiheit hätten und die Brüderlichkeit.

„Hör nur auf!“ unterbrach Katharina den Bruder mit ziemlicher Heftigkeit. „Für heute hast du genug gepredigt.“

„Aber wir haben doch eine herrliche Zeit“, rief Johannes noch einmal trotzig. „Und eine Verfassung haben wir auch, amen.“

„Was redet der Junge da für merkwürdiges Zeug?“ fragte Frau Margarete ganz erschrocken, während der Prediger seine Kanzel verließ.

„Ach, wir haben jetzt einen Pfarrer, der führt immer das Wort von der herrlichen Zeit im Mund“, antwortete Vater Vianney verdrießlich, während er die Tür wieder schloß.

„Ja, und mit der Verfassung hat er's auch immer und mit der Freiheit, Gleichheit und Brüderlichkeit“, nickte Onkel Johannes und stopfte sich die Pfeife. „Wäre mir auch lieber, er würde sich mehr ans Evangelium halten. Mein Patenkind sitzt nun da und paßt auf jedes Wort auf wie ein Schießhund. So redet der Bub es nach, ohne etwas davon zu verstehen.“

„Ja, aber was tut ihr denn, ihr guten Seelen?“ fuhr Frau Margarete ganz betroffen auf. „Geht ihr denn zu dem geschworenen Pfarrer in die Kirche? Wißt ihr denn nicht, daß die guten Priester den Eid nicht geleistet haben? Die geschworen haben, sind doch gar keine rechtmäßigen Priester mehr.“

„Aber unser Pfarrer Rey hatte doch auch geschworen?“ wandte ihre Schwester ein. „Der war doch gewiß ein guter Priester und hätte es nicht getan, wenn es unrecht gewesen wäre.“

„Er wird den Eid widerrufen haben“, vermutete Humbert. „Darum hat man ihn wohl abgesetzt und euch einen vereidigten Pfarrer geschickt. Die Vereidigten aber hat der Papst... Wie heißt das noch, Frau, was der Papst gemacht hat?“

„Er hat sie suspendiert!“ half Frau Humbert. „Unser guter alter Pfarrer hat uns das erklärt. Sie dürfen keine heilige Messe mehr lesen und auch keine Sakramente mehr spenden. Das hat ihnen der Heilige Vater verboten. Und die Katholiken dürfen nicht mehr zu ihnen in die Kirche gehn."

„Ja, was sollen wir denn tun?" stammelte Frau Vianney. Sie war ganz bleich geworden und preßte beide Hände aufs Herz. „Was sollen wir denn um Gottes willen tun?"

„Es gibt in Ecully noch gute Priester", antwortete ihre Schwester. „Sie feiern das heilige Opfer in der Verborgenheit. Unser alter Pfarrer, der auch seine Stelle aufgeben mußte, weil er den Eid verweigerte, hat heute morgen die heilige Messe in unserer Scheune zelebriert."

„In der Scheune?" Der armen Frau Maria verschlug es fast die Stimme.

„Ja, in der Scheune. Es kommen viele treue Katholiken zu seinem Gottesdienst, obschon es von Staats wegen verboten ist und streng bestraft wird, der Messe eines Eidverweigerers beizuwohnen."

„Na, ihr habt uns einen schönen Schrecken eingejagt!" schüttelte Matthäus den Kopf.

„Eine Zeit ist das", brummte sein Bruder und kaute an seiner Pfeife herum, die ihm vor Überraschung ausgegangen war.

„Ja, herrliche Zeiten!" knurrte Franz Humbert. „Habt ihr denn nicht gehört, was Ostern in Lyon geschehen ist? Da ist der aufgehetzte Pöbel in die Kirchen eingedrungen, hat die Gläubigen und ihre Priester mit Peitschen und Knüppeln auf die Straße gejagt, ohne nach Vereidigten oder Eidverweigerern zu fragen. Ein Mädchen wurde von einem Prügel so schwer am Kopf getroffen, daß es auf dem Weg zum Krankenhaus starb."

„Und die Stadtbehörde?" forschte Matthäus.

„Die hat, um den Streit zu beenden, einfach sämtliche Kirchen für allezeit geschlossen. An anderen Orten ist's noch schlimmer zugegangen. Übrigens sind am Karfreitag durch den Konvent in Paris sämtliche Ordensgesellschaften aufgehoben worden."

„Das reine Teufelsspiel!" entfuhr es Franziska Vianney entsetzt. „Wie Gott so etwas nur zulassen kann!"

„Darüber haben wir nicht zu rechten", verwies sie Johannes, ihr Gatte. „Aber ich komme immer noch nicht darüber hinweg, daß es jetzt zweierlei Priester gibt. Man kennt sich wirklich nicht mehr aus."

„Jetzt begreife ich auch, warum so viele brave Leute in Dardilly nicht mehr in unsere Kirche kommen!“ nickte Matthäus. „Das hätte man uns, weiß Gott, aber auch schon früher sagen sollen.“

„Unsere Katharina hat's schon lange gemerkt, daß mit dem neuen Pfarrer etwas nicht stimmt!“ erinnerte Frau Maria, immer noch ganz blaß vor Schrecken. „Und ich habe sie dafür gescholten.“

„Ihr müßt es den Kindern auch sagen“, mahnte ihre Schwester. „Und sonntags kommt ihr dann zu uns nach Ecully. Ihr müßt freilich sehr früh aufbrechen; denn der Gottesdienst beginnt schon um halb fünf.“

„Ist ein weiter Weg bis Ecully!“ meinte Johannes Vianney. „Aber wenn's so ist...“

„Natürlich ist das so!“ antwortete sein Weib entschieden. „Ich jedenfalls setze den Fuß nicht mehr in unsere Kirche, solange der falsche Priester darin amtiert.“

„Ich werde mit ihm reden!“ sagte Frau Maria entschlossen. „Ich will ihn an seine Pflicht erinnern.“

Abbé Lejeun, der vereidigte Priester von Dardilly, schaute betroffen auf, als die Bäuerin Vianney in seine Stube trat und mit fester Stimme sagte:

„Herr Pfarrer, ist es wahr, daß Sie den Eid geschworen haben?“

„Ich leugne es nicht!“ antwortete er unsicher.

„Und ist es wahr, daß der Papst den Vereidigten die Ausübung ihres Amtes verboten hat?“

„Der Papst hat nur in Fragen des Glaubens zu entscheiden, darüber hinaus hat er keine Befehlsgewalt. So hat es der Konvent in Paris beschlossen.“

„Im Katechismus steht's anders, und daran halte ich mich. Auch für Sie gilt der Katechismus und nicht der Konvent.“

„Sie sind eine schlechte Patriotin!“ fuhr Herr Lejeun auf.

„Und Sie kein guter Christ!“

„Steht Ihnen das Urteil wirklich zu?“ runzelte der Priester die Stirn.

„Sie sind noch jung, Herr Pfarrer“, sagte Frau Maria, ruhiger werdend. „Sie haben gewiß noch Ihre Mutter?“

„Ja, sie lebt noch!“

„So sage ich Ihnen im Namen Ihrer Mutter: Widerrufen Sie den Eid, wie es Ihr Vorgänger getan hat, und denken Sie, daß Sie am Tag Ihrer Weihe der Kirche Treue und Gehorsam geschworen haben und nicht dem Konvent, der nichts gebieten kann, was der Papst verbietet. Denken Sie an Gottes Wort: Ich bin der Weinstock, ihr seid die Reben! Der Rebzweig, der sich vom Weinstock löst, muß verdorren und wird ins Feuer geworfen."

„Gewiß, Frau Vianney, der Weinstock ist mehr als der Rebzweig!" stammelte der Priester verwirrt. „Aber jetzt gehen Sie, ich will über das nachdenken, was Sie mir gesagt haben."

„Solange Sie nicht widerrufen haben, werden mein Mann, meine Kinder und ich die Kirche nicht mehr betreten, so weh es uns tut!" Die letzten Worte fügte sie mit leiser Stimme hinzu.

„Sie werden ohnehin bald die Kirche für immer verschlossen sehen!" antwortete der unglückliche Priester mit müder Gebärde.

„Ich werde für Sie beten, Herr Pfarrer!" beschloß die Frau die seltsame Unterhaltung.

In der Folgezeit verließen die Vianneys sonntags wenige Stunden nach Mitternacht das Dorf und machten sich auf den weiten Weg nach Ecully. Sie stellten fest, daß sie nicht die einzigen Pilger auf dem nächtlichen Kirchgang waren.

In der Armut einer Scheune feierten sie mit dem alten Pfarrer des Ortes das heilige Opfer, wobei ein Futtertrog den Altar, eine Stallaterne das Ewige Licht und ein paar Bund Stroh die Kirchenbänke ersetzten. Dennoch wurde wohl selten das heilige Geheimnis mit größerer Andacht vollzogen als hier.

„Nun bin ich wieder ganz glücklich, Mutter", flüsterte Katharina der Bäuerin auf dem Heimweg zu. „In der Kirche von Dardilly konnte ich nicht mehr beten."

Übrigens verließ der vereidigte Pfarrer bald darauf das Dorf Dardilly; ein neuer wurde nicht mehr bestellt, und die Kirche blieb seitdem geschlossen. Die Glocken verstummten, und die ewige Ampel erlosch.

In manchem Haus vergaß man allmählich mehr und mehr die alte christliche Sitte. Da man den mahnenden Ruf der Betglocke nicht mehr hörte, faltete man nicht mehr die Hände zum Gebet. Neugeborene blieben ungetauft, Ehen wurden geschlossen, ohne daß eines Priesters Hand sich zum Segen erhoben hätte, manch einer starb ohne den letzten Trost.

Da der Sämann Gottes fehlte, wucherte um so üppiger das Unkraut des Bösen. Im „Goldenen Lamm" erschienen jetzt oft Abgesandte aus dem Lyoner Klub der Jakobiner und hetzten in wilden Reden die Männer auf, die erst zögernd, dann immer williger den verführerischen Schlagworten lauschten.

GOTTES LICHT IN DUNKLER ZEIT

1792–1798

Die Schrecken nahmen kein Ende. Im blutigen Kleid des Martyriums schien die Urzeit der Kirche wiedergekehrt, die Zeit der Henker und Heiligen.

Bei den nächtlichen Gottesdiensten in den Scheunen von Ecully berichteten die Eidverweigerer vom Märtyrertod zahlloser Priester, die man in den ersten Septembertagen in Paris und anderen Städten mit Piken und Äxten ermordet hatte. Auch in Lyon war Blut geflossen. Eine entmenschte Horde stürmte das Gefängnis und erschlug drei Priester, die von ihrer Kirche nicht lassen wollten.

„Sie bedürfen unseres Gebetes nicht“, sagte der greise Pfarrer, als er die Schreckensnachricht verkündete, „denn wir verehren in ihnen Gottes heilige Zeugen, die uns die gleiche Kraft und den gleichen Heldenmut erflehen mögen.“

Vor Erregung zitternd stand der kleine Johannes Vianney unter der Schar der Getreuen, die Fäustchen geballt, die blauen Augen weit aufgerissen vor Entsetzen, dann wieder strahlend vor Stolz.

„Wenn ich Priester wäre, könnte ich auch für den Heiland sterben“, vertraute er der Mutter an.

„Zuerst mußt du für den Heiland leben, mein Kind!“ antwortete die Bäuerin und zeichnete ihm ein Kreuz auf Stirn, Mund und Herz.

Gleichwohl suchte der Junge nach jeder Gelegenheit, seinen Glauben zu bekennen. Eines Tages rief der Bauer Vincent seinem Nachbarn über den Zaun hinweg zu:

„Du, Matthäus, dein Johannes scheint mich für den Leibhaftigen zu halten. Heute vormittag schlug er ein großes Kreuz, als er auf der Straße an mir vorüberging.“

„Na, für den Teufel wird er dich wohl nicht halten“, entgegnete Vianney lächelnd. „Er wird die Stunde gesegnet haben, wie er es stets tut, wenn die Glocke schlägt.“

„Aber denk, es geschah auf offener Straße. Du weißt, daß Frömmigkeit heut ein gefährlich Ding ist. Manch einer läuft jetzt im Dorf herum, der Anstoß an ihr nimmt.“

„Ich fürchte mich nicht, meinen Glauben zu bekennen, und meine

Kinder hab ich statt der Menschenfurcht die Gottesfurcht gelehrt. Mag's darum meinem Knaben nicht ausreden, was er frommen Herzens tut."

„Gib acht, der wird noch einmal Pfarrer oder Mönch!" scherzte der Nachbar.

„Daran ist wohl kein Denken in dieser Zeit."

Immer neue Unruhen erschütterten das Land. Werbetrommeln schlugen Alarm, und manch einer ward vom Acker weg ins bunte Tuch gepreßt. Krieg war mit Preußen und Österreich.

Oft schreckten Schläge gegen das Hoftor den Bauer Vianney und seine Familie aus kurzem Schlaf. Wilde Gesellen mit wahren Galgenvogelgesichtern drangen ins Haus, begehrten zu trinken, durchwühlten das ganze Gehöft, rissen die Kreuze von den Wänden, und nur mit knapper Not konnte sich oft die Frau mit ihrer Tochter Katharina vor der trunkenen Horde in Sicherheit bringen.

„Vater, warum sind die Menschen so böse?" fragte Johannes-Maria an einem Abend, nachdem ein paar Nationalgardisten das ganze Haus wieder einmal unter lästerlichen Flüchen durchstöbert hatten.

„Es ist Teufelsspiel, mein Junge!" antwortete der Bauer. „Der Teufel regiert, wo man Gottes Altäre umstößt."

Oft sann der Junge in schlafloser Nachtstunde über das Wort des Vaters nach. So jung er war, der kleine Bauernbub hatte die furchtbare Macht der Finsternis kennengelernt und glaubte, den Teufel von Angesicht zu Angesicht gesehen zu haben.

Ruhmreiche Zeiten hatte man aller Welt versprochen, als die Tore der Bastille barsten, glanzvolle Zeiten, als das Haupt des Königs unter dem Henkersbeil fiel, herrliche Zeiten, als man die Kirchen schloß, die eidverweigernden Priester jagte und gleich wilden Tieren mit Äxten und Knüppeln erschlug.

Aber ärger denn je zuvor darbte und hungerte das Volk, lebte Stadt und Land in ständiger Angst und Todesschrecken. Die Kreuze hatte man zerschmettert und an ihre Stelle Freiheitsbäume gepflanzt, doch ihre Frucht war Not und Gram ohne Ende.

In Paris regierte der Wahnsinn. Die Ungeheuer, die das Land beherrschten, brachten einander gegenseitig um. Tag für Tag rumpelte der Henkerskarren durch die Straßen. Es starben jetzt Märtyrer und es endeten Tyrannen. Am 17. Juli 1794 stiegen die sechzehn Karmeliterinnen von Compiègne, das „Salve Regina" singend, leuchtenden Auges die Stufen zum Blutgerüst empor. Schon elf Tage später zerrte der Scharfrichter den rothaarigen Unmenschen Robespierre, der vordem selber zum Henker an Tausenden geworden war, die gleichen Stufen hinauf. Doch setzte auch sein Tod den Schrecken kein Ende. Immer noch stöhnte das Land unter dem Hufschlag apokalyptischer Reiter. Krieg, Hunger, Seuche und Tod hielten grausame Ernte, und weit und breit schwiegen die Glocken in den Türmen Gottes. Die Nacht, die über Frankreich gekommen war, wich noch immer nicht dem erlösenden Morgen.

So dunkel und schwer lastete der Himmel über den Kinderjahren des Johannes-Maria Vianney. Im Februar 1795 hatte der Bürger Dumas, ein rechtschaffener, braver Mann, in Dardilly eine Schule eröffnet, und unter den blonden und braunschopfigen Kindern, die zu seinen Füßen in die Geheimnisse der Buchstaben eingeführt wurden, saß auch Johannes mit seinem Schwesterchen Margret und kritzelte seine Schreibübungen auf die Schiefertafel.

Oft schaute der greise Lehrer mit wehmütigem Blick zu dem kleinen Vianney hin, dessen lichtblaue Augen vertrauensvoll zu ihm aufsahen. Wie ernst der Junge für seine neun Jahre doch war! Ja, die schwere Zeit hatte ihre dunklen Schatten auch in des Knaben empfängliches Herz geworfen. Wie selten huschte ein kleines Lächeln über das stille Kindergesicht.

Meister Dumas fühlte, wie Johannes-Maria innerlich unter dem furchtbaren Geschehen, das seine jungen Jahre umdüsterte, litt, und er sah, wie die Augen des Jungen oft sehnsüchtig zum Turm der Pfarrkirche hinüberblickten, deren Tor noch immer verschlossen war. Wie sehr schmerzte es ihn, daß er seine kindlichen Schutzbefohlenen nicht in den tröstenden Wahrheiten christlichen Glaubens unterrichten durfte, aber heimlich sagte er doch manch gutes, frommes Wort, das sich wie ein goldenes Saatkorn in die so aufnahmebereite Seele des kleinen Vianney senkte.

Nur während der Wintermonate schickten die Bauern von Dardilly ihre Kinder zu Meister Dumas in die Schule, vom Frühjahr bis zum Herbst brauchten sie die jungen Hände in der eigenen Wirtschaft dringend genug.

Johannes-Maria trieb dann mit seinem Schwesterchen Gothon die kleine Herde der Vianneys in den Amselliedgrund, und auch Franz-

Xaver, der „Nesthocker" genannt, trippelte an schönen Tagen fröhlich hinterdrein.

Eines Abends, als die Kinder nach Hause kamen, erwartete sie eine große Überraschung.

„Wir haben Besuch", sagte der Vater und winkte Johannes heran. „Das ist Herr Groboz, ein Priester, der sich geweigert hat, den Eid zu schwören. Er muß sich versteckt halten, wird aber in Zukunft in unserer Gegend bleiben, damit wir endlich wieder einen Geistlichen haben, der die heilige Messe liest und uns die Sakramente spendet. Das ist ein großes Glück für uns."

„Ein Priester?" stammelte Johannes-Maria verwirrt.

„Ja, mein Junge!" lächelte Herr Groboz. „Ich beschäftige mich als Koch, um meinen wahren Beruf zu verbergen. Ich kann Bohnen mit Speck kochen."

Der Priester berichtete nun von seinen Erlebnissen in der Schreckenszeit. An der Heilig-Geist-Pfarrei in Lyon war er Vikar, dann aber vor der Verfolgung gleich vielen anderen nach Italien geflohen.

„Zu meiner Beschämung muß ich es gestehen, daß mich das Entsetzen über die Grenze trieb!" bekannte er demütig. „Aber dann hörte ich vom heldenhaften Leiden und Sterben so vieler tapferer Mitbrüder, die in Frankreich geblieben waren. Da litt es mich nicht länger mehr in der selbstgewählten Verbannung. Ich kehrte nach Lyon zurück und wurde vom früheren Generalvikar des Bistums in den Bezirk von Ecully geschickt, wo ich mit Karl Balley, einem ehemaligen Ordensmann, die Seelsorge übernommen habe. Herr Balley gibt sich als Schreiner aus und trägt seinen Werkzeugkasten stets bei sich, wenn er nach Seelen sucht, die seiner Hilfe bedürfen."

„Gott sei Dank, daß wir jetzt sonntags wieder eine heilige Messe haben!" seufzte Frau Maria. „Wie sehr haben wir uns danach gesehnt, seit man den letzten Priester aus Ecully fortschleppte!"

Im Lauf des Abends fragte Herr Groboz den Elfjährigen, wann er zuletzt gebeichtet habe.

„Ich habe überhaupt noch nicht gebeichtet", gestand der Junge errötend.

„So wollen wir keine Zeit mehr verlieren!" entschied der Priester.

Langer Belehrung bedurfte es nicht, da Johannes durch die Eltern und größeren Geschwister über das heilige Sakrament unterrichtet war.

So kniete er denn am gleichen Abend noch vor dem Priester nieder und gestand in der Einfalt seines Herzens all die kleinen Verfehlungen seines jungen Lebens.

Eine Weile schwieg der Priester, als er geendet hatte. Nichts hörte der Knabe als den Pendelschlag der alten Uhr, die über ihm an der Wand hing. Dann sagte der Beichtvater, im Innersten ergriffen von der Reinheit des unschuldigen Herzens:

„Mein Kind, Gott hat dich in einer schweren, wirren Zeit aufwachsen lassen. Viele Menschen haben Glauben und Sitte verloren und sich von Gott losgesagt. Die Tore der Kirchen sind versperrt, und die ewigen Lampen vor den Altären erloschen. In deiner Seele aber hat der Herr das Licht seiner Gnade wundersam erhalten. Danke ihm von ganzem Herzen für seinen gütigen Schutz, und sieh zu, daß du ihm auch künftig die Treue bewahrst! Die Zeit, in der wir leben, verlangt Großes von uns, oft sogar das Opfer des Lebens. Sie verlangt von uns den Heldenmut der ersten Christen und die Treue der Märtyrer. Bist du zu dieser Treue bereit, Johannes?"

„Ja, mein Vater, ich will dem Heiland treu sein bis in den Tod!" antwortete der Junge mit bebenden Lippen, ohne nur einen Herzschlag lang zu zögern.

„So segne dich Gott, mein Kind!" sagte der Priester bewegt. Dann legte er ihm die Buße auf und sprach feierlich die Worte der Lossprechung. Still entfernte er sich aus der Stube, während Johannes, von übergroßer Freude erfüllt, zurückblieb und Gott für die Gnade dieses Tages dankte.

Ein Jahr später sollte ihm das Glück der ersten heiligen Kommunion zuteil werden.

Im Mai 1798 wanderte er nach Ecully, wo er im Haus seines Onkels Franz Humbert und seiner Tante Margarete für die Zeit des Unterrichts bleiben sollte. Point-du-Jour, „Morgenröte", hieß der kleine Gutshof, den sie bewirtschafteten. Der Name gefiel dem Jungen über alles gut, sollte er doch hier sich auf jenen hohen Tag vorbereiten, der seiner Seele den Morgen der göttlichen Gnade in ihrem ganzen, vollen Glanz bringen würde.

Zwei fromme Ordensschwestern, die der Sturm der Schreckenszeit aus ihrem stillen Kloster verjagt hatte, und die sich in weltlicher Tracht in Ecully verborgen hielten, erteilten den jungen Seelen den Unterricht. Pfarrer Balley gab den sechzehn Erstkommunikanten zur letzten Vorbereitung Exerzitien. Nie zuvor hatte Johannes ein solch tiefes Glück empfunden wie in diesen stillen, gotterfüllten Tagen.

Endlich brach der so heiß und innig ersehnte Morgen an. Um alles Aufsehen zu vermeiden, wanderten die sechzehn Erwählten getrennt und in ihren Werktagskleidern zum Gutshof der Frau von Pingon, wo die heilige Feier stattfinden sollte. Dort führte man sie in einen Raum, dessen Läden fest verschlossen waren. Zu aller Vorsicht lud man gerade vor den Fenstern einen mächtigen Heuwagen ab, wobei die Knechte sich viel Zeit ließen. Auf diese Weise konnte kein verräterischer Kerzenschein nach draußen fallen.

Im Hause erst legten die Mütter ihren Töchtern den weißen Schleier über das Haar und banden den Jungen die Armschleife um. Vor heiliger Ungeduld hatte Johannes in der Nacht vorher nicht schlafen können, weil ihn der Gedanke quälte, dem Priester möchte irgend etwas zustoßen, so daß er verhindert sein könnte, am anderen Morgen zu kommen.

So atmete er auf, als der Pfarrer Karl Balley endlich doch erschien. Im Arbeiterkittel kam er, sein Schreinerwerkzeug im Arm. Dann zog er die heiligen Gewänder an und legte den Altarstein auf den mit Blumen und Lichtern geschmückten Tisch, wandte sich der jungen Schar zu und sprach mit gedämpfter Stimme von der Liebe Christi, die ihnen in dieser erhabenen Stunde zuteil werden sollte. In den Händen der Kinder flammten die Kerzen auf zur Erneuerung ihres Taufgelübdes. Leise nur durften sie antworten, damit ja keine Stimme aus dem Haus dringe, aber es sprachen die jungen Herzen umso lauter.

Kein Lied wurde gesungen, keine Glocke läutete die Gnadenstunde ein, keine Orgel gab festlichen Klang, und doch war es dem jungen Vianney, als täte sich der ganze Himmel auf, da der Herr in der heiligen Wandlung seine Einkehr hielt, und als der Priester den Leib des Herrn auf seine Zunge legte, fühlte er alles um sich her vergehen, und seine Seele sank in ein Meer von Gnade.

In der Enge und Dürftigkeit, die ihn äußerlich umfingen, hatte er die Weite und den ganzen Reichtum des Himmels erfahren.

PETRUS IN KETTEN

1799–1802

Der Sommertag versank hinter den Cevennen, und die Nacht flocht um die hohen Gipfel den Kranz ihrer Sterne. Hie und da blinkte in einem der Dorfhäuser von Dardilly noch eine Lampe auf, um bald wieder zu erlöschen.

Nur im Stall des Bauern Vianney flackerte hinter den Scheiben einer Laterne noch das Flämmchen einer Harzkerze und warf sein trübes Licht auf die Blätter eines Buches, über das sich der braune Schopf des dreizehnjährigen Johannes-Maria beugte. Schmal war das Gesicht des Jungen und sonnengebräunt, die blauen Augen brannten in geheimnisvollem Leuchten.

Neben ihm warf sich sein Bruder Franz im Stroh herum, gähnte ein paarmal herzhaft und brummte schließlich:

„Was liest du denn immer noch? Es ist Zeit zum Schlafen."

„Nur noch ein paar Zeilen, bitte!" bat Johannes. Wenig später schloß er mit einem Seufzer das Buch und löschte das Licht. Er verschränkte die Arme unter seinem Kopf und starrte ins Dunkle.

„Schläfst du schon, Franz?" fragte er schließlich.

„Laß mich in Ruhe!" knurrte der Bruder. „Was willst du denn?"

„Du, heute ist doch das Fest der Ketten Petri."

„Mag schon sein! Der 14. Thermidor ist heute, Fest der Gießkanne oder so was! Man kennt sich nicht mehr aus im neuen Kalender."

„Doch! Heute ist der 1. August. Hab gerade die Geschichte von der Gefangennahme des heiligen Petrus gelesen. In der Apostelgeschichte steht sie."

„Wenn dir der alte Dumas doch bloß nicht das Lesen beigebracht hätte, dann könnte ich jeden Abend eine Stunde früher einschlafen!" murrte Franz.

„Ist heute genau wie damals!" sagte Johannes, ohne sich stören zu lassen. „Petrus in Ketten! In der Zitadelle von Valence liegt unser Heiliger Vater gefangen wie der erste Papst. Und nun wollen sie ihn nach Dijon bringen; denk doch, Franz, den alten, todkranken Mann!"

„Hab auch so was gehört!" gähnte Franz.

„Du!" richtete Johannes sich ein wenig auf. „Wenn sie ihn nach

Dijon bringen, dann kommt er doch fast an unserer Tür vorüber?"

„So ungefähr!"

„Aber Gott kann es doch anders fügen. Dem Petrus hat er einen Engel geschickt. Da wurde der Kerker ganz hell, die Ketten fielen von seinen Händen, und die Tore sprangen vor ihm auf trotz Schlösser und Riegel. Das könnte Gott doch auch heute wieder so geschehen lassen. Was denkst du?"

„Es gibt heute keine Wunder mehr."

„Das sagst du! Gott kann Wunder tun, wann und wo er will. Aber damals haben die Gläubigen für ihren Papst gebetet. In der Apostelgeschichte steht es: Die Kirche betete ohne Unterlaß für ihn zu Gott. – Ohne Unterlaß, steht da! Hörst du auch zu, Franz?"

„Ja, ja, aber die Kirche brauchte damals auch keinen Weinberg zu hacken. Es gibt eine Zeit, da muß man arbeiten, und eine Zeit, da muß man beten, und eine Zeit, da muß man schlafen. Und die ist jetzt da, begreifst du?"

„Ohne Unterlaß!" wiederholte Johannes sinnend.

„Ich will dir mal was sagen!" antwortete der Bruder ärgerlich. „Man kann alles übertreiben, auch das Beten."

„Das glaubst du wirklich?"

„Ja, wirklich! Die anderen Burschen machen sich schon über dich lustig, wenn du immerzu den Rosenkranz vor dich hinlispelst. Sie lachen ja über dich, und dieser Tage, als wir aus dem Wingert nach Haus gingen, hat der Paul Leloux mir ganz höhnisch gesagt, ich sollte doch mit dir das Vaterunser plärren. Hab mich recht darüber geärgert. Mach dich doch nicht geradewegs zum Gespött! Merkst du denn nicht, wie sie dich immerfort aufziehen? Sie verstecken dir Hacke und Schaufel, sie machen Faxen hinter deinem Rücken, falten höhnisch die Hände und verdrehen die Augen zum Himmel, um dich nachzuäffen."

„Ich mach mir nichts draus!"

„Aber ich! Ich will nicht, daß man über dich lacht, weil du mein Bruder bist. Und nun schlaf endlich! Gute Nacht!"

„Gute Nacht!" antwortete Johannes zögernd. Er wollte noch etwas sagen, aber der Bruder war schon eingeschlafen.

Johannes fand immer noch keine Ruhe. Eine Weile dachte er über das Gehörte nach. Natürlich hatte er längst gemerkt, daß manche aus dem Dorf sich über ihn lustig machten. Aber sollte er vielleicht dem dummen und oft wohl sündhaften Geschwätz der Burschen zuhören? Nein, dann unterhielt er sich schon lieber mit Gott, bei dem sein Herz ja ohnehin ständig weilte. Aber der Bruder sollte nicht darunter leiden. So entschloß Johannes sich denn, künftig nur noch heimlich zu beten, so daß die anderen es nicht gewahrten. Aber beten mußte man doch. Ohne Unterlaß, stand in der Bibel.

Wieder wanderten seine Gedanken nach Valence in die düsteren Gewölbe der Zitadelle. Gewiß betete auch der Gefangene in dieser Stunde. Um was er wohl betete? Um seine Befreiung? Um ein Wunder, das ihn retten würde wie damals den Petrus im Kerker von Jerusalem?

Ach, er betete wohl für das Land, das ihm soviel Schmach und Unrecht angetan hatte, betete wohl um die Freiheit der Kirche, die in Fesseln lag gleich ihm, betete wohl, wie der Herr es gelehrt, für seine Feinde, für den neuen Herodes Agrippa. Das Jahrhundert ging zu Ende. Was würde das neue bringen? Neue Schrecken, neue Qualen und Ängste? Oder Freiheit, Glück und Heil für Volk und Kirche? Man muß beten, bohrte es in ihm, beten ohne Unterlaß.

So tastete Johannes denn nach seinem Rosenkranz, ließ Perle um Perle durch seine Finger gleiten, bis der Schlaf auch ihn überkam und dem von schwerer Arbeit Müden Ruhe schenkte.

In der gleichen Stunde bot Pius VI. im Kerker von Valence Gott sein Leben an für die Freiheit der Kirche, über deren Ende ihre Feinde schon triumphierten. Wie schrieb doch einer der Pariser Direktoren in jenen Tagen?

„Das alte Götzenbild wird vernichtet werden; so will es die Freiheit und die Philosophie... Es ist zu wünschen, daß Pius VI. noch zwei Jahre lebt, damit die Philosophie Zeit habe, ihr Werk zu vollenden und diesen Lama Europas ohne Nachfolger zu lassen. Es ist der Wille des Direktoriums, daß, wenn die Zeit gekommen ist, der Papst gänzlich untergehe und seine Religion mit ihm begraben werde."

Indes kümmerte sich der Ewige nicht um den Willen des Direktoriums.

Am 29. August 1799 starb Pius VI. in Valence. Vier Monate lang verweigerte man dem Toten den Frieden des Grabes. In einem Bleisarg hielt man ihn in einer Kellergruft verborgen. Erst in den letzten Tagen des Jahres wurde ihm eine ehrenvolle Bestattung gewährt.

Das Opfer des Papstes aber war nicht vergebens. Napoleon, der sich zum Alleinherrscher des Landes aufgeworfen hatte, war klug genug, dem religiösen Hader ein Ende zu machen und seine Stellung als Diktator von Frankreich durch eine Aussöhnung mit Rom zu festigen. Am 15. Juli 1801 besiegelte das Konkordat mit dem Heiligen Stuhl den Frieden zwischen Staat und Kirche, und am 5. April des nächsten Jahres wurde sein Inhalt von der französischen Regierung als rechtskräftig und verbindlich erklärt. Da sprangen die Tore der Kirchen wieder auf. Die Glocken läuteten nach zehnjähriger Karfreitagsstille wieder das Fest der Auferstehung ein. Ein herrliches Ostern brach an nach der so langen, grausamen Zeit der Passion.

Große Freude wurde den Katholiken von Dardilly zuteil. Pfarrer Rey, dem Alter und Entbehrung das Haar hatte schneeweiß werden lassen, hielt am Ostertag seinen Einzug ins ehrwürdige Gotteshaus.

Totenstille lag über der dichtgedrängten Gemeinde, als er sich nach dem Evangelium am Altar ihr zuwandte, unter Tränen die Frohbotschaft von der Auferstehung verkündete und dann mit bebender Stimme sprach:

„Es sind genau fünfzig Jahre vergangen, seit ich an diesem Altar zum erstenmal das heilige Opfer feierte. Nun hat Gottes Güte es gefügt, daß ich zum zweitenmal zu euch kommen durfte als euer Hirt, der während vieler bitterer Jahre der Verbannung sich aus der ganzen Kraft des Herzens nach euch gesehnt hat. Meine Seele war immer bei euch, und meine Gebete galten euch ohne Unterlaß. Nun hat der Herr in seiner Gnade mein Heimweh gestillt. Ich bin wieder in eurer Mitte als euer von Gott bestellter Hüter und spreche dem greisen Simeon die heiligen Worte nach: Nun, Herr, laß deinen Diener in Frieden scheiden; denn meine Augen haben dein Heil gesehen. Heute ist Ostern. Das Kreuz ist enthüllt. Der Herr hat den Vorhang, der es durch mehr als ein Jahrzehnt verbarg, hinweggenommen, und wir sehen voll Staunen das Wunder seiner Kraft und Herrlichkeit. Nicht nur des Heilands Passion wurde glorreich vor uns offenbar, auch das vieltausendfache Kreuz, das die Kirche Frankreichs trug, das ihren heiligen Leib zerriß und ihre Seele durchbohrte. Wir sehen das Kreuz der Blutzeugen vor uns, die unter der Guillotine fielen, die in Kerkergewölben schmachteten, die man mit Knütteln und Äxten erschlug, die man in den Flüssen Frankreichs ertränkte, die auf der Teufelsinsel Cayenne elend zugrunde gingen, das stille, herbe Leid der Bekenner, die durch so viele Jahre das bittere Brot der Verbannung aßen. Das Geheimnis dieses vieltausendfachen Kreuzes enthüllt dies Osterfest, das strahlend über unserer Heimaterde aufging:

Der Herr hat seine Kirche gereinigt und geheiligt in den Flammen der Verfolgung, und in neuer, junger, unvergänglicher Kraft soll sie aufs neue leben und Segen spenden kommenden Generationen. Ich selbst komme zu euch als ein müder Greis, der nur um eines bittet, daß ihr Nachsicht habt mit der Schwäche seines Alters und ihn noch eine Weile als euren Hirten ertragen möchtet."

Tief ergriffen lauschten die Frommen von Dardilly den Worten ihres alten Pfarrers. Sie spürten es, daß Gott ihn noch einmal gesandt hatte, damit er sie, den alten Patriarchen gleich, segne, bevor er sterben würde.

Am Sonntag, da man in der Kirche das Evangelium vom Guten Hirten verkündet, trat, schwer auf seinen Stock gestützt, der alte Pfarrer Rey über die Schwelle der Vianneys. Ächzend ließ er sich in dem großen Lehnstuhl nieder, den ihm die Bäuerin dienstfertig in der Stube zurechtschob.

„Freut mich von Herzen, einmal wieder unter deinem Dach zu sein, Matthäus", sagte er freundlich. „Liegt so vieles im argen in meiner Gemeinde, daß ich glücklich bin, in einer treuen Familie zu weilen, die in all den Jahren unseren Herrgott nicht verlassen hat."

„Gott hat uns nicht verlassen", nickte der Bauer, „wie sollten wir ihn da verlassen? Übrigens gibt es doch manches Haus in Dardilly, das die Gottesfurcht bewahrt hat."

„Ich weiß, ich weiß!" seufzte der Pfarrer. „Aber es gibt auch solche, in denen nicht mehr viel Wissen ist um Gott und sein heiliges Gebot. Aber nun möchte ich deine Kinder sehen. Ruf sie herein!"

Bald erschien auf des Vaters Geheiß die junge Schar in der Stube.

„Du bist die Katharina, gelt?" nickte der greise Priester der Dreiundzwanzigjährigen zu. „Und wohl schon gar verlobt, dem Ringlein nach zu schließen?"

„Freilich, Herr Pfarrer!" antwortete das Mädchen errötend und schob einen stattlichen Jungmann, der sich bisher zurückgehalten hatte, vor. „Mein Bräutigam Paul Mélin aus Ecully!"

„Kenn deine Familie, mein Sohn!" Der Pfarrer reichte dem Bauernburschen freudig die Hand. „Gute, brave Leute. Werden's wohl geblieben sein."

„Sonst hätten wir die Verlobung nicht geduldet", bestätigte Frau Maria. „Wenn die Weinlese vorüber ist, soll Hochzeit sein."

„Ich freu mich so sehr, daß Sie uns in der Kirche den Segen dazu geben werden", sagte Katharina herzlich.

„So Gott will! In meinem Alter ist man keinen Tag mehr sicher. Ach, und das ist der Franz!" nickte der Pfarrer dem kräftigen Hoferben zu, der mit seinen achtzehn Jahren dem Vater schon über den Kopf gewachsen war. „Der erste Konsul wird sich freuen, wenn er dich in ein paar Jährchen ins bunte Tuch stecken kann."

„Könnt' den Burschen wohl gerade so gut im Feld und Weinberg brauchen und besser noch als der Konsul!" runzelte der Vater die Stirn. „Ist auch ohne ihn genug des Mordens in der Welt."

„Und du bist der Johannes-Maria!" Forschend blickte der Pfarrherr dem Sechzehnjährigen in die blanken Augen, die voll vertrauender Ehrfurcht auf ihn gerichtet waren. „Da braucht man nicht erst fragen, ob du dich brav gehalten hast. Ein bißchen dürftest du freilich noch wachsen, wenn du deinem Bruder einmal eine gute Hilfe sein willst."

„Ich schaff das schon!" antwortete Johannes verlegen.

„Er hat schon feste Arme, Herr Pfarrer!" bestätigte der Bauer. „Packt rechtschaffen mit zu. Und das ist unsere Margaret", schob er sein jüngstes Töchterlein, ein rotwangiges Mädchen, vor, das dem Priester ohne Scheu die Hand reichte. „Und der da ist unser Nesthocker, der Franz-Xaver, unser Schafhirt."

„Schaff aber auch schon auf dem Acker und im Wingert", fügte der Dreizehnjährige selbstbewußt hinzu.

„Der liebe Gott hat euch reich gesegnet!" sagte der Pfarrer, als die Kinder die Stube verlassen hatten. „Könnt ihm nicht dankbar genug sein für eure wackeren und gesunden Kinder."

„Brav sind sie ja, und ein frommes, fröhliches Herz haben sie auch!" antwortete die Mutter leuchtenden Blickes.

„Nur der Johannes schien mir ein wenig gedrückt, so als trüge er heimlich an etwas, was ihn bekümmert", meinte der Priester nach einer Weile.

„Der Johannes, ja!" seufzte die Mutter mit einem heimlichen Blick auf ihren Gatten.

„Ja, der Johannes macht mir Sorge!" nickte der Bauer verdrossen. „Der Junge hat sich etwas in den Kopf gesetzt, das er sich nicht will ausreden lassen."

„Und das wäre?"

„Er will halt Priester werden!" antwortete die Frau.

„Das wäre freilich für euch ein ganz großer Segen!" sagte der Pfarrer bedächtig.

„Aber es ist doch gar kein Gedanke daran!“ fuhr Matthäus unwillig auf. „Die böse Zeit ist auch an meinem Hof nicht spurlos vorübergegangen. Ist uns mancherlei fehlgeschlagen, und die vergangenen Jahre waren auch für den Bauersmann schwer genug. Nun will die Katharina bald heiraten, und eine anständige Aussteuer muß her. Mit Bettelkram laß ich sie nicht aus dem Haus. Der Franz kommt in ein paar Jahren in die Auslosung, und wenn er eine Unglücksnummer zieht, muß ich für ihn einen Vertreter zahlen; denn zum Soldatenspielen hab ich ihn nicht aufgezogen. Der Johannes geht schon ins siebzehnte Jahr und müßte doch mit dem Studieren ganz von vorne anfangen. Das aber ist mir in der teuren Zeit ganz und gar unmöglich. Es wäre mir schon recht lieb, wenn Sie, Herr Pfarrer, dem Burschen den törichten Gedanken ausreden würden. Nehmen Sie sich ihn doch einmal vor! Ihr tätet mir einen großen Dienst.“

„Es kommt einzig und allein darauf an, ob Gott deinen Sohn berufen hat!“ erwiderte der Priester mit fester Stimme.

„Das sag ich ja auch immer!“ stimmte die Bäuerin zu.

„Gott kann ihn nicht berufen haben, wenn er den Weg dazu versperrt!“ beharrte der Bauer mit finsterer Miene.

„Wenn er ihn aber berufen hat, gibt er den Weg auch frei, und du darfst dich nicht dazwischenstellen, Matthäus. Aber schick ihn mal zu mir; ich werd dann schon bald wissen, wie es um ihn steht.“

Am gleichen Tag noch erschien Johannes Vianney im Pfarrhaus und gestand dem Priester seinen Herzenswunsch.

„Glauben Sie es mir doch, Hochwürden“, brach es leidenschaftlich aus ihm hervor, „immer hör ich, daß Gott mich ruft, bei der Arbeit, in der Kirche und daheim, bei Tag und bei Nacht. Immer hör ich seine Stimme: Geh auch du in meinen Weinberg!“

„Täuschest du dich auch nicht, mein Sohn?“ gab der Greis zu bedenken. „Lockt dich nicht vielleicht doch die Behaglichkeit eines Lebens, wie es die Priester heute wieder erhoffen können? Wenn man sie nun wieder verfemte wie damals, wenn man sie wieder mit Hunden jagen, in die Gefängnisse sperren, an die Ruderbänke der Galeeren schmieden oder unter die Guillotine bringen würde, Johannes, wäre dein Verlangen dann immer noch gleich sicher und entschieden?“

„Ich würde auch dann keinen Augenblick zögern, dem Ruf Gottes zu folgen!“ erklärte der Bursche mit solcher Kraft und Inbrunst, daß der Pfarrer nicht länger zu zweifeln wagte.

„Aber wie hast du dir denn das mit dem Studium gedacht? Du müßtest Latein lernen und sonst noch mancherlei anderes, ehe du ins Seminar aufgenommen werden könntest. Wie soll das geschehen?“

Johannes senkte den Kopf und antwortete leise:

„Das weiß ich nicht, das weiß ich alles nicht. Aber Gott wird sorgen. Wenn nur der Vater ja sagt!“

„Ich werde mit ihm reden!“ versprach der Geistliche. „Sag dem Vater, daß ich ihn am Sonntag nach dem Hochamt sprechen möchte!“

Als der Bauer zur gebotenen Stunde vor ihm stand, sagte der Pfarrer mit großem Ernst:

„Matthäus, ich habe deinen Sohn geprüft und die feste Überzeugung gewonnen, daß seine Berufung echt ist. Du darfst dich nicht wider ihn stellen.“

„Auf meinem Hof gilt mein Wille und nicht der meiner Kinder!“ entgegnete Vianney, trotzig zu Boden blickend.

„Du irrst, Matthäus!“ Des Pfarrers Stimme klang leise, aber sehr eindringlich. „Auf deinem Hof gilt Gottes Wille und nicht der deine. So hat es dein Vater gehalten und dein Großvater. So hast auch du es bis auf den heutigen Tag gehalten. Soll es nun etwa anders werden mit dieser frommen Ordnung?“

Eine Weile schwieg der Bauer und starrte vor sich hin.

„Ich will Ihnen gern in allen Dingen gehorchen“, sagte er endlich aufblickend, „und niemand soll sagen, daß Gottes Gebot nichts gilt auf dem Hof der Vianney. Aber in dieser Sache urteilen Sie wohl nicht richtig. Ich will mich jedoch bedenken. Dank' Ihnen für Ihre Mühe!“ Damit reichte er dem Pfarrer die Hand und verabschiedete sich hastig. Der Priester schaute ihm kopfschüttelnd nach.

Im übrigen war er nicht mehr lange in Dardilly. Der Winter hatte seine Gesundheit so sehr geschwächt, daß der Greis seines Amtes entsagen und sich nach Lyon in ein Spital zurückziehen mußte.

DAS TOR SPRINGT AUF

1804–1805

Die Jahre gingen dahin im Gleichmaß der Tage. Man säte und erntete, pflegte den Weinberg und barg den Segen der Reben. Zwar galt noch der Revolutionskalender, der statt der Heiligennamen die absonderlichsten Bezeichnungen führte und statt der lieben Gotteszeugen Ziegenbock, Schwein, Katze, Kaninchen, Dreschflegel, Pflasterstein, Badewanne und Gießkanne verherrlichte, aber das Jahr trug doch wieder die Krone kirchlicher Feste, und jedem Tag gab das Glockengeläut heilige Weihe.

Johannes arbeitete an der Seite seines älteren Bruders, pflügte und säte, hackte und düngte den Weinberg, schaffte in Stall und Keller, wie es der Vater ihn hieß. Todmüde warf er sich oft am Abend ins Stroh und fand doch den Schlaf nicht, weil all sein Denken dem immer ferner rückenden Ziel nachsann.

Seine Kraft stählte sich zwar, aber sein Gesicht wurde doch von Jahr zu Jahr schmaler, und so niedergedrückt erschien er oft seiner Mutter, daß sie sich ein Herz faßte und ihrem Mann ernstlich zuredete, sich dem Begehren des Sohnes nicht länger zu verschließen. Der aber tat solchen Zuspruch mit rauhen, unwilligen Worten ab. Den alternden Mann, den ein schweres rheumatisches Leiden quälte, plagten ja auch Sorgen genug.

Katharina hatte geheiratet und war ihrem Mann nach Ecully gefolgt. Ihre Ausstattung war schwer genug zu beschaffen gewesen. Franz hatte bei der Auslosung zum Militär wirklich eine Unglücksnummer gezogen, und mit teurem Geld mußte ein Stellvertreter geworben werden.

„Soll ich vielleicht noch einen Knecht einstellen, wo ich zwei erwachsene Söhne habe?“ fragte Matthäus ärgerlich, wenn sein Weib wieder einmal die Rede auf das Verlangen ihres Lieblingssohnes brachte. „Sprich nicht mehr davon! Es ist ein für allemal entschieden, Johannes bleibt auf dem Hof. Man kann sich auch als Bauer den Himmel verdienen.“

Wohl bekümmerte auch den Vater das Herzeleid seines Sohnes mehr, als er sich merken ließ, und heimlich beobachtete er ihn mit großer Sorge. Es war gar nicht nach seinem Geschmack, daß der Junge für seine Jahre so still und zurückhaltend war, ganz anders als seine Brüder, die bei der Arbeit ihren Mann standen und rechtschaffen fromm waren, aber sich doch auch mit den anderen Dorfburschen ein harmloses Vergnügen gönnten.

Es war an einem Herbsttag des Jahres 1804. Die Lese hatte einen leidlichen Ertrag gegeben, und der junge Wein, den man wenige Tage zuvor in die Fässer gebracht hatte, rumorte in stürmischer Gärung.

„Hörst du, wie er poltert und tobt, als wollte er Dauben und Reifen zersprengen?“ sagte der Vater, der mit Johannes im Keller schaffte. „Wird doch noch ein guter Wein werden. Aber wenn er still in den Fässern liegt und nichts fertigbringt als ein leises Gelispel, dann ist er krank und macht keine Freude, wenn man ihn auftischt. Mit den Menschen ist es das gleiche.“

Johannes gab keine Antwort. Er wußte wohl, worauf der Vater hinauswollte, aber was sollte er sagen, was er nicht schon hundertmal gesagt hatte?

„Bist jetzt achtzehn Jahre alt“, fuhr der Bauer bekümmert fort. „Aber nie hör ich dich singen und lachen wie die anderen Burschen. Just immer wie ein Kartäusermönch. Möcht dich gern ein wenig lustiger und lebhafter sehen, so wie den da!“ Matthäus Vianney pochte mit dem Fingerknöchel an das Faß, in dem der junge Wein so sehr spektakelte, daß man schon laut sprechen mußte, um sich Gehör zu verschaffen.

Ach Gott, was wußte der Vater, wie es in seinem Jungen aussah! Da wehrte sich das arme Herz gerade so verzweifelt gegen den Zwang, den man ihm antat, wie der neue Jahrgang in seinem hölzernen Gefängnis. Was wußte der Vater um die herbe Not, die man verschwieg, die Qual um den Beruf, die den Burschen über seine Jahre hinaus still und ernst gemacht hatte. Gewiß, der Mutter vertraute er seinen Kummer in manch schwerer Stunde an, und die brave Frau sprach ihm Mut zu, soviel sie konnte. Auch Katharina und Paul Melin, der Schwager, hatten Mitleid mit ihm und suchten verzweifelt nach einem Ausweg. Zu Herrn Jakob Tournier, dem neuen Pfarrer von Dardilly, hatte Johannes nicht das gleiche Zutrauen wie zu dessen Vorgänger, und was der gute Pfarrer Rey beim Vater nicht erreicht hatte, würde dem neuen Herrn gewiß nicht gelingen.

„Ich war ein anderer mit achtzehn Jahren!“ begann der Vater wiederum. „Das kannst du mir glauben.“

„Vater!“ ermutigte sich Johannes endlich. „Laß mich Priester werden!“

Verdrossen blickte der Bauer auf. Eine Zornesfalte stand drohend zwischen den buschigen Brauen. Als er aber im Gesicht seines Sohnes die tiefe Not erkannte, verflog sein Unmut. Müde schüttelte er den Kopf und sagte:

„Du weißt, daß es nicht sein kann. So gib dich darein!"

Wortlos schafften die beiden weiter, nur der Wein polterte in seinem Gefängnis.

Ein Ereignis ließ gegen Jahresende das Dorf Dardilly aus seiner Stille auffahren. Napoleon, der die Kaiserkrone begehrte, ließ den Papst nach Frankreich kommen, damit er ihn in der Notre-Dame-Kirche zu Paris salbe.

Der Weg führte den Nachfolger Petri über Lyon, und unter den Tausenden, die vor dem päpstlichen Wagen am Straßenrand niederknieten, war auch Matthäus Vianney mit seiner Familie.

Schweigend kehrten sie heim, noch tief ergriffen von der edlen Erscheinung des Papstes, auf dessen Gesicht das scharfblickende Auge des Bauern eine geheime Traurigkeit erspäht hatte.

„Wie einen Lakai läßt Napoleon den Papst nach Frankreich kommen", brach der Vater endlich die Stille. „Hätte sich wohl geziemt, daß er nach Rom gereist wäre, um die Krone in Sankt Peter zu empfangen."

„Da hast du wohl recht, Matthäus", stimmte der Nachbar Vincent bedächtig zu.

Bald schon sollte es sich erweisen, wie recht der Bauer mit seiner Vermutung hatte. Es war ein schlechtes Zeichen, als Napoleon sich vom Papst nur salben und segnen ließ, ihm aber, wider alle Verabredung, die Krone aus den Händen nahm und sich selbst aufsetzte.

Voll Sorge und Schmerz reiste Pius VII. zurück in die Stadt der Päpste.

Ein böses Jahr folgte für die Bauern im Lyoner Bergland. Den ganzen Sommer hindurch regnete es fast ohne Unterlaß. Die Frucht faulte auf dem Halm, die Rebe am Weinstock. Der Herbst kam mit leeren Händen. Nach der geringen Weizenernte konnte man sich die Lese überhaupt sparen. Es gab nichts einzubringen.

Niedergeschlagen kehrte Matthäus Vianney an einem Oktoberabend von einem Gang durch den Wingert heim.

„Nichts, gar nichts!" sagte er, schwer auf die Bank in der Küche niedersinkend. „All unsere Sorge und Mühe war umsonst. Gott hat uns verlassen."

„Er wird uns auch wieder gnädig sein, wenn wir uns seinem Willen nicht widersetzen", antwortete Frau Maria, doch schien Matthäus die stille Mahnung, die in ihren Worten lag, zu überhören.

„Der Xaver ist nun schon sechzehn", fuhr die Bäuerin, die vergebens auf eine Antwort wartete, fort. „Er mag nicht mehr länger den Hütebub spielen. Die Margret wird schon allein mit dem Viehzeug fertig."

„Und was soll's?"

„Ich meine nur, dann sind wohl zwei Hände auf dem Hof zu entbehren; denn der Xaver greift schon wie ein Erwachsener zu."

„Weiß schon, worauf du hinauswillst!" Der Bauer machte eine ärgerliche Handbewegung, nahm seine Mütze vom Haken und verließ das Haus.

Weit in die Felder stapfte er mit schwerem Bauernschritt, und so versunken war er in seine Gedanken, daß ein paar Dörfler ihm verwundert nachschauten, weil er ihren Gruß nicht erwiderte. Seines Weibes Rede war ihm doch tiefer zu Herzen gegangen, als er sich hatte anmerken lassen. Ob es denn wirklich so war, daß Gott ihn um seiner Widersetzlichkeit willen gestraft hatte? Immer wieder sah er jetzt das ernste Gesicht des alten Pfarrers Rey vor sich, der in Lyon vor Jahresfrist gestorben war, hörte seine Mahnung, man dürfe dem nicht zuwider sein, was man als Gottes Willen erkenne.

Stockdunkel war es schon, als der Bauer heimkehrte. Schweigend setzte er sich an den Tisch, und bald schob er den Teller, von dem er nur wenig gegessen hatte, beiseite. Auch die Kinder, die des Vaters gedrücktes Wesen sahen, wagten kein Wort. Sie verließen nach dem gemeinsamen Abendgebet eilig die Küche.

Als Matthäus wieder allein mit seinem Weib war, fragte er mit scheinbar gleichgültiger Stimme:

„Und wie hast du es dir denn gedacht, Maria? Wenn ich nun wirklich ja sagte, wie soll der Johannes denn das Ziel erreichen, das er sich gesetzt hat?"

„Es gibt schon einen Weg!" antwortete die Frau eifrig. „Der Herr Balley, der seit kurzem in Ecully als Pfarrer amtiert, unterrichtet ein paar Schüler, um sie aufs Priestertum vorzubereiten. Katharinas Mann hat neulich davon erzählt. Warum sollte er den Johannes nicht auch annehmen?"

„Und die Kosten?"

„Die werden so groß nicht sein! Die Humberts werden den Jungen gegen geringes Entgelt ins Haus nehmen und beköstigen. Der Pfarrer unterrichtet um Gotteslohn."

„Ihr habt da ja hinter meinem Rücken die reinste Verschwörung angezettelt, wie mir scheint", sagte der Bauer mit kleinem Lächeln. „Aber in Gottes Namen denn! Auf dem Hof gibt es in diesem Elendsjahr ja doch nicht viel zu tun, und wenn der Pfarrer ihn annimmt, will ich mich nicht länger widersetzen."

„Das wird Gott dir hundertfach vergelten!" antwortete die Bäuerin aufatmend. „Der Pfarrer wird ihn schon nehmen!"

Doch sollte sich die Angelegenheit schwieriger anlassen, als man gedacht hatte.

Am nächsten Sonntag sprachen Franz und Margarete Humbert auf Bitten von Frau Maria im Pfarrhof von Ecully vor. Des Pfarrers Schwester Margarete, eine ehemalige Ordensfrau, die der Sturm der Schrekkensjahre aus der Stille des Klosters verjagt hatte und die jetzt, schon in betagtem Alter, ihrem geistlichen Bruder den Haushalt führte, schüttelte traurig den Kopf, als die Bauersleute schüchtern ihr Anliegen vorbrachten.

„O weh, das wird wohl nicht gehen", sagte sie bekümmert. „Mein Bruder will nun mal keinen neuen Schüler mehr annehmen. Er hat genug mit denen zu tun, die er schon hat. Bleibt ihm ja kaum die nötige Zeit für die Seelsorge in der großen Gemeinde, die er ohne Kaplan zu betreuen hat. Aber wartet, ich will ihn gerne holen!"

Den beiden Bittstellern wurde ein wenig beklommen zumute, als der Pfarrer eintrat und sie freundlich begrüßte. Tiefer Ernst zeichnete das hagere Gesicht des hochgewachsenen Mannes, der in der vergangenen Zeit sehr viel Schweres erduldet hatte. Stockend brachte Franz Humbert sein Anliegen vor. Aber der Pfarrer unterbrach ihn rasch.

„Über diese Sache brauchen wir nicht lange zu reden. Ich kann keinen Schüler mehr annehmen, wenn ich meine Pfarrei nicht vernachlässigen soll. Muß euch also zu meinem Bedauern eure Bitte abschlagen, so gern ich auch helfen möchte. Doch meine Gemeinde hat das erste Anrecht auf mich. Das werdet ihr verstehen. Liegt ja so vieles noch im argen!"

Bekümmert kehrten die guten Leute heim, wo sie der wartenden Frau Maria von ihrem Mißerfolg berichteten.

„Ihr habt euch gar zu schnell abweisen lassen", meinte Paul Melin. „Jetzt gehe ich zum Pfarrer. Er soll sich doch wenigstens den Johannes einmal ansehen."

Wirklich erreichte er, daß der Pfarrer ihm gestattete, den jungen Vianney zu ihm zu führen.

„Aber ich bin gewiß, daß es nichts nützen wird. Ich kann keinen Schüler mehr annehmen, so gerne ich es auch wollte.“

Am nächsten Sonntag erschien Paul Melin wieder im Pfarrhof und stellte dem Priester seinen Schwager vor.

Lange schaute Karl Balley den neunzehnjährigen Bauernburschen an, der ein wenig verlegen und doch mit so großem Vertrauen zu ihm aufblickte.

„Also du bist es, der meinen Unterricht begehrt?“ fragte er endlich.

„Ja, ich möchte Priester werden!“ antwortete Johannes, seine Scheu überwindend, mit fester Stimme.

Wieder prüfte ihn des Pfarrers ernster Blick. Er schien über etwas nachzusinnen und sagte endlich:

„Hab ich dich nicht vor etwa sechs, sieben Jahren zum Tisch des Herrn geführt?“

„Freilich!“ antwortete Johannes, vor Freude errötend. „Vor sieben Jahren im Haus der Frau von Pingon.“

„Ich weiß, ich weiß!“ nickte der Pfarrer. Ja, das waren die tiefen, von echter Gottessehnsucht erfüllten Augen, die damals schon mit solch inbrünstigem Verlangen zu ihm aufgeblickt hatten. Er sah wieder den schmalen, kleinen Bauernbuben, der sich wie kein anderer so innerlich gesammelt und voll glühender Sehnsucht auf den großen Tag vorbereitet hatte. Nun bettelten die gleichen Augen: Stoß mich nicht von dir! Führ mich noch einmal in Gottes Heiligtum!!

Der Priester bedeckte für eine Weile mit der Hand seine Augen, dann durchmaß er sein Zimmer mit etlichen Schritten, blieb vor dem Bauer Melin stehen und sagte:

„Ja, den, mein Freund, den nehme ich an.“ Darauf wandte er sich dem jungen Vianney zu, legte ihm die Hand auf die Schultern und sprach: „Sei unbesorgt, mein Sohn! Ich werde dich zu deinem Ziele führen, und müßte ich mein Leben dafür opfern.“

Mit unbeschreiblicher Freude berichtete Johannes der Mutter von dem Versprechen des Priesters. Nun endlich sprang das Tor zum Heiligtum auf, vor dem er so lange als pochender Bettler gestanden.

„Nun wird Gott selbst weitersorgen!“ antwortete die Bäuerin unter Tränen.

DER BRENNENDE DORNBUSCH

1806

Im Arbeitszimmer des Pfarrers von Ecully prasselte ein helles Kaminfeuer und mühte sich, die winterliche Kälte zu verjagen; aber immer noch prangten die Eisblumen an den Fensterscheiben. Pfarrer Balley saß in seinem hochlehnigen Armstuhl, in seinen Händen den Moniteur vom 25. Februar 1806. Mit gerunzelter Stirn las er den Bericht vom Einzug der französischen Truppen in Neapel.

„Das bleierne Zepter jener modernen Athalia ist zerbrochen; der Kaiser wird das Königreich Neapel wiederherstellen, jedoch nur für einen französischen Prinzen. Das neue Königreich bildet von nun an einen Bestandteil der mit dem französischen Kaiserreich verbündeten Staaten."

Kein Zweifel, der Empereur war dabei, die Welt zu erobern. Nach Österreich nun auch Neapel! Was würde folgen? Preußen, England, Rußland? Wenn soviel Übermut nur nicht zu einem bösen Ende führte!

Gedankenvoll ließ der Priester das Blatt sinken und sah zu seinen Schülern auf, die rings um den Tisch saßen und ihr lateinisches Pensum erledigten. Emsig kratzten die Federn über das Papier. Wer fehlerlos arbeitete, würde zur Belohnung einen von den Bratäpfeln erhalten, die auf dem Kaminsims schmorten.

Herr Balley zweifelte nicht, wer sich den Preis holen würde. Einer von den Lorasbuben gewiß, der kluge, grundgescheite Matthias, oder sein nicht minder begabter Bruder Jakob. Die beiden hatte der Pfarrer ganz besonders in sein Herz geschlossen, waren sie doch die Söhne eines Mannes, den man in Lyon aufs Schafott geschleppt, weil er Eidverweigerern in seinem Haus Zuflucht gewährt hatte. Der Jakob lag noch in der Wiege, als das Grausige geschah, während Matthias damals noch unter dem Herzen seiner Mutter schlummerte. Unter vielen Tränen hatte die tapfere Frau ihre Buben großgezogen, war aber ihrem heldenhaften Manne wenige Jahre später in die Ewigkeit nachgefolgt. Karl Balley hatte die Waisen zu sich ins Haus genommen, als er Pfarrer von Ecully geworden war, und freute sich, etwas von seiner großen Dankesschuld abtragen zu können.

Ja, und dann war da noch der 12jährige Peter Deschamps, ein pfiffiges, gewecktes Bürschlein, das den Lyoner Kaufmannsbuben nicht viel nachstand. Aber bis zum Bratapfel würde es wohl nicht reichen.

Einer freilich nahm an dem glorreichen Wettstreit nicht teil, das war der Bauernbursch aus Dardilly. Johannes-Maria Vianney saß ein wenig abseits und murmelte mit bekümmertem Gesicht lateinische Formen vor sich hin: „Laudo, laudas, laudat . . .“

Vier Monate lang kam er nun tagtäglich ins Pfarrhaus, paukte morgens bis abends und beherrschte doch nach all der Zeit kaum sicher die Deklinationen. Vor den Konjugationen aber schien der harte Bauernschädel völlig zu kapitulieren. Nun, man mußte eben Geduld mit ihm haben.

Weit, weit hinkte er hinter seinen viel jüngeren Mitschülern her, und in der Wissenschaft würde er sie gewiß niemals einholen. Dafür freilich war er ihnen in anderen Dingen voraus.

„Ich muß zu einem Kranken!“ unterbrach der Pfarrer den Unterricht. „Bis ich zurück bin, könnt ihr im Garten Schneebälle werfen, aber schont meine Fensterscheiben! Ihr wißt, daß auch der Empereur die Gehälter der Geistlichen nicht aufgebessert hat.“

Jubelnd sprangen die Buben auf, nur Johannes Vianney meinte, er müßte doch erst noch ein bißchen laudare konjugieren.

„Unsinn!“ fuhr Matthias dazwischen. „Ich helf dir nachher. Du wirst sehen, dann geht es ganz leicht.“

„Ja, lüfte deinen Schädel ordentlich aus!“ stimmte der Pfarrer bei. „Nachher geht es viel besser!“

Die drei Kleinen waren schon hinausgestürmt, als Herr Balley den Zwanzigjährigen noch für einen Augenblick zurückhielt.

„Hör mal, Johannes!“ sagte er bekümmert. „Deine Tante Humbert war bei mir und klagte, daß du bei Tisch kaum etwas anrührst. Nur Suppe äßest du, und die müßte sie noch wässern, und wenn sie ein wenig Schmalz hineintäte, machtest du ein mürrisches Gesicht. Wie verhält sich das eigentlich? Ein Junge in deinem Alter müßte doch zulangen wie ein Scheunendrescher.“

Johannes schaute verlegen zu Boden.

„Die Heiligen haben auch gefastet!“ sagte er dann.

„Natürlich! So liest man's in jeder Legende. Aber man kann's auch übertreiben, und ich glaube, mit zwanzig Jahren haben auch die Heiligen einen gesunden Appetit entwickelt. Mich wundert's gar nicht, daß du die lateinischen Formen nicht behalten kannst, wenn dir der Magen vor Hunger knurrt. Ich will meiner Schwester sagen, daß sie dir ein ordentliches Butterbrot macht und eine Tasse heiße Milch dazu gibt. Und daß du mir nichts übrig läßt! Dann tummelst du dich mit den Buben ordentlich im Schnee und wirst schon sehen, daß es nachher viel besser geht mit den temporibus von laudare. Und in Zukunft ißt du alles, was deine Tante dir vorsetzt. Ich befehle es dir, verstanden!"

„Ja, Herr Pfarrer!" nickte Johannes zögernd.

Die gute Tante Margarete lachte über ihr ganzes, rotwangiges Vollmondgesicht, als ihr Neffe beim Mittagsbrot tüchtig zulangte, und der Bauer Franz Humbert nickte zufrieden vor sich hin:

„Na, endlich! Die Schneeluft scheint deine Schmachtlapperei ja kuriert zu haben."

„Der Pfarrer hat mir befohlen, in Zukunft mehr zu essen", erklärte der Bursche verlegen.

„Ob du nun aus Gehorsam oder aus Gefräßigkeit ißt, das ist mir egal!" schmunzelte der Onkel. „Die Hauptsache ist, daß du endlich mal ordentlich zugreifst."

„Aber eigentlich ist doch Fastenzeit", suchte Johannes sich noch einmal zu rechtfertigen.

„Wenn du mal Pfarrer bist, kannst du fasten, soviel du willst!" lachte Franz Humbert.

„Das werd ich auch!" versicherte Johannes.

Die Eisblumen an den Scheiben verschwanden, und statt ihrer streckten sich die blühenden Kirschzweige durch das offene Fenster der Pfarrstube.

Die drei jungen Schüler übersetzten abwechselnd wacker aus den ausgewählten Kapiteln aus dem Alten Testament. Nur Johannes steckte immer noch in seinen Konjugationen, und je mehr ihrer wurden, um so schlimmer warf er alle durcheinander.

„Capio, capis, capit . . .", murmelte er unaufhörlich, während seine kleineren Mitschüler abwechselnd die Geschichte vom brennenden Dornbusch ins Französische übersetzten. Dazwischen fragte ihr Lehrer die Stammzeiten der in dem Abschnitt vorkommenden unregelmäßigen Verben ab. Aber selten blieb einer von den dreien die richtige Antwort schuldig, der beinahe übergescheite Matthias schon gar nicht. Da gab es keine grammatikalische Fußangel, mit der er nicht fertig wurde, und Pfarrer Balley mußte sich gestehen, daß er dem schwarzlockigen Lyoner Kaufmannsbub bald nichts mehr würde beizubringen haben. Er selbst mußte ja zuweilen einmal in die aufgeschlagene Grammatik schielen; denn schließlich war man fünfundfünzig Jahre alt und hatte das eine oder andere nicht mehr so ganz sicher im Gedächtnis. Der Matthias merkte das mit heimlichem Vergnügen. Er hatte nicht notwendig, ins Buch zu blinzeln. Was er einmal gelernt hatte, das saß noch fester als ein Schiffsnagel, nämlich so fest wie der Johannes in der dritten Konjugation auf io!

Ach ja, der arme Johannes! Zwar ging es mit dem Lernen ein wenig besser, seit er sich auf Befehl des Pfarrers wenigstens einmal täglich satt aß, aber man war mit zwanzig Jahren zu alt, um das in den Kopf hineinzuschanzen, was die jüngeren Kameraden spielend lernten.

„Capiebam, capiebas, capiebat . . .“, memorierte der Bauernbursche, hörte aber doch mit halbem Ohr dem Peter Deschamps zu, der jetzt mit heller Jungenstimme losschmetterte:

„Da erschien ihm der Herr in einer Feuerflamme, die aus einem Dornbusch hervorschlug, und er sah, daß der Dornbusch brannte, aber nicht verbrannte.“

„Ach Gott“, ging es Johannes durch den Sinn, „warum verbirgst du dich nur in den Dornen?“ Sein ganzes Herz drängte ja zum Heiligtum des Herrn, aber der Zugang war versperrt durch das unentwirrbare Dornengestrüpp lateinischer Deklinationen und Konjugationen, das brannte und doch nicht verbrennen wollte, mochte man es tausendmal durch seinen Feuereifer aufs neue anzünden.

„Ach Gott, warum verbirgst du dich in den brennenden Dornen?“ seufzte der junge Vianney, um dann mit einem neuen Stoßseufzer weiter zu memorieren: „Capiam, capies, capiet . . .“ Indes deklamierte Matthias Loras siegessicher:

„Und der Herr sprach zu ihm: Ich habe die Bedrängnis meines Volkes in Ägypten gesehen und ihre Klage über die Härte der Fronvögte gehört; und weil ich seinen Jammer kenne, bin ich herabgekommen, es aus der Gewalt der Ägypter zu erretten und es wegzuführen aus diesem Land in ein gutes, weites Land, ein Land, in dem Milch und Honig fließt . . .“

„Lieber Gott“, quälte sich Johannes, „sieh doch auch meinen Jammer! Die Juden brauchten nur Steine zu klopfen. Das ist tausendmal leichter als lateinische Konjugationen lernen. Wann führst du mich aus dieser Bedrängnis in das Land der Verheißung?“

„Nun, Johannes?“ wandte sich Karl Balley seinem Schüler zu. „Wie ist es nun mit dem Futurum I. von capere?“

Johannes tat einen tiefen Atemzug, dann stotterte er: „Capiam, capias, capiat . . .“

„Du hast nicht recht verstanden“, sagte der Fronvogt des Lateinischen mit größerer Geduld, als seine Kollegen am Nil sie aufgebracht hätten. „Ich habe nicht nach dem Konjunktiv Praesentis gefragt, sondern nach dem Futurum I. Also?“

„Capibo, capibis, capibit. . .”, stammelte Johannes nun völlig verwirrt.

Aber jetzt war's ganz gefehlt. Matthias prustete los:

„Du kapierst es wirklich nicht. Nunquam capies!“ setzte er lateinisch hinzu. Aber der Pfarrer blieb ernst und warf dem vorlauten Bürschlein einen strengen Blick zu.

„Mathias, du wirst ihm nachher die Tempora von capere beibringen, und wenn er sie dann noch nicht kann, kriege ich dich bei den Ohren, kapiert? Ihr anderen zwei geht in den Hof, Holz hacken. Meine Schwester sagt, es wäre kein Kleinholz mehr da!“

Willig nahmen die Jungen den Auftrag entgegen, da die gute alte Haushälterin ihnen für die Hilfe jedesmal einen dicken Apfel gab, nur Matthias Loras seufzte: „Holzhacken ist leichter!“

Nachher machte er sich aber doch mit gutem Willen daran, dem schwerfälligen Bauernburschen die Konjugation auf io beizubringen, und lange Zeit bewahrte er eine himmlische Geduld. Als Johannes aber immer wieder sämtliche Zeiten und Modi durcheinanderbrachte, packte ihn plötzlich die Wut. Er warf ihm die lateinische Grammatik an den Kopf und schrie: „Soll ein anderer dir in deinen Dickschädel was reinbringen, ich hab keine Lust mehr!“

Dem so übel Gescholtenen schoß das Blut in die Stirn. Unwillkürlich ballte sich seine Faust, als wollte er die Gewalttätigkeit vergelten. Matthias schien auch mit nichts anderem zu rechnen; denn er sprang auf und nahm Abwehrstellung ein. Aber Johannes hatte den aufsteigenden Zorn schon bezwungen. Er erhob sich, ging auf den kleinen Fronvogt zu, und wahrhaftig, er kniete vor ihm nieder und bat: „Verzeih mir, Matthias, daß ich dir solche Mühe mache! Ich habe deinen Unwillen verdient. In Zukunft will ich mich noch mehr anstrengen.“

Matthias wußte nicht, wie ihm geschah. Er wurde rot und bleich, dann schossen ihm jählings die Tränen in die Augen, und stammelnd stieß er hervor: „Ich hab mich benommen wie ein Schwein! Verzeih mir, Johannes! Wirklich wie ein Schwein hab ich mich benommen.“ Ganz verzweifelt ließ er sich auf seinen Stuhl fallen, legte den Kopf auf die Arme und begann heftig zu schluchzen.

„Willst du's noch mal mit mir versuchen?“ fragte Johannes leise.

„Ja, bestimmt!“ nickte der Junge, die Tränen trocknend. „Ich lern jetzt mit dir, solange du willst!“

„Glaubst du denn, ich schaffe es?“ lächelte Vianney traurig.

„Sicher schaffst du es!“ nickte der Bub. „Aber wenn du dich noch mal vor mich hinkniest, dann – dann – ach du, das darfst du nie, nie mehr tun!“

Und die beiden stürzten sich abermals in die lateinischen Dornen.

Als der Pfarrer, von seinem Seelsorgsgang heimgekehrt, seinen Sorgenschüler examinierte, blieb der keine Antwort schuldig, obschon es in die Kreuz und Quere ging mit den Fragen.

„Na, die Dritte auf io scheint ja endlich zu sitzen“, sagte Herr Balley zufrieden. „Morgen fangen wir mit den Deponentia an.“ Auch Matthias bekam etwas von dem Lob mit. „Hast deine Sache gut gemacht.“

„Wie ein Schwein habe ich mich benommen!“ brummte der Junge zerknirscht und schlich sich zur Tür hinaus, während ihm der Pfarrer betroffen nachschaute.

Trotzdem der kleine Loras seinem erwachsenen Mitschüler von diesem Tag an aus allen Kräften und mit der größten Geduld half, blieben die Fortschritte mehr als kümmerlich. Johannes selbst war es nun, der die Geduld verlor. Immer häufiger ertappte er sich bei einer Unaufmerksamkeit. Draußen zog der Sommer ins Land. Auf dem Hof daheim gab es jetzt alle Hände voll zu tun, und er vertrödelte seine Zeit mit der lateinischen Grammatik, die ihre Geheimnisse immer noch nicht preisgeben wollte. Eines Tages, als er wieder einmal jämmerlich versagt hatte, erklärte er dem Pfarrer, der sich vergebens mühte, ihm neuen Mut zuzusprechen: „Ich sehe ein, es hat keinen Zweck, daß Sie sich mit mir herumplagen. Morgen gehe ich nach Dardilly zurück.“

Erschrocken starrte der gute Priester seinen unglücklichen Schüler an, der da mit todblassem Gesicht, die Augen zu Boden gerichtet, vor ihm stand. Ein paarmal durchmaß er mit großen Schritten das Zimmer. Dann blieb er vor dem völlig Verzagten stehen und sagte mit der ganzen Herzlichkeit und Milde eines gütigen Vaters:

„Du willst gehen, du armer Junge? Du läufst nur in neue Qual hinein. Wenn du jetzt heimkehrst, wird dein Vater dich nicht ein zweitesmal fortlassen. Dann aber: Leb wohl, Priestertum!“

„Aber ich schaff es doch nicht!" ächzte Johannes niedergeschlagen.

„Das ist ein törichter Gedanke, der gewiß nicht vom lieben Gott kommt!" schüttelte der Priester den Kopf. „Ja, du kannst es mir glauben. Den Gedanken hat dir ein anderer eingegeben, der Teufel, sag ich dir. Der muß ein ganz besonderes Interesse daran haben, dich von deinem Ziel abzubringen. Gott hat dich gerufen, das weiß ich, Johannes, und der Teufel versucht alles, dir den Weg zu versperren. Nun erst recht! Jetzt wird weitergearbeitet, und mit Gottes Hilfe wirst du dein Ziel erreichen. Und sollten alle zehn ägyptischen Plagen über ihn kommen, der Pharao von Ecully läßt dich nicht gehen, bis er dich mit gutem Gewissen ins Gelobte Land ziehen lassen kann. Also ran an den Karren! Jetzt werden wieder Steine geschleppt, und wenn du tausendmal meinst, du schaffst es nicht! Das Herz des Pharao ist verhärtet, er läßt dich nicht gehen!"

Johannes lächelte nun doch und sagte: „Nein, der Vergleich paßt nicht. Sie sind nicht der Pharao, sondern der Moses, der seinen dummen und kleingläubigen Schüler durch die Wüste der lateinischen Grammatik schleppt."

„Na, meinetwegen! Und der Moses wird nicht nachlassen, bis er ihn zum Land der Verheißung gebracht hat, und sollte er darüber sterben."

„Ich hab auch einen anderen Plan gehabt", gestand Johannes. „Ich will nach La Louvesc wallfahrten zum Grab des heiligen Franz Regis. Vielleicht hilft der mir."

„Das ist wirklich ein guter Gedanke!" antwortete Herr Balley erfreut. „Geh zu ihm und schütt ihm dein Herz aus."

In der glühenden Sommerhitze machte Johannes sich auf den Weg. Als Bettler, so hatte er es vor seinem Aufbruch gelobt, wollte er die mehr als hundert Kilometer weite Pilgerreise zurücklegen. So zog er denn aus im langen Bauernkittel, Holzschuhe an den Füßen, einen Knotenstock in der Hand, den Bettelsack über der Schulter. Nur für einen Tag Wegzehr hatte er von der guten Tante angenommen; Franz Humbert mußte ihm ein bescheidenes Reisegeld schier mit Gewalt aufzwingen, obschon Johannes entschlossen war, nicht einen einzigen Sou davon auszugeben.

Völlig erschöpft langte er am Abend des sechsten Tages endlich in dem ersehnten Gnadenort an. Als er in die Wallfahrtskirche eintrat, war alle Müdigkeit vergessen. Johannes fiel vor dem kostbaren Schrein, der des heiligen Bekenners Gebeine barg, auf die Knie nieder und betete, der große Gottesfreund möge ihm doch die Gnade erflehen, so viel Latein zu erlernen, wie er zum Weiterstudium brauche.

In der Klosterherberge fand er gastliche Aufnahme. Am nächsten Tag erschloß er einem der Patres, die das Heiligtum hüteten, in demütiger Beichte sein Herz, bekannte den Zweck seiner Pilgerfahrt und auch das Gelübde, dessen Erfüllung ihm die Wallfahrt so schwer gemacht hatte.

Der Priester, ergriffen von seiner Einfalt, sprach Worte herzlichen Trostes.

„Der heilige Fanz Regis wird Ihnen schon helfen, Ihre Studien zu vollenden. Lassen Sie sich durch keine noch so große Schwierigkeit entmutigen! Wenn es Gottes Wille ist, daß Sie Priester werden, wird er Ihnen auch beistehen, Ihr Ziel zu erreichen. Von Ihrem Gelübde aber entbinde ich Sie; denn es ist nicht recht, von der Mildtätigkeit anderer zu leben, wenn man nicht durch die äußerste Not dazu gezwungen ist. Geben Sie statt dessen den Bedürftigen nach Ihren Kräften Almosen, nachdem Sie am eigenen Leib die Bitterkeit der Armut erfahren haben!"

Der Heimweg war nun freilich viel leichter, weil Johannes jetzt nicht mehr um Brot und Obdach zu betteln brauchte. Von Herzen gern teilte er seine bescheidene Barschaft mit den Kindern der Landstraße, Strolchen, Deserteuren und invaliden Soldaten, ohne lange zu fragen, ob sie seiner Hilfe würdig waren.

Pfarrer Balley hieß den Zurückgekehrten herzlich willkommen, froh, daß nun aller Kleinmut von ihm gewichen schien.

Den heiligen Franz Regis hatte Johannes nicht umsonst angerufen, es ging nun wirklich leichter, und da Matthias Loras ihm mit wahrem Feuereifer dabei half, bezwang er schließlich auch das Dickicht der unregelmäßigen Verben.

Indes sah sich Johannes bald von einem neuen, schweren Verhängnis bedroht.

EIN BLITZ AUS HEITEREM HIMMEL

1806–1809

Es war an einem stürmischen Novembermorgen. Wütend klatschte der Regen gegen die Scheiben, und im Kamin fauchte der Wind. Pfarrer Balley hatte seinen Unterricht beendet, hielt aber, während er seine jüngeren Schüler entließ, den älteren zurück.

„Da steht etwas in der Zeitung, was dich interessieren wird", sagte er, auf die neueste Nummer des Moniteurs weisend. „Hier, lies mal!" Johannes griff erstaunt nach dem Blatt und überflog die bezeichnete Stelle. Es war eine Botschaft, die Napoleon aus dem eroberten Berlin an den Pariser Senat richtete.

„Wir stehen an einem wichtigen Wendepunkt des Schicksals der Nation, und das französische Volk wird sich seiner Bestimmung würdig zeigen. Darum haben wir die Aushebung von 1807, welche erst im September erfolgen sollte, auf die ersten Tage des Jänner festgesetzt. In welch schönerem Augenblick könnten wir die jungen Franzosen zu den Waffen rufen? Sie werden nun ihre Regimenter treffen, die die Hauptstädte unserer Feinde und die durch große Siege ihre Vorläufer verherrlichten Schlachtfelder durchwandern werden."

„Was bedeutet das?" fragte Johannes, erschrocken zu dem Priester aufblickend.

„Das bedeutet, daß die französische Armee bei Jena und Auerstädt viel Blut verloren hat, und daß dein Jahrgang die Lücken wieder schließen soll."

„Ich muß Soldat werden?" stammelte Johannes. „Was wird denn dann aus meinen Studien?"

„Vielleicht gibt es doch noch eine Lösung", antwortete der Priester nach einer Weile. „Unser neuer Erzbischof Kardinal Fesch, der Onkel Napoleons, hat von seinem kaiserlichen Neffen die Befreiung aller Theologiestudenten vom Heeresdienst erwirkt. Wenn wir erreichen, daß dein Name auf die Liste gesetzt wird, bist du frei. Ich werde heute noch nach Lyon fahren, um mit dem Sekretär des Erzbischofs, meinem alten Kampfgenossen Groboz, zu sprechen. Vielleicht läßt es sich machen."

Am Abend kehrte der Pfarrer von seiner Reise heim. Er war von dem immer noch strömenden Regen völlig durchnäßt, aber freudig verkündete er seinem Schüler, Groboz wolle dafür sorgen, daß er der Liste der Studierenden beigefügt würde.

„Dann haben wir es geschafft und können unbekümmert weiterstudieren. Statt in des Kaisers Armee wirst du jetzt bald in die Miliz Gottes aufgenommen werden. Kardinal Fesch wird in der Fastenzeit in Ecully firmen, dann wirst auch du endlich das große heilige Sakrament empfangen.“

„Gott sei Dank!“ stieß Johannes inbrünstig hervor, und seine Augen leuchteten vor Glück.

Als dann der hohe Morgen anbrach und der Erzbischof von Lyon in der Pracht seiner hermelinumsäumten Purpurschleppe in die Pfarrkirche von Ecully einzog, flehte keiner aus der großen Schar der Berufenen mit solcher Sehnsucht um die sieben Gaben des Heiligen Geistes wie Johannes. So sehr brannte sein Herz in der Erwartung des heiligen Sakramentes, daß der Kardinal ihn zweimal nach dem Namen fragen mußte, auf den er gefirmt werden wollte.

„Johannes Baptista!“ antwortete der auf den Namen des Lieblingsjüngers Jesu Getaufte. Dann spürte er das Siegel Gottes auf der Stirn, und seine Seele versank im flammenden Meer der Gnade.

Eine ganz besondere Freude bereitete ihm das Wiedersehen mit jenem frommen Geistlichen, dem er als elfjähriger Hirtenbub seine Kindersünden bekannt hatte. Ihm gestand er freimütig die Schwierigkeiten, die ihm das Studium machten, aber Herr Groboz, der den Kardinal als Sekretär begleitete, erwiderte freundlich:

„Du wirst den Heiligen Geist nicht vergebens empfangen haben. Er wird dir helfen und seine sieben Gaben in dir wirksam machen, auch die des Verstandes und der Wissenschaft. Hab nur Vertrauen! Die Stunde wird kommen, in der du am Weihaltar dein Adsum sprechen wirst! Übrigens ist dein Name schon in das Verzeichnis der künftigen Priester eingetragen. Da Gott dich zu seinem Dienst beruft, bist du von dem des Kaisers frei.“

Zwei Jahre emsigen Studiums folgten dem hohen Tag. Derweil marschierten Frankreichs Heere auf allen Straßen, trugen des Kaisers siegreiche Fahnen nach Spanien, Deutschland, Österreich und Italien.

Der Sommer 1809 brachte Nachrichten aus der Ewigen Stadt, die den braven Katholiken den Herzschlag stocken ließ. Napoleon hatte auf der Engelsburg erneut statt der päpstlichen Flagge die Trikolore emporsteigen lassen. Papst Pius VII. verhängte über den „Räuber des Patrimoniums Petri", über den Mann, den er fünf Jahre zuvor zum Kaiser gekrönt hatte, den Bann der Kirche. Napoleon lachte, als er die Nachricht von seiner Exkommunikation erhielt, und sagte spöttisch: „Deswegen werden meinen Soldaten die Waffen nicht aus den Händen fallen." Den Papst aber ließ er als Gefangenen nach Savona schleppen.

Des Kaisers Siege waren teuer erkauft. Auch die Blutopfer seiner Armeen waren ungeheuer. Vor allem in Spanien gerieten seine Regimenter in schwere Bedrängnis. So sah Napoleon sich gezwungen, immer mehr junge Männer zu den Waffen zu rufen.

Es war an einem schwülen Herbsttag des Jahres 1809. Dunkles Gewölk zog drohend über die Gipfel der Cevennen herauf und verdunkelte jählings den strahlenden Tag. Ein düsterer Schatten fiel durch das Fenster des Pfarrzimmers von Ecully. Johannes Vianney schaute von seinem Schreibheft auf, in das er eine lateinische Übersetzung eintrug. Er war nun Herr Balleys einziger Schüler, da seine drei jüngeren Kameraden ins kleine Seminar abgewandert waren, wo sie mit Erfolg ihre Studien fortsetzten.

„Es wird ein Gewitter geben", meinte der Pfarrer, der soeben sein Breviergebet beendet hatte. „Es liegt schon den ganzen Tag in der Luft." Kaum hatte er ausgesprochen, als plötzlich ein wahrer Wolkenbruch niederrauschte. Dazwischen flammten und krachten die Blitze, als wollten sie die ganze Welt zermalmen.

Mitten in das Toben der Elemente hinein gellte die Glocke an der Haustür.

„Wer mag denn auch bei dem Wetter kommen?" meinte die alte Margarete, des Pfarrers Schwester, kopfschüttelnd, und öffnete, so schnell sie konnte, die Tür.

Die beiden in der Pfarrstube hörten vom Flur her ein paar aufgeregte Worte.

„Das ist Gothon", fuhr Johannes auf, der die Stimme der Schwester erkannt hatte. Da hastete auch schon das Mädchen atemlos in die Stube.

„Mein Gott, Gothon!" rief der Bruder erschrocken. „Ist daheim etwas Schlimmes geschehen?"

„Nein, nein!" keuchte Margret Vianney. „Aber das da hat heute mittag ein Gendarm für dich gebracht." Damit reichte sie Johannes ein mit großem Stempel versehenes Papier.

„Mein Gestellungsbefehl!" stammelte der Bursche und starrte auf das

Schreiben in seinen Händen. „Ich muß Soldat werden."

„Ich habe so etwas geahnt!" seufzte der Pfarrer. „Die Dispens gilt seit kurzem nur noch für Theologen, die schon eine Weihe haben."

„Nun ist alles vorbei!" ächzte Johannes, sank totenbleich auf einen Stuhl nieder und bedeckte sein Gesicht mit den Händen.

„Ich fahre gleich morgen nach Lyon", tröstete der Pfarrer den völlig Fassungslosen. „Vielleicht kann der Kardinal doch noch etwas für dich tun."

Aber diesmal war die Reise vergebens. Der Erzbischof befand sich in Paris, und sein Sekretär Groboz, den Herr Balley in Lyon angetroffen hatte, versicherte dem niedergeschlagenen Mitbruder traurig, daß er jetzt nicht mehr helfen könnte. Selbst Theologen, die schon die niederen Weihen hatten, seien einberufen worden.

„Vielleicht kauft der Vater dich los!" tröstete Margret den unglücklichen Bruder.

Der Bauer Vianney schüttelte traurig den Kopf, als Johannes ihn bat, einen Stellvertreter für ihn zu werben.

„Ich weiß nicht, wie ich es schaffen soll!" sagte er bekümmert. „Hab den Franz schon mit teurem Geld ausgelöst und soll nun für dich wiederum zahlen! Die Weizenernte war schlecht, und mit der Lese wird es noch ärger sein. Hängt ein schlechter Jahrgang an den Stöcken. Wie soll ich da das Geld zusammenbringen, dich freizukaufen?"

Traurig nickte Johannes und wandte sich ab, aber Mutter und Geschwister bestürmten den Vater so sehr mit ihren Bitten, daß er schließlich nachgab, zusammensuchte, was er an Bargeld besaß, und sich auf den Weg nach Lyon machte, um einen Stellvertreter für seinen Sohn zu suchen.

Groß war die Freude, als er am Abend heimkehrte und sagte: „Du bist frei, Johannes. Ich habe einen Ersatzmann für dich gefunden. Zweihundert Franken hab ich ihm angezahlt. Wie ich freilich die restliche Summe von zweitausendachthundert Franken aufbringen soll, weiß ich noch nicht. Ich werde wohl ein Stück guten Weizenbodens verkaufen müssen."

„Was liegt an einem Acker, wenn es um das Glück unseres Sohnes geht!" tröstete die Bäuerin.

Als Johannes wenige Tage später frohen Herzens nach Ecully zurückkehren wollte, trat der Bursch, den der Vater geworben hatte, über die Schwelle, legte die zweihundert Franken auf den Tisch und erklärte:

„Ich hab mir die Sache überlegt. Ich trete zurück. Hier habt Ihr die Anzahlung wieder."

Betroffen starrten die Vianneys den Fremden an, suchten ihn umzustimmen, versprachen sogar eine noch höhere Summe. Der Bursch blieb bei seiner Weigerung und hatte es dann eilig, das Haus zu verlassen.

„Dann bleibt dir nichts anderes übrig als einzurücken, Johannes", sagte der Vater nach einer Weile bestürzten Schweigens. „Die Frist ist zu kurz, um noch einen anderen Stellvertreter zu finden.

So kam es, daß Johannes Vianney in der Frühe des 26. Oktober mit vielen anderen aus dem Dorf nach Lyon wanderte, um sich dort in der Infanteriekaserne zu stellen.

Es war ein trüber, nebelschwerer Morgen. Allmählich nur hob sich der fahle Dunst aus den Niederungen. Dann begann es zu regnen. Es war ein zäher Landregen, der die Rekruten bis auf die Haut durchnäßte.

Einige der Burschen fluchten über das Wetter und den Krieg, andere suchten durch allerlei lose Scherzworte ihrer Beklommenheit Herr zu werden, aber je mehr sie sich der Kaserne näherten, um so stiller wurden sie.

„In Gottes Namen!" seufzte Johannes, als er an der grinsenden Schildwache vorbei durch das große, graue Tor trat.

DER FLÜCHTLING

1809–1810

Stundenlang standen die neuen Rekruten auf dem Kasernenhof herum, ohne daß sich jemand um sie kümmerte. Endlich ließ man sie antreten, rief ihre Namen auf, teilte sie in Gruppen ein und ließ sie in ihre Unterkunftsräume abziehen.

Kein Feuer brannte in der öden, trostlosen Stube, deren kahle, getünchte Wände mit widerwärtigen Schmierereien bekritzelt waren, und da sie erst in einigen Tagen ihre Uniformen erhalten sollten, gab es keine Möglichkeit die völlig durchnäßten Kleider zu wechseln. Johannes Vianney begann es heftig zu frösteln. Erschöpft ließ er sich auf seinem Strohsack nieder und starrte vor sich hin. Nur wie aus weiter Ferne hörte er seine Kameraden lachen und fluchen.

„He du!“ rief einer ihm zu. „Hockst ja da wie das leibhaftige Elend! Was ist denn los mit dir? Kerl, du bibberst ja an allen Gliedern. Bist wohl krank, was?“

„Ich weiß nicht!“ stammelte Johannes, und seine Zähne schlugen zusammen. „Mir ist ein wenig kalt.“

„Na, komm her, ich hab 'ne Flasche Branntwein, trink mal 'nen kräftigen Schluck, dann wird dir besser.“

„Ich trink keinen Schnaps!“ wehrte sich Johannes.

„Stell dich nicht so an! Saufen und Fluchen gehört zum Soldaten wie Muskete und Patronentasche. Außerdem ist das Arznei für dich. Na, nun nimm schon!“

Zögernd nahm Vianney einen Schluck von dem scharfen Getränk.

„Tut gut, was?“ lachte der andere gutmütig. „Und nun mach ein anderes Gesicht! Grämst dich wohl um dein Mädel? Na, laß sie heulen! Wirst bald an jedem Finger eine haben. Dem bunten Tuch laufen sie doch alle nach.“

Johannes antwortete nicht, hatte auch wohl kaum ein Wort gehört. Ein jähe Hitze flammte in ihm auf und trieb ihm den Schweiß auf die Stirn.

„Siehst du, jetzt schwitzt du schon!“ grinste der mit der Flasche. „Der Schnaps ist ein Allheilmittel. Hilft gegen nasse Füsse und Liebeskummer. Trink noch einmal! Willst nicht? Na, sauf ich eben alleine.“

Die Clairons riefen zum Essenempfang. Es gab eine dicke Bohnensuppe, aber Johannes vermochte kaum ein paar Löffel hinunterzuwürgen. In der folgenden Nacht fieberte ihn. Er stand aber doch mit den anderen auf, als man Reveille blies. Der Unteroffizier, der die Korporalschaft übernommen hatte, musterte ihn mit verächtlichen Blicken.

„Was für eine Elendsgestalt haben sie uns denn da geschickt?" schnauzte er ihn an. „Schlottert mit den Knien wie ein altes Weib. Wie soll das erst werden, wenn Ihnen die Kugeln um die Ohren sausen? Dann haben Sie wohl gleich die kaiserlichen Hosen voll! Was ist denn? Sind Sie krank?"

„Ich glaube, ja!" antwortete der Rekrut.

„Na, das hab ich gerne! Steckt kaum die Nase durchs Kasernentor und markiert schon den kranken Mann. Was steht zu Diensten? Möchte der Herr einen Kamillentee, oder darf es vielleicht eine Wärmflasche sein? Na, es wird Ihnen wohl auch so warm werden, wenn wir mal ein bißchen zusammen über den Kasernenhof spazieren!"

Die Korporalschaft brach in wieherndes Gelächter aus; nur der Rekrut, der Johannes aus seiner Flasche hatte trinken lassen, hatte Mitleid mit ihm und sagte: „Er ist wirklich krank, Herr Unteroffizier."

„Da ist er hier im richtigen Sanatorium!" grinste der Gewaltige und strich wohlgefällig über seine Schnurrbartenden. „Hab schon mehr als ein Muttersöhnchen kuriert."

Mit äußerster Kraft riß Johannes sich an diesem Tag zusammen. Obschon es immer noch in Strömen regnete, hetzte der Unteroffizier seine Korporalschaft erbarmungslos über den Kasernenplatz, und als sie endlich wieder einrückten, schwindelte es Johannes so sehr, daß er sich nur noch mit Mühe aufrecht halten konnte.

Am anderen Morgen vermochte er nicht mehr aufzustehen. Der Militärarzt, der ihn untersuchte, stellte ein schweres Fieber fest und ließ ihn ins städtische Krankenhaus bringen.

Mehrere Tage lag Johannes ohne Besinnung. Als er wieder zu sich kam, saß seine Mutter am Bett und schaute ihn sorgenvoll an. In den nächsten Tagen kamen auch die übrigen Verwandten. Ganz besonders freute den Kranken der Besuch des Pfarrers Balley, der ihm freundlich zuredete und den völlig mutlos Gewordenen wieder aufzurichten versuchte.

„Du mußt dich ganz in Gottes Hand geben", sagte er gütig. „Wie er es macht, ist es gut. Opfere alle Leiden und Beschwerden ihm auf, dann sind sie nicht umsonst."

„Ja, Herr Pfarrer!“ nickte der Sieche, dann fielen ihm wieder die Augen zu.

Nach zwei Wochen war Johannes soweit wiederhergestellt, daß er mit seinen Kameraden ins Rekrutendepot nach Roanne abrücken sollte, doch war er noch zu geschwächt für den langen Marsch und folgte darum der Kolonne in einem Fouragewagen nach. Als er in der Stadt an der Loire anlangte, war sein Zustand schlimmer als zuvor. Man mußte ihn ins Krankenhaus der Augustinerinnen bringen, wo er sechs Wochen lang an einer schweren Lungenentzündung daniederlag.

Jetzt ging es wirklich um Leben und Tod. Aber seine im Grunde zähe Bauernnatur bezwang schließlich doch die schwere Krankheit.

Am 5. Jänner erhielt er den Befehl, sich nachmittags um 5 Uhr im Rekrutierungsbüro zu stellen, um mit einer Infanterieabteilung an die spanische Grenze abzumarschieren. Herzlichen Abschied nahm er von den guten Schwestern.

„Ach Gott“, seufzte die Nonne, die ihn während seiner Krankheit gepflegt hatte, „aus Ihnen wird nie ein richtiger Soldat.“

„Aber ich muß doch!“ antwortete Johannes und packte seinen Tornister, das einzige Ausrüstungsstück, das er bisher empfangen hatte. „Das Gesetz will es so!“

„Das Gesetz!“ schüttelte die Schwester den Kopf. „Sie würden Frankreich mehr durch Ihren Rosenkranz helfen als durch Ihre Muskete.“

Der Weg zum Rekrutierungsbüro führte an einer Kirche vorüber, und da Johannes sich am Vortag von Epiphanias ganz besonders dem Schutz der Heiligen Drei Könige empfehlen wollte, trat er ein, kniete sich in einem Winkel des Gotteshauses nieder und versank in inbrünstiges Gebet.

Als er endlich die Kirche verließ, schlug es gerade sechs Uhr. Ganz entsetzt merkte er, daß er die befohlene Stunde verpaßt hatte, eilte mit hastigen Schritten zum Rekrutierungsbüro, das er jedoch zu seinem Schrecken geschlossen fand. So kehrte er denn, ratlos, was zu tun sei, ins Krankenhaus zurück.

Am anderen Tag begab er sich in aller Frühe wiederum zu der befohlenen Dienststelle.

„Ich sollte eigentlich gestern schon kommen“, gestand er dem Posten, der vor dem Tor patrouillierte, „da habe ich mich leider verspätet und fand den Eingang geschlossen.“

„So, du hast dich leider verspätet!“ grinste der Soldat schadenfroh. „Na, der Hauptmann Blanchard wird sich riesig freuen, daß du überhaupt noch kommst. Er hat sowieso heute extra gute Laune.“

„O, das trifft sich gut!“ meinte Johannes arglos.

„Ja, prächtig trifft sich das!“ feixte der Posten. „Geh nur hinein!“

Hauptmann Blanchard war alles andere als in rosiger Laune, und ein ungeheures Donnerwetter fuhr über das Haupt des armen Sünders.

„Sie sind ein Deserteur!“ schrie er ihn an. „Ich sollte Sie wie einen gemeinen Verbrecher in Ketten abtransportieren lassen. Sie wollen wohl in einer Extrakutsche in den Krieg reisen! Aber ich werde es Ihnen schon zeigen! Ich bringe Sie auf die Galeere. Da haben Sie Zeit genug, darüber nachzudenken, was es heißt, einen kaiserlichen Hauptmann zum Narren zu halten.“

Völlig niedergeschmettert stand Johannes vor dem Offizier. Er dachte nicht anders, als daß er mit Schimpf und Schande gefesselt ins Zuchthaus geschleppt werden sollte, hatte er es doch oft genug mit Schaudern gesehen, daß man auf solche Art einen fahnenflüchtigen Soldaten behandelte. Da kam ihm in der äußersten Not ein alter Feldwebel zu Hilfe, der wohl Mitleid mit dem armen Rekruten hatte und den Groll seines Vorgesetzten zu besänftigen suchte.

„Halten Sie ihm zugute, Herr Hauptmann, daß er ja erst gestern aus dem Krankenhaus entlassen wurde! Gewiß hat er nicht an Fahnenflucht gedacht, sonst würde er sich ja nicht heute hier stellen. Er weiß eben noch nicht, wie ein Soldat sich verhalten muß.“

„Na, das wird er lernen!“ versicherte der Offizier ingrimmig. „Nun hören Sie mal genau zu, Vianney! Ihre Abteilung ist gestern ohne Sie abmarschiert. Sie bekommen jetzt Ihre Ausrüstung und Ihre Papiere. Und dann machen Sie sich auf den Weg nach Remaison, dann weiter südwärts, und der Teufel soll Sie bei lebendigem Leib frikassieren, wenn Sie Ihre Abteilung bis morgen früh nicht eingeholt haben. Laufen Sie, als wäre der Leibhaftige hinter Ihnen her. Ich bring Sie auf die Galeere, wenn Sie noch einmal den Anschluß verpassen. Ihre Uniform bekommen Sie bei Ihrer Truppe. Feldwebel, schreiben Sie den Marschbefehl aus.“

„Na, wie war denn der Alte, mein Herzblättchen?“ grinste der Posten, als Johannes ganz benommen wieder durchs Tor schritt.

„Ziemlich unfreundlich!“ erwiderte Vianney verlegen.

„Ist das die Möglichkeit!“ spottete der Soldat. „Und jetzt muß Bubi mutterseelenallein hinter den anderen Brüderchen herlaufen? Na, dann halt dich dran und gib acht, daß dich der Wolf nicht frißt, mein herziger Bengel!"

Seufzend machte Johannes sich auf den Weg. Es war bitterkalt, und ein eisiger Wind schlug ihm entgegen, als er die Stadt hinter sich ließ. Stunde um Stunde schleppte er sich über die verschneiten Straßen, ohne sich Rast zu gönnen. Es war schon spät am Nachmittag, als er keuchend und trotz der Kälte völlig verschwitzt zu den Höhen von Le Forez hinaufstieg. Der schwere Tornister drückte ihn immer unerträglicher. Durch das lange Krankenlager war er so entkräftet, daß er fast zusammenbrach, als er die erste Anhöhe erreicht hatte. So beschloß er, in einem nahegelegenen Gehölz unterzukriechen und zu rasten. Taumelnd machte er die wenigen Schritte zu dem Gebüsch, das ihn vor dem scharfen Wind schützen würde. Er warf den Tornister ab und setzte sich darauf, völlig ratlos, was nun eigentlich werden sollte. Nimmermehr würde er die Kraft haben, die Truppe einzuholen.

So griff er nach seinem Rosenkranz, der letzten Zuflucht, die ihn nie verließ.

Plötzlich fuhr er aus seinem Gebet auf. Ein Mann in Bauernkleidern stand vor ihm und musterte ihn aufmerksam.

„Was ist denn mit Ihnen los?" fragte der Fremde. Johannes berichtete ihm, wie ihm geschehen war.

„Ich muß jetzt weiter!" schloß er, erhob sich mühsam und warf den schweren Tornister wieder über seine Schultern. Dabei aber taumelte er vor Schwäche.

„Nun mal immer mit der Ruhe, mein Freund!" sagte der andere. „Es wird gleich dunkel, und in der Finsternis würden Sie sich jämmerlich verirren, selbst wenn Sie fähig wären zu marschieren. Aber Sie torkeln ja jetzt schon vor Erschöpfung. Schlafen Sie sich erst einmal eine Nacht aus! Morgen werden wir dann weitersehen."

„Aber was soll denn werden, wenn ich bis morgen früh nicht bei meiner Truppe bin?"

„Das wird sich finden! Aber Sie sehen doch selbst, daß Sie Ihr Ziel bis dahin nicht erreichen."

Johannes, der nur zu gut wußte, wie recht der Fremde hatte, ergab sich in sein Schicksal und folgte dem anderen, der ihm den Tornister abgenommen hatte. Nach kurzer Wanderung kamen sie zu einer armseligen Hütte, wo der Fremde auf eine besondere Weise anpochte.

„Wer ist da?“ forschte eine brüchige Stimme.

„Guy!“ nannte der Fremde seinen Namen. Da wurde die Tür aufgetan, und ein alter Mann erschien auf der Schwelle und hob prüfend eine brennende Laterne; denn es war inzwischen völlig dunkel geworden.

„Das ist Gustin Chambonnière, der Holzschuhmacher“, erklärte Guy. „Bei ihm sind Sie geborgen.“ Dann stellte er seinen Gefährten vor und berichtete von dessen Mißgeschick.

„Kommen Sie herein und ruhen Sie sich aus!“ sagte der Schuhmacher und leuchtete den beiden in die Stube voran. Dann bereitete er ein bescheidenes Mahl, das er schweigend mit seinen Gästen teilte. Als sie gegessen hatten, sprach der Alte: „Der Krieg ist ein Unrecht. Der Kaiser opfert das Blut seiner Landeskinder für seine ehrgeizigen Pläne. Wer gibt ihm das Recht dazu? Der Senat in Paris, glauben Sie? Ja, wenn es geschähe, unser Vaterland, die heilige Ehre Frankreichs zu verteidigen! Aber wer greift uns denn an? Was haben wir in Preußen und Österreich zu suchen, in den Tiroler Bergen, in Spanien?“

„Ich weiß nicht, ich habe nie darüber nachgedacht!“ antwortete Johannes unsicher.

„So denken Sie jetzt darüber nach! Überlegen Sie: Sie bestellen friedlich Ihren Acker. Da kommt ein Räuber und fordert Sie auf, ihm zu helfen, das Haus Ihres Nachbarn auszuplündern, in Brand zu stecken und ihn und seine Söhne zu töten? Würden Sie Ihre Hand dazu hergeben?“

„Nie und nimmer!“

„Und wenn der Räuber Ihr Kaiser wäre?“

Dem armen Johannes wirbelten die Gedanken durcheinander. Was verstand er, der Dorfjunge aus Dardilly, von den Händeln der Welt? Das war doch Sache des Kaisers, über Krieg und Frieden zu entscheiden!

„Es steht geschrieben, gebt dem Kaiser, was des Kaisers ist“, sagte er endlich.

„Ist Raub, Brandschatzung und Mord etwa des Kaisers?“ fragte der Alte. In seinen Augen flammte es unheimlich auf. „Die Gewalt umgibt sich stets mit dem Schein des Rechtes.“

Der Alte stand auf und bereitete sein Bett für den Gast. Für sich und Guy machte er ein Lager auf den Hobelspänen seiner Werkstatt.

Trotzdem Johannes zu Tode erschöpft war, fand er lange keinen Schlaf. Als er endlich doch in einen unruhigen Schlummer fiel, ängstigten ihn wilde Traumbilder.

Dennoch stand die Sonne schon hoch am Himmel, als er endlich erwachte.

„Ich muß fort!“ rief er erschrocken aus, als er erfuhr, daß es schon Mittag sei.

„Sie müssen essen!“ antwortete Guy lachend. „Der Alte ist in den Wald gegangen, um Holz zu schlagen, aber er hat zuerst noch ein Stück Speck für Sie gebraten.“

„Ja, aber was soll denn nun werden?“ jammerte Vianney.

„Das will ich Ihnen sagen. Es hat keinen Zweck, daß Sie Ihrer Truppe weiter nachlaufen. Wo wollen Sie die denn erreichen? Da können Sie Ihren Kameraden schon bis nach Spanien hinein nachmarschieren, ohne Sie einzuholen. Vermutlich wollen Sie auch nicht nach Roanne zurück?“

Mit Grauen stellte Johannes sich das Gesicht vor, das Blanchard machen würde, wenn er zurückkäme. Man würde ihn gewiß als Deserteur behandeln.

„Ja, man wird Sie in Ketten durch Roanne führen und ins Zuchthaus schleppen. Zuletzt wird man Sie dann wohl auf die Galeere bringen!“ nickte Guy. „Ich wüßte schon, was ich an Ihrer Stelle täte.“

„Und was würden Sie tun?“

„Ich würde den Kaiser Napoleon seinen Krieg allein weiterführen lassen.“

„Ich soll fahnenflüchtig werden?“ fuhr Vianney auf.

„In den Augen der Polizei sind Sie es schon. Aber trösten Sie sich! In den Wäldern verbergen sich Tausende, die dem Krieg entlaufen sind. Ich gehöre auch zu Ihnen.“

Johannes ließ den Kopf sinken. Vegebens suchte er nach einem Ausweg. Es gab keinen.

„Meine Eltern daheim werden um meinetwillen zu leiden haben. Man wird ihnen große Scherereien machen“, seufzte er endlich.

„Man kann sie nicht verantwortlich machen!“ beruhigte ihn Guy. „Sie wissen ja nicht einmal, wo Sie stecken. Nun essen Sie! Nachher bringe ich Sie ein Stück weiter ins Gebirge.“

Am Abend fanden sie Unterkunft in einer Köhlerhütte. Zwei Tage lang sägten sie Buchenklötze. Guy verdingte sich bei dem Mann als Knecht. Für zwei freilich reichte weder Arbeit noch Brot.

„Können Sie lesen und schreiben?“ fragte der Köhler den jungen Vianney. „Ja? Das ist gut. In Le Pont, das zur Gemeinde Les Noës gehört, sucht man einen Lehrer.“

Zuversichtlich machte Johannes sich auf den Weg, hörte aber zu seiner Enttäuschung, daß man bereits einen Schulmeister gefunden hatte.

Johannes wandte sich endlich an den Bürgermeister der Gemeinde, Paul Fayot, der in dem Weiler Les Robins ein kleines Bauerngut bewirtschaftete.

„Da ist guter Rat teuer!" bekannte der Bürgermeister. „Zurück können Sie jetzt kaum mehr. Man wird Sie bestimmt streng bestrafen. Sie müssen sich schon versteckt halten; denn die Gendarmen durchstreifen immer wieder den ganzen Bergwald nach Fahnenflüchtigen. Übrigens müssen Sie unbedingt einen anderen Namen annehmen, da man gewiß nach Ihnen fahnden wird. Wie wollen Sie heißen?" Johannes fiel der Name eines Nachbarn ein. Er nannte ihn dem Bürgermeister.

„Gut, nennen Sie sich Jérôme Vincent. Und jetzt bringe ich Sie in das Haus gegenüber zu meiner Base, der Witwe Claudine Fayot. Da werden Sie geborgen sein."

Die gute Frau nahm den Flüchtling um der Liebe Gottes willen auf; denn sie sah wohl, daß sie ihre Güte nicht an einen Unwürdigen verschwendete. Sie nahm herzlichen Anteil an seinem Geschick.

„Nun, verlieren Sie den Mut nicht!" tröstete sie. „Sie haben noch eine ganze Reihe von Leidensgenossen hier im Weiler. Wir werden Sie schon vor den Gendarmen verstecken. Vor den Kindern werde ich Sie als meinen Vetter ausgeben, der sich als Flüchtling hier verborgen halten will. Natürlich müssen wir uns duzen. Das wird Ihnen wohl nichts ausmachen?"

Bald darauf wurde er den vier Kindern als Vetter Jérôme vorgestellt, den man vor den Gendarmen verbergen müsse.

„Was hast du denn ausgefressen, Vetter, daß die Blauen hinter dir her sind?" erkundigte sich der dreizehnjährige Ludwig erstaunt. „Du hast doch nicht etwa gestohlen?"

„Oder hast du einen umgebracht?" fragte der um zwei Jahre jüngere Jérôme.

„Das sieht doch jeder, daß der kein Dieb oder Mörder ist", lachte die vierzehnjährige Agnes. „Dann würde Mutter ihn doch auch nicht bei uns aufnehmen."

„Nein, nein!" versicherte die Bäuerin lächelnd. „Ein Verbrecher ist er nicht. Er war Soldat und ist von seiner Truppe abgekommen. Jetzt muß er sich vor den Polizisten verbergen. Aber ihr dürft es niemandem sagen."

IN DER VERBANNUNG

1810–1811

Johannes trug schwer an seinem Los, das ihn zum Flüchtling gemacht und ihm sogar seinen ehrlichen Namen genommen hatte. Tagsüber hielt er sich in einer Scheune versteckt. Um alles Aufsehen zu vermeiden, brachte ihm die Bäuerin das Essen in einem Holzkübel, mit dem sie das Vieh fütterte. In einem Winkel des Kuhstalls fand er bei Nacht sein armseliges Lager.

Bittere Gedanken quälten den Einsamen. Mit großer Sorge dachte er an seine Lieben daheim, die um seinetwillen wohl mancherlei Bedrängnis erduldeten. Wie mochte die Ungewißheit über sein Schicksal vor allem die gute Mutter schmerzen.

Ein Schiffbrüchiger war er, den der Orkan irgendwo ans Land gespült hatte. Wie sollte er jemals das hohe Ziel seines Lebens erreichen, wenn er sich gleich einem Verfemten verbergen mußte! Die Tage waren von Gram vergällt, und in den Nächten fand er keinen Schlaf. Mit offenen Augen starrte er ins Dunkel, und nur im Gebet fand er Trost. Wenn ihn am Morgen das Geläut der Glocken von Les Noës aus unruhigem Schlummer weckte, überkam ihn immer wieder das Gefühl äußerster Verlassenheit. Nicht einmal dem Ruf Gottes durfte er folgen, und selbst sonntags war ihm die Teilnahme am heiligen Opfer versagt.

Nach zwei Monaten erst wagte er sich zuweilen aus seinem Versteck hervor. Er suchte die Güte seiner Gastgeber durch allerlei Dienstleistungen zu vergelten. Wie ein Knecht arbeitete er in Stall und Scheune. Die Kinder der Frau Fayot und die Söhne des Bürgermeisters unterrichtete er im Lesen, Schreiben und Rechnen und in den Wahrheiten der heiligen Religion. Wenn die Familie am Sonntag zur Kirche ging, behütete er das Nesthäkchen, die dreijährige Claudine, und lehrte sie die ersten Kindergebete.

Immer inniger schloß das junge Volk sich ihm an. Als das Frühjahr die verschneiten Bergpfade auftaute und die Gendarmen häufiger noch als im Winter die Gegend durchstreiften, hielt eines der Kinder beständige Ausschau und alarmierte den Vetter, wenn irgendwo ein blaues Tuch in Sicht kam.

Bei der Frühjahrsbestellung mochte Johannes nicht untätig sein. Er führte den Pflug und die Egge, wie er es von daheim gewohnt war. Oft allerdings mußte er seine Arbeit unterbrechen, weil einer der Buben atemlos herbeilief und ihm das Nahen von Polizisten meldete. Er versteckte sich dann irgendwo im Wald oder verbarg sich im Heuschober. Einmal freilich wäre er den Häschern um ein Haar in die Hände gefallen. Er arbeitete auf dem Feld, als plötzlich der Blondschopf Ludwig Fayot heranstob und ihm schon von weitem zurief: „Gendarmen im Dorf! Schnell, versteck dich!"

In aller Hast eilte Johannes auf das Gehöft zu, rannte in den Stall und schwang sich von der Futterraufe ins Heu. Aber die Gendarmen hatten den Flüchtling laufen sehen und verfolgten ihn.

„Wo ist der junge Mann, der sich auf euren Hof geflüchtet hat?" herrschten sie die Bäuerin an. „Gewiß ein Deserteur! Gebt ihn heraus!"

„Wenn Sie meinen, daß sich hier jemand versteckt hat, so suchen Sie doch!" antwortete die Witwe Fayot, ihre Aufregung meisternd.

„Wir werden ihn schon finden!" knurrten die Polizisten und durchstöberten das ganze Anwesen. Schließlich kamen sie auch in den Stall.

„Wollen Sie etwa unsere Kühe verhaften?" grinste Jérôme.

„Wird sich ja zeigen, ob nur Kühe im Stall sind!" schnauzte einer der Gewaltigen. „Scher dich weg, du Kröte!"

„Bin keine Kröte!" gab der Junge zurück und folgte den Gendarmen mit unbekümmerter Miene. Der Herzschlag setzte ihm freilich aus, als die Polizisten zum Boden hinaufstiegen und mit ihren langen Säbeln im Heu herumstocherten.

Indes glaubte Johannes, in dem gärenden Heu ersticken zu müssen, und nur mit letzter Kraft gelang es ihm, in seiner furchtbaren Lage auszuhalten. Plötzlich spürte er einen flammenden Schmerz. Ein Säbelstich hatte seinen Arm getroffen. Der Flüchtling sah auf seinem Ärmel Blut. Nun war wohl alles vorbei. Der Atem ging ihm aus. Die gequälten Lungen rangen nach Luft. Da, als er schon entschlossen war, das Versteck zu verlassen, hörte er die Stimme des Bürgermeisters, den Frau Fayot eilig vom Feld geholt hatte.

„Aber meine Herren, sind Sie etwa auf der Mäusejagd?"

„Es muß sich ein Flüchtling hier verborgen halten. Wir haben ihn auf den Hof zu laufen sehen!" antworteten die Gendarmen.

„Sicher ein hungriger Strolch, der jetzt vielleicht im Hühnerstall sitzt und die Eier aussäuft!" lachte Paul Fayot. „Aber kommen Sie nur mit, wir trinken ein Gläschen zusammen. Es ist ein heißer Tag heute."

Da gaben die Gesetzeswächter ihre Suche auf und folgten der Einladung. Johannes aber kroch, taumelnd vor Schwäche, aus seinem Versteck und tat ein paar tiefe Atemzüge.

„Das war Hilfe in höchster Not!" keuchte er. „Ich hätte es keine Minute länger ausgehalten."

„Aber du blutest ja, Vetter!" rief die Bäuerin und starrte erschrocken nach dem durchlöcherten Ärmel.

„Hat mich einer mit seinem Stochereisen erwischt!" Johannes schnitt eine schmerzhafte Grimasse und griff nach seinem Arm.

„Na, siehst du wohl, Vetter", spöttelte Jérôme, während die Mutter dem Verletzten die Wunde auswusch und einen Verband anlegte. „Jetzt bist du von der Fahne weggelaufen und trotzdem blessiert. Aber laß nur! Die Spanier hätten dir vielleicht den ganzen Arm abgesäbelt, vielleicht sogar den Kopf, und den kannst du sicher nicht entbehren."

„Halt deinen vorlauten Mund!" schimpfte die Mutter.

„Ja, ich meine ja nur!" brummte der Junge. „Der Vetter wird doch Spaß verstehen."

„Allemal!" lachte Vianney.

„Bloß Katzenköpfe kannst du mir keine mehr geben!" grinste Jérôme schadenfroh. „Mußt doch den Arm sicher in der Binde tragen. Ich tät's bestimmt. Sieht großartig nach was aus, so ein Arm in der schwarzen Binde."

„Katzenköpfe bring ich auch mit der Linken fertig, wenn du Unsinn treibst, statt zu lernen."

„Geh lieber raus und paß auf, wo die Gendarmen bleiben!" mahnte die Bäuerin.

„Och, die zwitschern sich einen!" lachte der Bub, trollte sich dann aber doch von dannen und bezog seinen Posten.

„Sie sind so gut zu mir, Mutter Fayot!" sagte Johannes, als sie allein in der Stube waren. „Wie kann ich Ihnen das nur vergelten?"

„Das haben Sie längst gutgemacht, und ich glaube auch, der liebe Gott vergilt mir ein bißchen Gutsein an meinen Kindern."

„Ich mache Ihnen so viele Mühe, dabei sind Sie doch auch nicht recht gesund", fuhr der Bursch zögernd fort. „Sie sehen gar nicht gut aus in letzter Zeit."

„Es liegt im Blut!" seufzte die Frau. „Der Arzt hat mir eine Badekur in Charbonnières-les-Bains verordnet. So was Dummes! Hab weder Zeit noch Geld für eine Badereise!"

„In Charbonnières!" stammelte Johannes. „Aber das liegt doch ganz in der Nähe von Dardilly. Hören Sie! Ich gebe Ihnen einen Brief mit. Die Mutter nimmt Sie dann gewiß mit Freuden auf, und Sie können auch von dort aus die Bäder besuchen."

„Aber ich mag niemandem zur Last fallen", wehrte sich die Frau. „Zudem kann ich hier nicht fort."

„Natürlich können Sie!" Johannes redete sich in immer größeren Eifer. „Sie haben eine tüchtige Magd, und die Kinder packen auch schon rechtschaffen zu. Schließlich bin ich auch noch da. Und der Mutter fallen Sie gewiß nicht zur Last."

So eindringlich sprach er der Bäuerin zu, bis sie sich eines Tages wirklich auf den Weg nach Dardilly machte. Außer dem Brief hatte Johannes ihr die ganze Barschaft aufgenötigt, die er von daheim mitgenommen hatte.

Unsagbar war das Glück der Frau Maria, als die Bäuerin eines Tages über ihre Schwelle trat und den Brief ihres Sohnes aushändigte. Mit welcher Sorge hatte sie manche Monate lang um ihn gebangt! Wie viele Tränen hatte sie um ihn geweint, wie oft für ihn gebetet! Da sie nun wußte, daß er lebte und wohlgeborgen war, kannte ihre Freude keine Grenzen, und von Herzen gern gewährte sie der braven Frau einen Platz in ihrem Hause.

Anders freilich nahm der Bauer die Nachricht auf. Zu große Scherereien hatte man ihm des Fahnenflüchtigen wegen gemacht, hatte ihn mit Zwangseinquartierungen geplagt und gedroht, ihn um den letzten Groschen zu bringen, falls er den Sohn nicht wieder herbeischaffe. Zudem quälten ihn von Jahr zu Jahr mehr die rheumatischen Schmerzen, die den alternden Mann immer verdrießlicher machten.

„Es paßt mir gar nicht, daß mein Sohn sich versteckt", brummte er ärgerlich. „Die anderen Burschen marschieren, warum er nicht? Kann gar nicht sagen, welchen Verdruß ich seinetwegen schon gehabt habe. Sagen Sie mir, wo er sich aufhält, und ich werde ihn zurückholen!"

„Dann erfahren Sie es gewiß nicht!" antwortete Claudine Fayot. „Mir wäre an Ihrer Stelle kein Opfer zu groß für solch einen Sohn."

Auch Mutter und Geschwister redeten dem Vater so hartnäckig zu, daß er sich schließlich beschwichtigen ließ, und als die Frau nach drei Wochen wieder heimwanderte, gab er ihr bis Tarare freundlich das Geleit.

„Was soll ich nun Ihrem Sohn ausrichten?“ fragte sie beim Abschied. „Darf ich ihm sagen, daß Sie ihm nicht mehr zürnen?“

„Ja, sagen Sie es ihm!“ nickte der Bauer, dann wandte er sich eilig ab und stapfte seinen Weg zurück.

Johannes war glücklich, endlich einmal wieder Nachricht von daheim zu haben, obschon ihn die Drangsal, die die Seinen um ihn hatten, sehr bekümmerte. Doch wußte er keinen Ausweg aus seiner unglücklichen Lage.

Ab und zu wagte er sich jetzt an Werktagen nach Les Noës, um dem heiligen Opfer beizuwohnen, und schließlich besuchte er auch sonntags die Frühmesse. Seine Verbannung hatte die herbste Bitterkeit verloren. Zuweilen suchte er den Pfarrer des Kirchdorfes auf und klagte ihm sein Leid.

„Mein lieber Freund“, sagte der Priester, der als Eidverweigerer viel Schweres erduldet hatte, „ich kenne die Not der Verbannung und die Schrecken der Flucht. Hab das Versteckenspiel lange genug mitgemacht. Aber haben Sie Vertrauen! Gott wird alles zum Guten lenken. Ihr Gewissen braucht Sie Ihrer Fahnenflucht wegen nicht zu quälen. Der Kaiser ist im Bann und durch die unerlaubte Heirat mit der österreichischen Prinzessin erneut mit der Kirche zerfallen. Ein Treuloser hat kein Recht mehr auf Treue.“

Dann riet er ihm, sich doch seine Bücher kommen zu lassen, um seine Studien fortzusetzen.

Freudig griff Johannes den Vorschlag auf. Ein Brief ging heimlich nach Ecully ab, und eines Tages erschien seine treue Wäscherin, die Witwe Bibost, und brachte den ersehnten Bücherpack.

Mit Feuereifer stürzte er sich erneut in seine Studien, mußte aber zu seinem Entsetzen feststellen, daß er wieder beinahe von vorne anfangen mußte.

Wenige Wochen später aber sollten die Tage seiner Verbannung ein Ende finden. Napoleon hatte seine Feldzüge siegreich beendet. Aus Anlaß des Friedensschlusses gewährte er eine Amnestie und sicherte auch den Deserteuren Straffreiheit zu, wenn sie zur Fahne zurückkehrten oder einen Ersatzmann stellten.

Franz Xaver, der jüngste der Vianneys, erklärte sich bereit, für den Bruder das bunte Tuch zu nehmen. Der Vater, der sich von einer schweren Last befreit fühlte, sagte zu, und Johannes versprach dem Bruder gern, zu seinen Gunsten auf sein Erbteil zu verzichten.

So war denn die ersehnte Stunde da, wo er als freier Mann nach Hause zurückkehren konnte. Schwer war freilich der Abschied von Les Robins. Die braven Dorfleute, die dem frommen Priesteramtskandidaten herzlich zugetan waren, sammelten insgeheim in der ganzen Pfarrei und überraschten den Scheidenden mit einer Soutane, die er für eine Stunde anlegen mußte, weil doch alle wissen wollten, wie er dereinst als Priester aussehen würde.

Ludwig gab dem „Vetter“ das Geleit bis nach Dardilly.

„Hoffentlich kommst du später mal zu uns als Pfarrer“, sagte der Bub treuherzig zum Abschied. „Nur darfst du nicht zu lange predigen. Sonst schlafen die Leute unter der Kanzel ein. Aber ministrieren werde ich dir und der Jérôme auch. Gleich morgen bring ich ihm das Staffelgebet bei.“

„Das wäre mir wirklich eine große Freude!“ lächelte Johannes. „Und lange Predigten werde ich gewiß nicht halten. Bin froh, wenn ich eine kurze auswendig lernen kann.“

„Na, du wirst es schon schaffen!“ tröstete der Bub.

Unbeschreiblich war die Freude der Mutter, als sie den geliebten Sohn wieder in ihre Arme schließen konnte. Zu seinem Schrecken aber sah Johannes, daß es mit ihrer Gesundheit schlecht bestellt war. Sie war kurzatmig geworden, und selbst das Sprechen strengte sie an.

„Es ist das Herz!“ sagte der Vater bekümmert, als Johannes mit ihm darüber sprach. „Sie hat zu sehr um dich gelitten.“

Zwar schien es, als hätte die Freude, den Sohn wieder bei sich zu haben, der Mutter neue Lebenskraft gegeben. In den ersten Wochen des folgenden Jahres aber kränkelte sie von Tag zu Tag mehr.

Schweren Herzens nahm Johannes seine Studien in Ecully wieder auf, aber jeden Sonntag kehrte er im Vaterhaus ein, um nach der Mutter zu sehen. Das Ende kam dann unerwartet schnell.

Am 8. Februar 1811 wurde Johannes an ihr Sterbebett gerufen. Die Augen der Kranken leuchteten auf, als der Sohn atemlos in die Kammer trat. Sie hatte nicht mehr die Kraft, viele Worte zu sagen.

„Der liebe Gott wird dich zum Priester machen“, flüsterte sie kaum noch vernehmlich: „Ich werde für dich beten – beim lieben Gott!“ Dann legte sie ihre Hand auf das Haupt des Sohnes, der sich vor ihr auf die Knie niedergeworfen hatte, und verschied im Frieden Gottes.

VERWORFEN UND BERUFEN

1811–1814

Gottes Schwert flammte über der Erde. Voll banger Sorge schauten die Menschen in den schwülen Sommernächten 1811 zu dem Himmelszeichen auf, in dem man den Künder kommenden Unheils sah.

Was hätte der Komet auch anderes verheißen können, als den Tag des Zornes. Der Papst war gefangen, der Kaiser gebannt, die Erde besudelt vom Blut der Erschlagenen. Auf den Feldern verdorrte die Frucht. Die Brunnen versiegten. Das Vieh fand kaum mehr Futter auf den ausgedörrten Weiden.

Ein Geschenk freilich brachte das Kometenjahr. Auf den Hügeln Frankreichs reifte ein köstlicher Wein, und auch Matthäus Vianney füllte seine Fässer mit dem roten Rebensaft. Es war, als wollte Frau Welt ihren Kindern noch einmal ihren vollen, berauschenden Becher reichen, ehe sie den Zornwein Gottes verkosteten, von dem geschrieben stand im Heiligen Buch.

„Wir müssen beten und büßen", sagte der Pfarrer Balley zu seinem Schüler, wenn er, in Gedanken versunken, plötzlich das lateinische Pensum unterbrach. Mit Erschrecken sah Johannes, wie sehr der ernste Mann sich kasteite, um durch die Buße, die er sich auferlegte, Gottes Zorn zu versöhnen. Seit er zu seinem Lehrer zurückgekehrt war, wohnte er nicht mehr bei seinen Verwandten, sondern war ganz ins Pfarrhaus übersiedelt. Die alte Margret war gestorben, und die neue Haushälterin verging fast vor Kummer, weil ihr Herr sich kaum das Nötigste an Speise und Trank gönnte. Immer hagerer wurde sein asketisches Gesicht, und immer unheimlicher wirkte der verzehrende Glanz seiner Augen. Versuchte aber der Bauernbursch seine strenge Lebensweise nachzuahmen, wehrte der Pfarrer es mit herben Worten.

„Dein Kreuz ist das Studium, und das ist dir wahrlich schwer genug!"

O ja, hart genug war dieses Kreuz. So vieles hatte der Fünfundzwanzigjährige in den langen Monaten seiner Verbannung verlernt. So vieles mußte nachgeholt werden, und aufs neue mußte sich das arme Gedächtnis mit dem dornigen Wissensstoff plagen.

Dem drohenden Sommer folgte ein arger Winter. Zu Tausenden strömten halbverhungerte Gestalten über das Land, an allen Türen um ein Stück Brot bettelnd. Die Not überstieg alle Grenzen. Die Steuerlast erdrückte Stadt und Land; denn Napoleon rüstete zum Feldzug gegen Rußland.

An einem Frühlingstag des Jahres 1812 wurde Johannes nach Dardilly gerufen, um den Bruder, der an seiner Stelle das bunte Tuch genommen hatte, noch einmal zu sehen.

„Gott führe dich wieder heim!“ sagte er tief bewegt, als der stramme Bursche im Infanterierock ihm die Hand zum Abschied reichte.

„Ich schlag mich schon durch!“ antwortete Xaver lachend. „Hab keine Angst, ich werd' mir dein Erbteil schon holen, das du mir abgetreten hast.“

„Das hoffe ich aus ganzem Herzen!“ nickte Johannes, aber es war die Ahnung in ihm, daß er den Scheidenden nie mehr wiedersehen würde. So machte er sich denn am anderen Tag bekümmerten Herzens wieder auf den Weg nach Ecully. Er trug nun schon die Soutane der künftigen Priester, und in sein Haar war das Zeichen der Erwählung geschnitten. Pfarrer Balley hatte es erreicht, daß man seinen Schüler den jungen Rhetorikern aus dem Kleinen Seminar gleichgestellt hatte. So trug denn Johannes gleich ihnen Tonsur und Talar.

In jenen schrecklichen Wintertagen, als die Reste der großen Armee aus den Eiswüsten Rußlands zerlumpt und halb verhungert heimkehrten, wanderte Johannes in die Berge der Auvergne, um ins Kleine Seminar von Verrière einzuziehen und dort das Studium der Philosophie zu beginnen.

So saß denn der Sechsundzwanzigjährige unter einem Schwarm junger Mitschüler und mühte sich verzweifelt, dem Vortrag des Professors Chazelles zu folgen, der in lateinischer Sprache die Grundsätze der Logik und Erkenntnislehre darlegte. Aber so sehr er sich auch plagte, verstand er doch kaum ein einziges Wort.

Staunend hörte er seine Mitschüler in fließendem Latein antworten, wenn der Professor, der jünger war als er selber, seine Fragen stellte.

Da war der kleine Ferdinand Donnet, ein unheimlich begabtes Bürschlein, da waren die beiden Freunde Desclas und Johannes Duplay, deren Finger schon hochschnellten, wenn der Lehrer kaum seine Frage gestellt hatte. Als Herr Chazelles nun auch ihn aufrief, stammelte er, weil er nicht einmal den Sinn der Fragen verstand, so wirres Zeug, daß die ganze Klasse in schallendes Gelächter ausbrach und Johannes unter dem bedauernden Blick seines Lehrers wie vernichtet auf seinen Platz niedersank.

Wie erbarmungslos waren doch die jungen Seminaristen, deren lachende Gesichter in so seltsamem Widerspruch zu ihren schwarzen Soutanen standen! Was wußte auch die ausgelassene Bande von der verzweifelten Mühe, die ihr ältester Mitschüler sich gab! Sie waren ja in jenen jugendlichen Jahren, denen es leider an aller Bereitschaft zu Schonung und Verständnis fehlt.

Eines Tages schob der kleine Duplay dem so schwerfälligen Lateiner während der Pause einen Zettel zu und sagte mit scheinbarer Hilfsbereitschaft: „Ich hab dir da eine Bibelstelle aufgeschrieben. Schlag sie nach, sie wird dich trösten!" Zögernd nahm Johannes das Papier. Er sah nicht, daß fast die ganze Klasse aus einiger Entfernung mit schlecht verhehlter Schadenfreude dem Vorgang zuschaute, und ahnte darum nicht, daß es sich dabei um eine kleine Teufelei der schwarzberockten Buben handelte.

„Ich danke dir, Duplay!" nickte er. „Ich werde die Stelle nachschlagen. Die Heilige Schrift hat Trost und Hilfe für alles."

„Ja, das hat sie!" platzte der junge Philosoph heraus und rannte mit hochgeraffter Soutane eilig fort, weil er das Lachen nicht länger verbeißen konnte. Atemlose Stille herrschte im Studiensaal, als Johannes dann wirklich den ersten Band der Bibel vom Bücherbrett langte und die bezeichnete Stelle aufschlug. Dann freilich errötete er heftig, als er die Verse aus dem ersten Buch Mose las:

„Issachar ist ein starker Esel, der zwischen Höhen sich lagert. Er fand, daß Ruhe etwas Schönes und daß das Land gar prächtig sei. So beugte er zum Tragen seinen Nacken und wurde ein Fronknecht."

„Was hast du denn?" fragte Marcellin Champagnat, ein braver, biederer Landbursche, nur um vier Jahre jünger als Johannes, als er sah, wie sein Banknachbar plötzlich erbleichte und die Bibel mit zitternder Hand beiseite schob. Aber die Antwort des Gequälten ging unter in dem orkanhaften Gelächter, in das die ganze Klasse ausbrach.

„Wie gefällt dir die Stelle, Issachar?" brüllte Duplay, sich biegend vor ausgelassener Lustigkeit. Johannes dachte gar nicht daran, etwas zu erwidern, aber Marcellin, der nach der daliegenden Zettelnotiz nun auch die Stelle gefunden hatte, fuhr zornig auf, nahm das Buch in die Hand und schrie dem kleinen Spötter zu: „Du solltest dich schämen, Duplay, und ihr alle solltet euch schämen!"

„Sie haben ja recht! Laß sie nur!" stöhnte Johannes, den Nachbarn zurückhaltend.

Duplay, der bestürzt den Schmerz des Verspotteten sah, stammelte verlegen: „Aber es sollte doch nur ein Scherz sein!"

„Es war aber eine Gemeinheit!" grollte Champagnat. „Und man sollte dir das mal gründlich hinter die Ohren schreiben."

„Laß ihn, ich bitte dich!" suchte Johannes zu vermitteln. Da ließ Marcellin den Sünder los, der ganz zerknirscht auf seinen Platz zurückkehrte. Tagelang strich er wie ein geprügelter Hund um Johannes Vianney herum. Dann faßte er sich ein Herz und sagte: „Du, verzeih mir meine Ungezogenheit! Ich selbst war der Esel. Hau mir eine runter!"

„Ich hab's schon vergessen!" beruhigte ihn Johannes. „Außerdem hattest du recht. Ich bin wirklich zu dumm zum Studieren."

„Verzeihst du mir?"

„Aber natürlich!"

„Ich danke dir!" atmete der Junge auf. „Aber es wäre mir doch lieber gewesen, du hättest mir eine heruntergehauen."

Besonders Marcellin Champagnat schloß sich ihm jetzt an. Nicht nur dem Alter nach paßten sie zusammen, der gute Bursch hatte selbst mit dem Latein die größten Schwierigkeiten, und da es einigen anderen nicht besser ging, hatte Herr Chazelles schließlich doch ein Einsehen und unterrichtete mit den beiden Freunden noch fünf Klassengefährten in französischer Sprache.

Von da an ging es etwas leichter, obschon Johannes nicht recht einsah, daß man erst lange logische Denkgesetze für Dinge auswendig lernen mußte, die sich doch von selbst verstanden.

Übrigens stand Duplay dem älteren Freund nun auch wacker bei.

Wenn's gar zu schwer wurde, fand Johannes auch anderen Trost. Dann kniete er sich in einen Winkel der Seminarkapelle und bat den Heiland im Tabernakel recht innig um seine Hilfe. Mit neuem Mut kehrte er an seine Arbeit zurück.

So bezwang er schließlich die Philosophie, doch empfahl man ihm dringend, im Pfarrhaus von Ecully tüchtig nachzuexerzieren. Das Zeugnis, das er heimbrachte, sah so aus:

Arbeit	gut
Kenntnisse	sehr schwach
Aufführung	gut
Charakter	gut

„Drei gute Prädikate gegen ein schlechtes", lächelte Herr Balley, als sein Schüler ihm das Dokument zeigte. „Tröste dich, der heilige Petrus wäre in Verrière sicher auch nicht besser mitgekommen. Ich habe ihn stark im Verdacht, daß er von Logik und Erkenntnislehre nicht viel verstand."

Indessen half er ihm nach Kräften, und schließlich erschlossen sich ihm wirklich die Geheimnisse des Cartesius.

Daheim fand Johannes die Seinen in großer Sorge um Franz Xaver, der aus dem russischen Feldzug nicht heimgekehrt war. Schaudernd erzählte ihm sein alter Jugendfreund Johannes Dumond, der aus den weiten Eisfeldern Rußlands zurückgekommen war, von den Schrecknissen dieses entsetzlichen Krieges, schilderte, wie ihnen die Waffen aus den erstarrten Händen gefallen seien, und wie sich nur ein kleiner Teil der einst so stolzen Armee habe retten können. Vianney mußte an das vermessene Wort des Korsen denken, mit dem er sich über den Bann des Papstes lustig gemacht hatte. Den Soldaten waren also doch die Gewehre aus den Händen gefallen.

Neue Schrecken kamen, ein neuer entsetzlicher Krieg. Am 16. Oktober wurde Napoleon in der Völkerschlacht bei Leipzig vernichtend geschlagen. Endlosen Kolonnen verwundeter Soldaten begegnete Johannes, als er kurz vor Allerheiligen ins Sankt-Irenäum, das Große Seminar zu Lyon, einzog.

Von Herzen freute sich Johannes, daß sein Freund Marcellin Champagnat das gleiche Ziel erreicht hatte. Sein Zimmer teilte er mit den beiden Studiengenossen aus Verrière, Desclas und Duplay, worüber vor allem der letztere besonders begeistert war. Ein vierter Seminarist namens Bezacier wurde der gleichen Stube zugeteilt.

„Jetzt werden wir es gewiß schaffen", tröstete der begabte Duplay immer erneut, wenn Johannes den Mut sinken ließ. Es war auch gar zu schwer, viel schwerer noch als im Kleinen Seminar, weil hier in Lyon nur lateinisch doziert wurde. Regens Gardette, der das Unvermögen seines ältesten Schülers bald bemerkte, bestimmte Johannes Duplay, den Primus des ganzen Kurses, zum Repetitor, und Herr Mioland, einer der Professoren, erteilte ihm Nachhilfestunden, wobei er ihm die theologischen Wahrheiten nach dem französisch geschriebenen Handbuch, dem „Rituel de Toulon", darlegte.

Johannes studierte ohne Unterlaß. Er gönnte sich kaum eine freie Minute. Vor allem Duplay, sein Repetitor, raufte sich manchmal die

Haare und mußte doch Johannes immer wieder Mut machen, um seinem Mitschüler nicht den letzten Rest an Selbstvertrauen zu nehmen.

Wohl wußte Vianney an Hand des französischen Lehrbuches sich die nötigen Kenntnisse der Theologie anzueignen, und hätte man ihn in seiner Muttersprache gefragt, wäre er die Antwort nicht schuldig geblieben. Aber die öffentlichen Vorlesungen, die in lateinischer Sprache gehalten wurden, blieben ihm unverständlich, und da die Examinatoren ihre Fragen nur lateinisch stellten, verstummte der arme Student.

So kam es, wie es kommen mußte. Johannes Vianney, der all seine Kursusgenossen an Frömmigkeit und Lauterkeit des Charakters weit überragte, wurde an einem schönen warmen Frühlingstag zum Regens gerufen, der ihm bedeutete, man müsse ihn leider entlassen, da man sein weiteres Bemühen für zwecklos hielte.

„Nehmen Sie es nicht zu schwer!“ setzte er freundlich hinzu. „Es ist wohl nicht Gottes Wille, daß Sie Priester werden, sonst hätte er Ihren Studien mehr Erfolg geschenkt. Auch in einem anderen Beruf werden Sie Gott dienen können.“

Ganz trostlos war Johannes Duplay, als er von dem Geschehenen erfuhr. Er machte sogar einen letzten Versuch, den Regens umzustimmen, hatte aber keinen Erfolg.

„Laß gut sein, Johannes“, lächelte wehmütig der Scheidende. „Du hattest schon recht mit deinem Issachar. Der Esel geht dahin zurück, wohin er gehört.“

„Erinnere mich bitte nicht daran!“ bettelte Duplay. „Du gehst, aber du wirst wiederkommen. Keiner von uns allen ist der Weihe so würdig wie du.“

„Dann muß Gott ein Wunder tun!“ seufzte Vianney.

Völlig niedergeschlagen kehrte Johannes nach Dardilly heim. Der Vater machte ein mißmutiges Gesicht, als der Sohn von seiner Entlassung berichtete.

„Ich habe ja immer gesagt, du solltest Bauer werden und nicht studieren!“ sagte er. „Wir Vianneys können pflügen und Mist fahren, aber zur Gelehrsamkeit taugen wir nicht. Uns ist nur wohl, wenn wir Dreck an unseren Holzschuhen spüren. Na, nimm dir's nicht zu Herzen! Wirst halt ein Bauer! Der Xaver kommt ja doch nicht mehr heim!“ setzte er bekümmert hinzu. Ein paar Tage schaffte Johannes auf dem Gutshof, wie er es früher getan. Er schlief wieder mit seinem älteren Bruder im Stall, und ihm klagte er in stillen Nachtstunden sein ganzes Leid. Franz erzählte ihm bei einer solchen Gelegenheit, Johannes Dumond sei bei den Schulbrüdern in Lyon eingetreten und seit einiger Zeit dort im Noviziat. „Wenn du nun unbedingt Geistlicher werden willst und es zum Studium nicht reicht, kannst du doch auch Bruder werden."

„Ich werde morgen an ihn schreiben!" antwortete Johannes nach einer Weile.

Wirklich führte Johannes seinen Vorsatz aus, wanderte dann nach Ecully, um dem Pfarrer von seinem Mißerfolg und seinem neuen Plan Kenntnis zu geben. Aber zu seiner Verwunderung wollte der nichts davon wissen.

„Du setzt dich jetzt hin und schreibst deinem Freund, daß du auf den Plan verzichtest, weil ich auf der Fortsetzung des Studiums bestehe."

„Aber ich bin doch entlassen!" stammelte Johannes. „Man nimmt mich nicht wieder auf."

„Das wird sich zeigen!" bestimmte der Pfarrer. „Du ziehst wieder zu mir, und wir werden weiterstudieren."

Das „Rituel de Toulon" wurde hervorgeholt. Balley unterrichtete jetzt aber auf lateinisch und leitete seinen Schüler an, in der gleichen Sprache zu antworten.

Drei Monate arbeiteten sie ohne Unterbrechung. Als die Zeit der Examina kam, wanderte Balley mit seinem Schützling nach Lyon und setzte es durch, daß auch er geprüft wurde. Vor den Examinatoren aber verlor Johannes jede Fassung und antwortete so ungenügend, daß Generalvikar Bochard, der Vorsitzende der Kommission, bekümmert den Kopf schüttelte.

„Wir können wirklich nichts für Sie tun", sagte er endlich. „Bestanden haben Sie nicht. Wir stellen Ihnen aber frei, sich um Aufnahme in eine andere Diözese zu bemühen."

Balley aber gab auch jetzt nicht nach. Er ging mit seinem Schüler zu Groboz, dem erzbischöflichen Generalsekretär, und bat ihn um Hilfe. Der angesehene Priester erreichte es, daß Herr Bochard den abgewiesenen Kandidaten im Pfarrhaus von Ecully noch einmal prüfte, und Johannes, der sich in dieser Umgebung sicherer fühlte, antwortete gar nicht übel.

„Das ist wirklich eigenartig!" schüttelte der Generalvikar den Kopf, nachdem er das Examen beendet hatte. „Ich bin mit den heutigen Leistungen nicht unzufrieden, kann aber jetzt nicht allein entscheiden. Prälat Courbon muß da selbst das letzte Wort sprechen."

In Begleitung von Pfarrer Balley suchte er den Prälaten auf, der in Abwesenheit des Erzbischofs die Diözese leitete, und legte ihm den Fall auseinander.

Eine Weile schwieg der greise Pfarrer, nachdem der Pfarrer von Ecully sein Urteil über seinen Schützling abgegeben hatte. Dann schaute er den Pfarrer, dessen Einsicht und Glaubenstreue er wohl kannte, aus seinen hellen klugen Augen an und fragte:

„Ist Vianney fromm? Verehrt er die Gottesmutter? Betet er seinen Rosenkranz?"

„Ja, er ist ein Muster von Frömmigkeit, hochwürdiger Herr!" antwortete Herr Balley ohne zu zögern.

„Ein Muster von Frömmigkeit!" nickte der Stellvertreter des Erzbischofs. „Das ist es, was Frankreich in unseren Tagen braucht, fromme Priester. Gut, ich berufe ihn. Die Gnade Gottes wird das übrige tun."

„Ich danke Ihnen von ganzem Herzen!" antwortete der Pfarrer und küßte die Hand des Prälaten.

In seinen Augen standen Tränen.

AUFSTIEG ZUR HÖHE

1814–1815

An einem der Tische, die der Wirt zu den „Drei Delphinen" des sommerlichen Wetters wegen vor seinen Gasthof ins Freie hatte stellen lassen, saß am Morgen des 2. Juli 1814, dem Fest Mariä Heimsuchung, in rostbraunem Frack der Advokat Bartou und schaute mißmutig zu der österreichischen Reiterschwadron hinüber, die über den Croix-Paquet-Platz sprengte.

„Es ist keine Freude mehr zu leben", knurrte er verbissen zu seinem Tischgenossen, dem Journalisten Candelle. „Die Galle kommt einem hoch, wenn man die Fremdvölker hoch zu Roß vorbeireiten sieht. Ein Glück, daß es noch einen guten Wein gibt, sonst wäre das Leben nicht mehr zu ertragen!" Wohlgefällig betrachtete er sein Glas, in dem der rote Chateaugay, Jahrgang 1811, feurig glühte, und spülte seinen Ärger hinunter.

„Wenn erst der Napoleon wiederkommt!" flüsterte ihm Candelle, näher heranrückend, zu. „Viele sind davon überzeugt, daß er von Elba ausbrechen wird."

„Ach, man schwätzt viel in Frankreich. Ob Kaiser, König oder Republik, es ist stets die gleiche Misere. Wundert mich immer, wenn ich noch jemanden lachen höre."

„Herr, ein Almosen für einen armen Invaliden!" Ein Krüppel, der mit seinem Holzbein heranstelzte, hielt seine Mütze hin, in die Bartou verdrießlich eine Münze warf. Dann aber horchte er auf. Aus einer der Seitenstraßen erscholl eine getragene Weise. Eine Schar junger Kleriker, die soeben in der St.-Johannes-Kirche aus der Hand des Bischofs Simon von Grenoble die Subdiakonatsweihe empfangen hatte, zog singend ins Seminar zurück.

„Benedictus Dominus Deus Israel . . .", klang es feierlich über den Platz. „Gepriesen sei der Herr, der Gott Israels, denn er hat sein Volk heimgesucht und Erlösung ihm gebracht . . ."

Erlösung seinem Volk? Diesem armen, hungernden, ausgebluteten Volk? Erstaunt schauten all die geplagten Hausfrauen, die Bettler und Krüppel, die Seidenweber und Flaneure die Vorüberziehenden an.

„Es war alles vergebens!" grollte der Advokat. „Alles umsonst! Voltaire, Rousseau, der Kirchensturm, die Guillotine. Die Pfaffen sind noch immer da und singen auf offener Straße ihre Choräle."

„Die Kirche singt immer, weil sie unaufhörlich triumphiert!" mischte sich ein Herr ins Gespräch, der in dunkelgrünem Gehrock am Nebentisch saß. „Auch unter der Guillotine hat sie gesungen. Sie ist immer die Stärkere."

Der Zug der Geweihten ging unmittelbar an den Tischen des Restaurants vorüber. Mit finsterer Miene musterte Bartou die jungen Menschen, deren Kleid das der Entsagung war und deren Augen doch leuchteten in unsagbarem Glück.

Unter den Erwählten schritt auch der ehemalige Bauernbursche von Dardilly, und sein asketisches, durch Not und Entbehrung gezeichnetes Gesicht strahlte vor Freude.

Das Irenäum nahm die Schar der neuen Subdiakone auf. Pfarrer Balley schloß seinen Schüler tiefbewegt in die Arme. Dann drängten sich Katharina und Margarete hinzu, um den Glückwunsch von daheim auszurichten. Ihnen folgten die Freunde aus dem Seminar, Marcellin Champagnat, seit einigen Monaten schon Subdiakon, Claudius Colin, Desclas und Duplay. Sie alle freuten sich unbeschreiblich, daß der Freund nun doch dieses erste wichtige Ziel erreicht hatte. Duplay sagte später zu einem seiner Kursusgenossen:

„Der Vianney war ein armseliger Student und gewiß der letzte unter den ‚Gelehrten' im Irenäum, aber vielleicht wird er einmal mehr als alle anderen verdienen, Prophet des Allerhöchsten genannt zu werden. Aus seinen Augen leuchtet der Geist Gottes."

Für das Irenäum kamen böse, unruhvolle Tage. Der korsische Löwe war aus seinem Käfig ausgebrochen, setzte am ersten Märztag seinen Fuß auf französischen Boden. Allenthalben liefen die Truppen, die gegen ihn geschickt waren, zu seinen Fahnen über. In Lyon rüstete man fieberhaft gegen ihn, baute Barrikaden, ließ Kanonen auffahren, und die ganze Stadt wimmelte von Soldaten. Am Abend des 10. März zog Napoleon in der Rhonehauptstadt ein. Kein Flintenschuß ging gegen ihn los. Die Grenadiere, die unter ihm in mancher Schlacht gekämpft hatten, jubelten dem zu, gegen den sie ausgezogen waren. Im Nu waren die Barrikaden verschwunden, und im Triumphzug wurde der Kaiser, der in offener Kalesche reiste, zum erzbischöflichen Palais geleitet, wo er Wohnung nahm.

Auch unter den Seminaristen war mancher, dessen Herz dem großen Feldherrn entgegenschlug, aber bald zeigte es sich, daß die Stimmung der Lyoner sich nicht nur gegen die Bourbonen wandte, sondern auch gegen den Klerus, der als besonders königstreu galt. Überall hörte man jetzt den Ruf:

„Es lebe der Kaiser! Nieder mit den Bourbonen, nieder mit den Adeligen, nieder mit den Pfaffen!" Es kam zu wilden Kundgebungen vor dem Seminar, jeden Augenblick rechnete man mit einem Sturm auf das Irenäum, und wenn die Theologen zum Dom zogen oder sich sonst auf der Straße sehen ließen, wurden sie mit zornigen Rufen und höhnischem Gelächter verfolgt.

Der Lyoner Erzbischof Kardinal Fesch kehrte von Rom, wo ihm der Papst in bedrängten Tagen Asyl gewährt hatte, in seine Residenz zurück. Er hielt ein feierliches Pontifikalamt im Dom zum Dank für die Rückkehr seines kaiserlichen Neffen, aber die Stimmung unter den Theologen war so erbittert, daß manche von ihnen sich weigerten, niederzuknien, als der Kirchenfürst seinen Segen spendete. Man erinnerte sich daran, daß der Kardinal zu denen gehörte, die den Zivileid geleistet hatten, und viele versagten ihm die Ehrfurcht, die dem Oberhirten ihrer Diözese gebührte. Hundert Tage währte des Kaisers Herrschaft, dann mußte er, geschlagen und von den Waffen der Verbündeten vernichtet, zum zweitenmal in die Verbannung nach Sankt Helena gehen.

Wieder flüchtete Kardinal Fesch nach Rom, wo der Papst ihn abermals gütig aufnahm.

„Der Papst hätte ihn in die Engelsburg sperren sollen!" erklärte man zornig im Irenäum, und viele vernahmen mit tiefem Grimm, daß Pius VII. ihm nicht einmal sein Lyoner Erzbistum entzog, das Fesch seitdem durch Vikare verwalten ließ.

Johannes, den die politischen Auseinandersetzungen unter den künftigen Priestern abstießen, war froh, als ihm erlaubt wurde, seine Studien im Pfarrhaus von Ecully fortzusetzen.

Am 23. Juni 1815 wurde er vom Bischof Simon in der Kathedrale von Lyon zum Diakon geweiht. An einer Seite knieten der treue Marcellin Champagnat, der spätere Stifter des Ordens der „Kleinen Brüder Mariens", und Caudius Colin, der dereinst den Maristenorden gründen würde. Sie hatten die letzte Höhe erreicht, von der sie zum Gipfel des Priestertums aufsteigen sollten.

Zum zweiten Male wurde Johannes in den ersten Augusttagen im

Pfarrhaus zu Ecully vom Generalvikar Bochard geprüft, und diesmal zeigte er sich zur Zufriedenheit des Examinators unterrichtet. So händigte ihm der Bistumsverweser Courbon die „litterare testimoniales“ aus und wies ihn nach Grenoble, wo Bischof Simon ihm die Hände zur Weihe auflegen werde. Vorzeitig sollte er seines Alters wegen zum Priestertum zugelassen werden.

So wanderte Johannes nach den stillen Vorbereitungstagen der Exerzitien allein in der glühenden Sommerhitze nach Grenoble. Von seinen Angehörigen konnte keiner ihn begleiten, weil die bevorstehende Ernte alle verfügbaren Kräfte aufs Feld und in den Weinberg rief. Nur seine Schwester Margarete hatte ihm in Lyon kurz zuvor eine selbstgefertigte Albe überreicht, die er zusammen mit einem Fläschlein Meßwein, den ihm der Vater aus dem eigenen Wachstum zugesandt hatte, in seinem Bündel trug.

Johannes aber war seiner Einsamkeit herzlich froh, konnte er doch so auf dem hundert Kilometer langen Weg mit all seinen Gedanken und seinem ganzen Herzen bei Gott sein.

Er fühlte nicht die Qual der unbarmherzig brennenden Sonne, nicht die Beschwerden des langen Fußmarsches, noch die Armut der Herbergen, in denen er nächtigte, seine Seele jubelte ihrem Schöpfer zu, der nach soviel schwerem Ringen ihn nun doch erbarmungsvoll zum Ziele führte.

Allerlei Volk trieb sich in jenen Tagen auf den Straßen der Dauphiné herum. Mit Vagabunden, Schmugglern und Banditen teilte er sein bescheidenes Obdach. Irgendwo vertraten ihm österreichische Soldaten den Weg, fragten ihn, das Bajonett auf seine Brust gerichtet, nach den Papieren, nach dem Woher und Wohin, ehe sie ihn lachend weiterziehen ließen.

Je mehr Johannes sich der Bischofsstadt näherte, um so steiler wurde der Pfad, um so näher rückten die eisgekrönten Alpengipfel, die ihm wie ein Sinnbild des lockenden Zieles erschienen.

Endlich trat Johannes durch das Stadttor von Grenoble. Noch einmal schallte ihm das „Halt! Wer da?“ des Postens entgegen, noch einmal verlangte man seinen Ausweis zu sehen, dann gab man ihm den Weg frei. Es war am Samstagabend, dem 12. August, als Johannes an seinem Ziel, dem Großen Seminar, anlangte. Von allen Türmen läuteten die Glocken den Sonntag ein. Die Tür zum Heiligtum sprang auf.

Am nächsten Morgen erinnerte der Hauskaplan den Bischof Simon daran, daß er im Großen Seminar, dem ehemaligen Kloster der Paulaner, die heilige Priesterweihe spenden sollte.

„Es ist nur ein einziger Diakon, Monsigneur, ein Spätberufener aus Lyon", sagte er in bedauerndem Ton. Aber der Bischof nickte eifrig:

„Ja, ja, ich bin unterrichtet. Glauben Sie mir, mein Lieber, es ist nicht zuviel der Mühe, e i n e n guten Priester zu weihen."

Tief ergriff die innige Frömmigkeit des Weihekandidaten die Seminaristen, die an der heiligen Handlung teilnahmen. Wahrhaftig, das war ein Heiliger, der hier mit solch herzbewegendem Klang sein „Adsum" rief, als wollte er in dieses Wort noch einmal alle Sehnsucht nach dem Priestertum legen.

Zitternd sank Johannes Vianney in die Knie, als ihm der Bischof unter lautlosem Gebet die Hände auflegte, als er ihn salbte mit Katechumenenöl und ihm den Kelch des Neuen Bundes überreichte. Brausend hallte das Tedeum durch den geweihten Raum.

„Würden wir sehen, statt zu ahnen", sagte Vianney später oftmals, „wir müßten sterben, aber nicht vor Entsetzen, sondern vor Liebe."

Am folgenden Tag feierte er seine Primiz in der gleichen Kapelle. Auf sein Wort kehrte der Herr der Welt ein in das Brot, das bereitet war aus dem Weizen, der auf dem Acker daheim in Dardilly gewachsen und in den Kelch, gefüllt mit dem Wein aus dem väterlichen Weinberg.

An den Nebenaltären zelebrierten zwei österreichische Feldgeistliche. Nach der heiligen Feier drückten auch sie dem Primizianten die Hand zum Glückwunsch, knieten nieder und baten um seinen Segen.

„Es gibt keine Grenzen für die brüderliche Liebe, die die Priester der ganzen Erde miteinander verbindet", sagten sie in schlechtem Französisch.

Auch am nächsten Tag, dem Fest der Himmelfahrt Mariens, blieb Johannes noch in Grenoble. Dann wanderte er glücklichen Herzens wieder heim. Seine Seele sang das Magnifikat, das Lied der Auserwählten, die den Heiland in ihrem Herzen tragen.

In Ecully kniete der greise Pfarrer Balley vor seinem einstigen Schüler nieder, den Primizsegen zu empfangen. Dann geleitete er ihn an den Altar.

Übergroße Freude erfüllte das arme Bauernhaus in Dardilly, als der Neugeweihte zum ersten Opfer in der Heimat eintraf. Den Geschwistern standen die Tränen in den Augen, als sie ihn beglückwünschten. Die Nachbarn kamen herzu, ihm die Hand zu drücken, die Freunde, mit denen er einst im Amselliedgrund gespielt, der wackere Vincent mit seiner Tochter Marion, die ihm in aller Kinderunschuld offenbart hatte, daß sie ihn gerne heiraten wolle, nun aber längst mit einem anderen Mann verbunden war. Lächelnd hielt sie ihm ihr erstes Kind entgegen, damit er auch ihm die Hand auflege.

„Johannes", sagte der Bauer Matthäus, „ich habe dir manchmal harte Worte gegeben, weil ich deinen Wunsch, Priester zu werden, für töricht hielt. Heute weiß ich, daß die Mutter recht hatte, die keinen Augenblick an deiner Berufung zweifelte."

„Die Mutter!" stammelte Johannes mit zuckenden Lippen.

Dröhnend schwang die Glocke im Turm der Pfarrkirche, als der Neugeweihte ins Heiligtum einzog, um nun auch daheim sein erstes Opfer zu feiern. Der heilige Raum war bis in den letzten Winkel gefüllt. Alle im Dorf wußten ja um die Not, die Johannes um seines Priestertums willen getragen hatte, und tief bewegt beugten sie sich am Schluß der Messe unter seiner segnenden Hand. Selbst der ehemalige Jakobiner, der alte Hausierer, fiel vor ihm auf die Knie.

„Er war ein kleines, vierjähriges Bürschlein, als ich, Andreas Leloux, ihm eine Muttergottesstatue verkauft habe", sagte er stolz jedem, der es hören wollte. „Seitdem hat er die Frömmigkeit."

„Die Euch eine Zeitlang abhanden gekommen war!" lächelte der Bauer Vincent ein wenig spöttisch.

Johannes Vianney aber begab sich unmittelbar nach der heiligen Feier zum Friedhof, wo er lange vor einem schlichten Totenhügel stand. Dann hob er die Hand und gab auch seiner Mutter den Primizsegen.

Voller Spannung wartete man allenthalben auf den Entscheid, wo der Primiziant seine erste Anstellung finden würde. Die Freunde in Les Robins, wo Johannes die schweren Monate seiner Verbannung erlebt hatte, hofften, er würde zu ihnen als Seelsorger kommen, und Ludwig Fayot, nun ein stattlicher Jungmann schon, erschien eigens in Dardilly, um den „Vetter" an sein Versprechen zu erinnern.

Aber der Generalvikar bestimmte es anders. Vianney sollte fürs erste bei seinem alten Lehrer, dem Pfarrer Balley, bleiben. So ernannte er ihn zum Kaplan in Ecully. Groß war die Freude der Verwandten und all der guten Leute in dem Nachbardorf, als sie die Nachricht erhielten.

„Er hat sich so oft bei mir Trost geholt, wenn es mit den Unregelmäßigen nicht klappen wollte", sagte stolz die Witwe Bibost. „Ich hab ihm auch immer die Hemden gewaschen. Und jetzt ist er Priester!"

„Mutter“, antwortete ihre Tochter Columba, „wie hat er uns früher immer schon als Schüler durch seine Frömmigkeit erbaut! Was wird erst jetzt werden, da er unser Seelsorger ist!“

„Nun haben wir zwei heilige Priester im Dorf!“ nickte die Mutter und wischte sich die Tränen ab, die ihr über die Backen liefen.

DER HEILIGE UND SEIN DÄMON

DER NEUE KAPLAN

1815–1818

Es war in den letzten Adventstagen des Jahres 1815. Kaplan Johannes Vianney saß in schwarzer Soutane auf dem Katheder im Schulhaus von Ecully. Sein Gesicht war hager und eckig geworden, scharf gezeichnet seine Züge, aber seine blauen Augen strahlten ganz hell, als er der lauschenden Kinderschar Gottes Liebe und Barmherzigkeit verkündete. Die Buben und Mädchen, die in den Bänken saßen, sollten zum erstenmal die Gnaden des heiligen Bußsakramentes empfangen, und der Kaplan bereitete sie darauf vor.

Von jenem Tag mitten während der Schreckenszeit erzählte er den Kindern, da er selbst seine erste Beichte abgelegt hatte.

„Nie werde ich diese Stunde vergessen", schloß er innig bewegt seinen Bericht. „Es war daheim in der Stube unter der alten Uhr."

Ja, erzählen konnte der neue Kaplan, daß man darüber fast das Atemschöpfen vergaß. Die Sonne, die nur ein wenig in der Stube herumschaute, sah, daß die Kinder vor lauter Spannung ganz heiße Backen hatten.

Die uralte Geschichte folgte nun, die da ist wie ein tiefer Brunnen, der nie leer wird, soviel man auch daraus schöpft: das Gleichnis vom verlorenen Sohn.

Man sah den lockeren Burschen daherziehen an jenem goldenen Frühlingstag, an dem er von des Vaters Schwelle sprang, die Taschen gefüllt mit Gold- und Silberstücken, die bei jedem Schritt lustig klimperten. Natürlich wanderte er in die Stadt, in die märchenhaft schöne Stadt, voller Licht und Glanz und Geigenklang.

Aber ach! Die Goldfüchslein sprangen kichernd aus dem Beutel, erst eins, dann zwei, dann ein ganzes Rudel, dann das letzte. Die Silberlinge tanzten hinter ihren güldenen Brüderchen her. Und schließlich—?

„Im Schweinestall sehen wir ihn wieder. Es war ein harter Bauer, bei dem er sich verdingte; denn Hunger tut weh, das wißt ihr ja, Kinder!"

Der kleine pausbäckige Bernhard nickte ernsthaft und griff mit der Hand heimlich unter die Bank nach seinen Butterbroten, die ihn fürs erste gewiß vor dem Verhungern schützen würden.

Ach, wie die fetten Borstentiere schmatzten und sich vor Sattigkeit suhlten, während ihr Hirt nicht viel mehr bekam als eine schimmlige Brotkruste.

„Dazu das Heimweh! Kinder! Heimweh tut weh, und das Brot der Fremde schmeckt bitter, selbst wenn es Kirmeskuchen wäre, den einem eine gütige Hand beschert!“ Johannes Vianney machte eine kleine Pause, während die kleinen Schlecker sich in seliger Erinnerung an die gebackenen Kirmesherrlichkeiten die Mäulchen leckten. Johannes aber dachte an jene schweren Jahre, da er selbst, fern vom Vaterhaus, in der Verbannung geweilt hatte.

„Weiter!“ drängte der schwarzlockige Peter, und rutschte aufgeregt auf seiner Bank hin und her. Als der Priester noch zögerte, hielt es ihn nicht länger auf seinem Platz. Schritt um Schritt zog es ihn in die Nähe des Lehrpultes. Jetzt schob sich die Liesl mit den langen blonden Zöpfen ebenso heimlich aus der Bank, ein drittes und viertes Kind trippelte hinterher.

„Ach! dachte der Bursche in all seinem Elend, der letzte Knecht auf meines Vaters Hof lebt besser als ich. Wehmütig betrachtete er sein Lumpenkleid, das ihm zerfetzt um die mageren Glieder schlotterte. Nachts, wenn er auf verfaultem Stroh im Stall lag, ließ ihn der Hunger nicht schlafen, der Hunger seines Leibes und der Hunger seiner Seele; er sah dann das Gesicht seines guten Vaters vor sich, der gewiß daheim auf ihn wartete, Tag für Tag, Stunde um Stunde!“

„Und da?“ rief der dicke Bernhard ungeduldig, ließ seine Butterbrote im Stich und schob sich als letzter zum Katheder hin. Die ganze Gesellschaft umlagerte, einem Bienenschwarm gleich, den Priester. Ein paar ganz kühne Buben standen schon auf den Stufen des Pultes. Der Peter legte sogar seine Hand auf die Schulter des Lehrers.

„Und da?“

„Da sagte er sich: Ich will mich aufmachen und zu meinem Vater gehen und ihm sagen: Vater, ich habe gesündigt wider den Himmel und vor dir, ich bin nicht wert dein Kind zu heißen. Nimm mich nur auf als den geringsten deiner Knechte!“

„Gott sei Dank!“ seufzte die blonde Liesl erleichtert.

„Und der Vater?“

„Der Vater sah ihn schon von ferne kommen, eilte ihm entgegen, schloß den heimkehrenden Sohn in seine Arme und zog ihn an sein Herz! ‚Mein Sohn‘, rief der Vater, als der Heimgekehrte seine Sünden bekannte, ‚alles ist vergessen, denken wir nur noch daran, uns zu freuen.

Man bringe das beste Gewand, ihn zu kleiden, man lege ihm einen Ring an den Finger und Schuhe an seine wegwunden Füße, man schlachte ein Mastkalb und freue sich; denn mein Sohn war tot und ist lebendig, er war verloren und ist wiedergefunden!' – Kinder! So freut sich auch der liebe Gott, wenn ein Sünder zu ihm heimkehrt und seine Sünden bekennt in einer guten Beichte."

Die Tür des Klassenzimmers tat sich auf, und drei Herren im geistlichen Gewand traten ins Zimmer, der Pfarrer Balley, der Generalvikar Bochard und der Bistumsverweser Courbon. Erstaunt sahen sie auf den merkwürdigen Schwarm beim Katheder. Aber Kinder und Kaplan waren so vertieft ins Erzählen und Zuhören, daß sie die Eintretenden gar nicht gewahrten.

„Ja, liebe Kinder", fuhr der Katechet fort, „so macht es auch der Heiland mit uns. Er reinigt uns durch das Bad der Buße von dem Schmutz, den wir auf elenden Wegen heimschleppen, kleidet uns neu mit dem Kleid der Gnade, bereitet uns sein himmlisches Gastmahl in der heiligen Kommunion und bestellt seine Spielleute dazu. Denn wenn ein Mensch sich bekehrt und Buße tut, singen und geigen alle himmlischen Musikanten."

Der Priester verstummte, und die Kinder schwiegen noch, ganz im Nachsinnen über die herrliche Geschichte versunken. Dann aber sagte der Peter, der sich nun gar mit dem Ellenbogen auf des Lehrers Schulter stützte:

„Sie können fein erzählen, Herr Kaplan. Aber Beichtehören, das können Sie nicht, sagt meine Mutter, und mein Vater hat mir gesagt . . ."

„Sag es nicht!" fuhr ihm die Schwester, die um ein Jahr ältere Grete, über den Mund.

„Was sagt denn dein Vater?" fragte Vianney zerstreut.

„Er sagt, Sie wären noch zu dumm zum Beichthören."

„Hören Sie nicht auf ihn, er schwätzt lauter dummes Zeug!" beschwor die Grete den Priester, der traurig den Kopf in die Hand sinken ließ.

„Der Peter ist frech."

„Ja, Peter, dein Vater hat recht!" lächelte Vianney, den Blick wieder hebend. „Ein Beichtvater muß ein ganz kluger und gelehrter Mann sein, und ich war immer der Letzte im Seminar, der Allerletzte und Dümmste."

„Machen Sie sich nichts draus!" versuchte der behäbige Bernhard zu trösten. „Mein Vater sagt immer, die dümmsten Bauern ernten die dicksten Kartoffeln."

„Na, hoffentlich sind Sie jetzt getröstet!" erscholl da die Stimme des Prälaten Courbon.

Die Kinder stoben wie ein aufgeschreckter Spatzenschwarm auseinander und eilten zu den schützenden Bänken zurück. Der Kaplan aber sprang verlegen von seinem Pult auf und sagte:

„Verzeihen Sie mir, ich habe Sie gar nicht bemerkt."

„Ja, Sie waren so vertieft in Ihre schöne Erzählung", nickte lächelnd der Prälat. „Aber sagen Sie mir doch, warum die Kinder bei Ihrem Unterricht nicht in den Bänken sitzen?"

„Auch das habe ich nicht bemerkt!" stammelte der Priester. „Sie waren auf einmal alle beim Katheder. Wie es kam, das weiß ich nicht!"

„Ist aber der Disziplin wohl nicht zuträglich!" meinte der Generalvikar kopfschüttelnd.

„Lassen Sie meinen Kaplan nur!" flüsterte Pfarrer Balley ihm zu. „Unter den Kindern ist er der reinste Zauberkünstler, der sie an sich lockt wie der Spielmann von Hameln. Haben Sie kein Angst um die Disziplin."

„Sie haben recht!" nickte Courbon. „Der beste Zuchtmeister ist die Liebe. Kinder!" wandte er sich an die vor Ehrfurcht erstarrt sitzende Schar, „Euer Kaplan kann von heute an auch Beichte hören. Ich gebe ihm die Vollmacht dazu."

„O, ich danke Ihnen, Herr Prälat!" stotterte Vianney vor Freude errötend. Die Kinderaugen leuchteten in heller Mitfreude.

„Dann beichte ich bei Ihnen!" rief die Liesel begeistert.

„Ich auch! Ich auch!" tönte es von allen Seiten.

„Nun ist er erst richtig!" nickte Peter befriedigt. Nur der dicke Bernhard behielt die Ruhe und tastete nach seinen Butterbroten. Er fand als erster den Weg von der himmlischen Höhe zur Erde zurück.

Im Pfarrhaus überreichte Courbon dem Priester Vianney das Dokument, das ihn zur Spende des Bußsakramentes bevollmächtigte. Man hatte ihm die Erlaubnis seiner dürftigen Examina wegen vorenthalten, aber Herr Balley, der mit seinem ehemaligen Schüler eifrig nachexerziert hatte, war es, der die Vollmacht für ihn erwirkte.

„Sie haben eine große Macht über die jungen Herzen, Vianney", sagte der Prälat. „Nutzen Sie sie für den Herrgott!"

Am Abend mußte Vianney zum erstenmal seines Amtes als Beichtvater walten. Pfarrer Balley kniete sich demütig vor seinem ehemaligen Schüler nieder und bekannte seine Sünden. Von da an beichtete der demütige Mann nur bei seinem Kaplan, und Vianney war aufs tiefste ergriffen vom Ernst und der Heiligkeit seines Pönitenten.

Nicht nur die Kinder wählten ihn von nun an zu ihrem Beichtvater. Auch die Erwachsenen fühlten sich zu ihm hingezogen, obschon der Priester es bei aller Güte nicht an einem strengen Ernst fehlen ließ. Mancher, der ein wenig leichtsinnig in den Beichtstuhl gekommen war, ohne zu zeigen, daß er von ganzem Herzen entschlossen war, nicht nur die Sünde, sondern auch die verderbliche Gelegenheit zu meiden, wurde ohne Lossprechung entlassen, doch nahm er so viele tiefernste und väterliche Worte mit auf den Weg, daß er bald nach besserer Vorbereitung wiederkam und sich völlig mit Gott aussöhnte.

Manchmal kehrte Vianney am Samstagabend recht niedergeschlagen ins Pfarrhaus heim. Schweigend saß er bei Tisch, fast ohne etwas von den dargebotenen Speisen zu berühren. Balley, der in seiner Seele las, sagte dann leise:

„Es gibt ein Mittel, das in den meisten Fällen auch den verstockten Sünder zur Umkehr bringt. Wir müssen selbst für ihn Buße tun, zu der er sich nicht entschließen kann."

Vianney kannte diese stellvertretende Genugtuung, die sein Pfarrer leistete, nur zu gut. Er wußte, daß er sich nicht nur an Speise und Trank Abbruch tat und ärmer lebte als der letzte Kartäuser. Er wußte, daß er einen Bußgürtel trug und nach dem Beispiel vieler Heiliger auch mit der Geißel gegen sich nicht sparte.

Tief erschüttert durch solchen Seeleneifer, machte er sich eines Tages auf den Weg zur Witwe Bibost, die er nach Verpflichtung zu strengstem Schweigen bat, ihm ein recht widerhaariges Bußhemd zu fertigen. Entsetzt weigerte sich die gute Frau unter Tränen. Als der Kaplan aber immer inständiger darum bat, versprach sie es ihm unter vielen schmerzlichen Seufzern.

Es kam nun zuweilen vor, daß Vianney einem Pönitenten, dem es offensichtlich an gutem Willen gebrach, im Beichtstuhl sagte:

„Es fehlt Ihnen noch an der Zerknirschung des Herzens, ich kann Sie darum heute nicht absolvieren. Aber kommen Sie am nächsten Samstag wieder. Dann werden Sie in der rechten Verfassung sein."

Am Abend eines solchen Tages warf Vianney sich vor dem Tabernakel nieder, betete für den Unbußfertigen unter Tränen, kehrte endlich heim und schlug für ihn seine armen Schultern wund. Am nächsten Samstag erlebte er dann die Freude einer aufrichtigen Bekehrung.

Die beiden Priester verband eine wunderbare Herzensbrüderlichkeit. Gemeinsam beteten sie die Tageszeiten ihres Breviers. Gemeinsam besuchten sie die Kranken, machten sie ihre kurzen Spaziergänge, wobei der Jüngere sich oft genug bei dem Älteren in schwierigen Seelsorgefragen Rat holte. Schulter an Schulter standen sie im Abwehrkampf gegen alles Böse und Gottfeindliche. Neidlos sah der Pfarrer die wachsende Beliebtheit, derer sich der Kaplan in der Gemeinde erfreute. Wenn es um seinen Beichtstuhl immer einsamer wurde, und die Zahl der Wartenden vor dem seines Mitarbeiters immer größer, sprach er die Worte des heiligen Täufers in aller Aufrichtigkeit nach: „Er muß wachsen, ich aber muß abnehmen." Dreiundsechzig Jahre zählte er nun und fühlte, daß ihn die Schaffenskraft mehr und mehr verließ. So war er glücklich, einen solch tüchtigen Helfer zu haben.

Die Last der Jahre und die Entbehrungen der Schreckenszeit machten ihm zu schaffen. Um so mehr suchte er durch Gebet und Opfer für seine Gemeinde zu wirken, und da Vianney es seinem Vorbild gleich tat, war die gute Köchin oft ganz verzweifelt, wenn das immer wieder auf den Tisch gebrachte Stück Ochsenfleisch allmählich ganz schwarz geworden war.

Oft klagte sie der Witwe Bibost ihr Herzeleid. Aber die tröstete sie und sagte:

„Sie bedienen eben zwei Heilige, da kann man nichts machen. Sie leben mehr vom Himmel als aus Ihren Töpfen."

„Dann sollen Sie sich doch gleich einen Engel als Wirtschafterin nehmen!" seufzte die Gute.

Die beiden Priester wetteiferten miteinander auch in den Werken der Barmherzigkeit. Das Gehalt des Pfarrers war sehr klein, und es hätte bei aller Anspruchslosigkeit kaum für den Haushalt gereicht, wenn nicht die guten Dörfler der Wirtschafterin heimlich um Gotteslohn allerlei Dinge des täglichen Bedarfs gegeben hätten. Kam aber der Pfarrer über die Speisekammer, plünderte er sie restlos für seine Armen aus. Vianney verschenkte den letzten Sou seines kargen Gehalts und mit ihm Wäsche und Kleidung.

Als Herr Balley eines Tages arg zerfranste Hosenbeine unter der Soutane seines Kaplans hervorlugen sah, machte er sich heimlich auf den Weg nach Lyon, wo er ein paar wohltätige Freunde besaß. Es war während des Advents, als das geschah. Zu Weihnachten überraschte er den Kaplan mit herrlichen neuen Kniehosen. „Die schenkt dir mein alter Freund, der Seidenfabrikant Jaricot in Lyon!“ sagte er lächelnd. „Du mußt nach Neujahr unbedingt einmal hingehen und dich bedanken.“

Seufzend nahm Johannes die wohlgemeinte Gabe an, legte sie in seinen Schrank und trug weiter sein ausgefranstes Beinkleid. Viel mehr freute er sich über das Bußhemd, daß ihm Columba Bibost im Auftrag der Mutter überreichte. Das legte er unverzüglich an, und er fühlte sich anscheinend sehr wohl darin.

In den ersten Wochen des neuen Jahres erinnerte der Pfarrer seinen Kaplan an die Dankespflicht, derer er sich in Lyon zu entledigen habe.

„Daß du aber die neue Hose anziehst!“ mahnte er ihn eindringlich. Seufzend gehorchte Vianney, wanderte durch Eis und Schnee in die Rhonestadt und betrat das schöne Patrizierhaus. Jaricot hieß seinen Besuch herzlich willkommen. Da er gerade eine keine Gesellschaft im Haus hatte, nötigte er den bescheidenen Priester an seine Tafel. Er erhielt seinen Platz neben Pauline Jaricot, der Tochter des Fabrikanten.

Das junge, bildhübsche Mädchen plauderte lebhaft von einer Romreise, die es gemacht hatte, wobei Vianney in seiner Befangenheit zerstreut zuhörte. Als es aber die Sprache auf die Ausgrabungen in den Katakomben brachte, verlor er seine Schüchternheit und zeigte großes Interesse. „In der Katakombe der Priscilla hat man das Grab eines jungen Mädchens gefunden, das zweifellos für ihren Glauben starb. Palmzweig und Pfeile deuten darauf hin. Ganz Rom verehrt die kleine Heilige.“

„Und ihr Name?“ fragte der Kaplan.

„FILOMENA PAX TECUM steht auf den Grabplatten.“

„Filomena!“ sprach Vianney sinnend nach.

Als er heimkehrte, nannte er immer wieder den Namen der heiligen Jungfrau, und es war ihm, als müßte er ihr in seinem Herzen ein ganz besonderes, freundliches Licht entzünden.

Irgendwo auf der langen Straße sprach ihn ein Bettler an, der in einem rechten Lumpengewand vor Kälte zitterte. Vergebens suchte Vianney nach einer Münze.

„Ich kann Ihnen wirklich nichts geben, Bruder!“ sagte er verlegen.

„Sie haben so schöne warme Kleider, und ich sterbe vor Frost!“ stammelte der Arme.

„Meine Soutane kann ich Ihnen nicht gut schenken!“ seufzte der

Priester. Dann aber huschte ein Strahl der Freude über sein abgezehrtes Gesicht. „Meine Hose!“ sagte er. „Ja, die Hose könnte ich mit Ihnen tauschen.“

„Sie wollen . . .?“

„Ja, kommen Sie mit da drüben ins Gebüsch!“

Der ungleiche Tausch wurde vollzogen, und stolz wanderte der Bettler davon.

„Na, wie paßt die neue Hose?“ fragte Herr Balley, als er heimkehrte. Dann aber starrte er ganz betroffen auf die zerlumpten Röhren, die unter der Soutane vorlugten.

„Ach, ich hab die neue Hose einem Bettler geschenkt!“ antwortete Vianney lächelnd. „Er hatte nur Lumpen. Ich kann meine alte Hose ruhig weiter unter dem Talar tragen. Es sieht sie ja doch keiner, und die Fransen wird Mutter Bibost schon wieder in Ordnung bringen.“

„Dir ist wirklich nicht zu helfen!“ seufzte der Pfarrer.

Als Vianney sein Nachtgebet sprach, empfahl er sich zum erstenmal in seinem Leben dem Schutz der kleinen Märtyrerin.

Ach, er brauchte die Hilfe der Himmlischen wohl. Im Beichtstuhl offenbarten sich ihm die Abgründe ungeahnter Fehler und Laster. Oft schauderte er heimlich zurück, wenn ihn aus dem Bekenntnis der Pönitenten der heiße Atem der Sünde traf. Mit tiefstem Entsetzen spürte er, daß die Hand aus dem Dunkeln auch nach seinem Herzen zu greifen suchte. Bilder verwirrten seine Träume, die ihn aufs tiefste beunruhigten.

In seiner Ratlosigkeit offenbarte er sich dem Pfarrer, der sein Beichtvater war.

„Empfiehl dich der reinsten Jungfrau jeden Tag von ganzem Herzen, und du wirst Frieden haben!“ riet ihm der erfahrene Priester. Da machte Johannes Vianney das Gelübde, täglich das Regina coeli zu beten, und den Tageszeiten seines Breviers die Worte anzuschließen: „Gepriesen sei die heiligste und unbefleckte Empfängnis der allerseligsten Jungfrau und Mutter Gottes. In Ewigkeit. Amen!“

Seitdem blieb er unberührt von jeder Versuchung wider die heilige Reinheit, wie er viele Jahre später einem priesterlichen Freund offenbarte.

In ständigem Wetteifer übertrafen die beiden Seelsorger von Ecully sich in den Werken der Selbstverleugnung. Dabei suchte der eine den anderen zu kluger Mäßigung zu überreden.

„Du bist viel zu jung, um dich so zu kasteien", sagte der Pfarrer.
„Weil ich jung und kräftig bin, weiß ich, was ich mir zumuten darf", widersprach der Kaplan. „Aber Sie müssen sich in Ihrem Alter schonen."

Eines Tages verkündete Herr Balley seinem Mitarbeiter, er müsse unbedingt einmal nach Lyon.

„Das trifft sich gut, ich habe den gleichen Weg und kann Sie begleiten."

„Was willst du denn dort?"

„Ich möchte zum Buchhändler Ruzand."

„Na gut, gehen wir zusammen. Es ist ja nicht weit zum Nachbardorf, wenn etwa ein Krankenruf kommen sollte."

Während Vianney, in Lyon angelangt, den Weg in den Buchladen nahm, klopfte Herr Balley beim Prälaten Courbon, dem Bistumsverweser, an.

„Ich möchte mit Ihnen ein ernstes Wort über meinen Kaplan sprechen", sagte er bekümmert. „Er mutet sich viel zu viel zu und richtet seine Gesundheit zugrunde durch übertriebene Kasteiung. Sprechen Sie einmal ein ernstes Wort mit ihm!"

„So, so!" nickte Courbon. „Ist das Ihre einzige Klage?"

„Ja, meine einzige! Ich wünsche mir sonst keinen besseren Kaplan."

Als Balley den Prälaten verließ, begegnete ihm bei der Tür sein Mitarbeiter Vianney.

„Was willst du denn hier?" fragte er verblüfft.

„Ach, nur eine Kleinigkeit!" antwortete der Kaplan.

„Wenn Sie einen Augenblick warten wollen, können wir gemeinsam nach Hause gehn."

„Nun, was führt Sie zu mir?" fragte Courbon, von einem Aktenbündel aufblickend.

„Ich möchte mit Ihnen über meinen Pfarrer sprechen, Monseigneur!" antwortete Vianney ein wenig verlegen. „Er richtet sich zugrunde mit seiner übertriebenen Kasteiung. Schließlich ist er doch ein alter Mann, der Geißel und Bußgürtel nicht mehr gebrauchen sollte."

„So, so!" nickte Courbon. „Haben Sie sonst noch eine Klage über ihn?"

„O nein, sonst ist er der beste Pfarrer von der Welt."

„Ich werde gelegentlich mit ihm reden!" antwortete der Prälat, mühsam ein Lächeln verbergend. „Aber denken Sie doch, Ihr Pfarrer hat soeben die gleiche Klage gegen Sie vorgebracht?“

„Gegen mich?“ stammelte Vianney. „Nein, da hat er unrecht! Ganz gewiß hat er unrecht!“

„Schonen Sie Ihre Kräfte, und sagen Sie Ihrem Pfarrer, er solle dasselbe tun.“

Schweigend gingen die beiden Priester nebeneinander her.

„Was hast du eigentlich bei der Behörde gewollt?“ fragte der Pfarrer nach einer Weile.

„Ach, es ist nicht der Rede wert!“ antwortete der Kaplan. „Aber ich soll Ihnen sagen, Sie müßten sich in Zukunft viel mehr schonen, damit Sie sich nicht zugrunde richten mit Ihrer Strenge gegen sich selbst.

„Mir scheint fast, du hast mich denunziert?“ fragte Balley mißtrauisch.

„O nein, Courbon erklärte mir, ich hätte nur das gleiche gesagt wie Sie auch. Haben Sie mich denn denunziert?“

„Du bist ein unausstehlicher Kerl!“ brummte Balley. Dann aber griff er nach seines Begleiters Hand und drückte sie in herzlichem Verstehen.

Fast zwei Jahre verstrichen so in priesterlicher Gemeinschaft. Im Februar 1817 aber warf ein Beingeschwür den Pfarrer aufs Krankenlager. Der Kaplan trug jetzt allein die Last der Seelsorge, fand aber immer wieder die Zeit, am Bett des Leidenden zu sitzen, ihn zu trösten und aufzuheitern.

Monat um Monat verging, ohne daß sich eine Besserung zeigte. Schließlich trat Wundbrand ein. Das Geschwür vergiftete das Blut. In den Adventstagen gab der Arzt seinen Patienten auf.

Vianney bereitete seinen Pfarrer auf den Tod vor und spendete ihm die letzten Sakramente. Als er die heilige Ölung empfangen hatte, winkte der Sterbende seinen Kaplan noch einmal heran. Mit Anstrengung zog er unter seinem Kissen Geißel und Bußgürtel hervor.

„Da nimm, mein armer Junge!“ keuchte, kaum noch vernehmlich, seine Stimme. „Verbirg das, damit es niemand sieht! Sonst könnten die Leute meinen, man brauche nicht mehr für mich zu beten, und sie lassen mich im Fegefeuer bis an das Ende der Welt!“

„O, Herr Pfarrer!“ stammelte Vianney unter Tränen.

„Der ganze Himmel wird Sie bei Ihrem Hinübergang empfangen.“

„Wer weiß!“ seufzte der Sterbende. „Aber Gott ist gut! Gott ist gut!“

Das blieben seine letzten Worte.

Die ganze Gemeinde gab ihrem Seelsorger das letzte Geleit. Vianney zelebrierte das Totenamt, und Matthias Loras, sein einstiger Schüler, der seit kurzem die heilige Weihe empfangen hatte und Superior des Kleinen Seminars zu Maximieux geworden war, hielt seinem ehemaligen Lehrer die Gedächtnispredigt.

„Ich habe alles mit ihm verloren", klagte Vianney, als die Freunde später im Pfarrhaus beisammensaßen.

Ein neuer Pfarrer, Herr Tripier, hielt in Ecully seinen Einzug. Vianney blieb fürs erste sein Vikar. Aber der neue Seelsorger beabsichtigte durchaus nicht, aus seinem Pfarrhaus eine Kartause zu machen. Über das asketische Treiben seines Kaplans schüttelte der lebensfrohe Herr den Kopf. Nein, sie paßten nicht zueinander. Das erkannte schließlich auch die Behörde in Lyon.

Eines Tages lud Courbon den Kaplan Vianney vor und ernannte ihn zum Pfarrer von Ars.

„Es ist nur ein kleines Dorf, zählt 230 Menschen. Ihr Vorgänger hat nur dreiundzwanzig Tage dort seines Amtes gewaltet, dann starb er an Schwindsucht. Ihr Gehalt beträgt fünfhundert Franken, nicht gerade viel. Aber es ist ein Schloß dort mit einem guten Fräulein. Das wird Ihnen wohl ein wenig zur Seite stehen."

„Ich werde schon auskommen!" versicherte Vianney. „Ich brauche ja so wenig."

Der Prälat überreichte ihm die Bestallungsurkunde. Als Vianney sich verabschiedete, hielt Courbon Vianneys Hand noch für einen Augenblick in der seinen und fügte hinzu: „Es ist nicht viel Gottesliebe in dieser Pfarrei. Aber die werden Sie hineintragen."

Als Johannes dem Pfarrer von Ecully seine Ernennung mitteilte, schüttelte Herr Tripier bekümmert den Kopf und sagte: „Ich gestehe Ihnen offen, daß ich Ihre Versetzung beantragt habe. Wir zwei sind ein zu ungleiches Paar, obschon ich Sie als Mensch recht gern habe. Aber das habe ich nicht gewollt. Die Pfarreien des Aingebietes sind ja das reinste Sibirien für die Geistlichen des Erzbistums. Ein wenig mehr hätte man Ihnen doch geben können, als dies dreckige Nest."

„O, ich beklage mich gar nicht! Eine größere Pfarrei hätte mich gewiß bedrückt."

Die Trauer in Ecully war groß, als man von der Versetzung des Kaplans vernahm.

EINZUG IN ARS

1818

Ein trübseliger Februarmorgen! Grauer Nebel lag über dem Tal der Saone. Obschon der Winterfrost gebrochen war und der Schnee sich in schmutzigen Schlamm verwandelt hatte, war es doch empfindlich kalt. Mit knarrenden Rädern quälte sich ein mit zwei Kühen bespannter Bauernkarren, der mit Bettzeug, Hausgerät und einigen Möbelstücken beladen war, über die aufgeweichte Straße. Unverdrossen stapfte der Bauer Paul Melin neben seinen Zugtieren her, während sein Schwager Johannes-Maria Vianney zwischen Kissen und Bettladen auf einer Bücherkiste hockte, den Blick fest in die graue, unsichtbare Ferne gerichtet. Neben ihm saß Mutter Bibost, ein Körblein Eier auf ihrem Schoß haltend, das sie ängstlich gegen Erschütterungen und Stöße zu hüten suchte. Die gute Frau hatte es sich nicht nehmen lassen, den Umzug ihres einstigen Schützlings zu überwachen.

„Ist Ihnen nicht kalt, Herr Pfarrer?“ wandte sie sich besorgt an den Priester. „Sie zittern ja. Nehmen Sie doch eine Decke um!“

„Nein, Mutter Bibost, mich friert nicht!“ antwortete Vianney einsilbig. All seine Gedanken eilten dem langsamen Gefährt voraus, dem so heiß ersehnten Ziel entgegen.

„Ob wir auch nichts vergessen haben?“ begann die Frau nach einer Weile wieder und musterte noch einmal die kärgliche Fracht.

„Es wird an nichts fehlen!“ erwiderte der Priester zerstreut. Dann griff er nach seinem Rosenkranz, und die Gewürzhändlerin, die sich ganz gern ein bißchen unterhalten hätte, tastete seufzend nach dem ihrigen. So setzten sie schweigend die lange Reise fort.

Gegen Mittag machte man an einer Wegkreuzung rast. Melin fütterte seine Kühe, und Mutter Bibost kramte ein Zehrbrot aus einem der Körbe. Nachdem man sich ein wenig gestärkt hatte, drängte Johannes zur Weiterfahrt. Der Seitenweg, den man jetzt einschlug, war zum Erbarmen schlecht. Tief sanken die Räder in den morastigen Grund, und mehr als einmal mußte Melin ein paar Stücke Holz unterlegen, um aus dem Schlamm herauszukommen, in dem man steckengeblieben war.

„Ich will nun vorausgehen!“ seufzte Vianney schließlich ungeduldig. „Ihr könnt mit dem Wagen nachkommen.“

„Ist recht!“ nickte der Schwager. Mutter Bibost aber wollte den Priester nicht allein ziehen lassen und trottete wacker neben ihm her.

Der Nebel hatte sich ein wenig gelichtet. Man hatte das Saonetal verlassen und stieg nun zu den Höhen der Dombes hinan. Bewaldete Hügel hoben sich aus dem trüben Licht. Hie und da blinkte ein Wasserspiegel herüber, auf dem die letzten, schmutzigen Eisschollen schwammen.

Der Weg wurde grundlos. Man versank bei jedem Schritt im Schlamm. Schuhe und Kleidersaum hatten schon eine dicke Schmutzkruste. Zuweilen gabelte sich der Pfad, und da es an Wegweisern fehlte, wußte man bald nicht mehr, wohin man sich zu wenden habe. Aber seit man das Dorf Toussieux hinter sich gelassen hatte, traf man auf keine Menschenseele mehr.

„Hier scheint wirklich die Welt zu Ende zu sein!“ seufzte Mutter Bibost. „Daß man Sie aber auch in einen so verlorenen Winkel schicken muß. Das haben Sie doch nicht verdient! Wären Sie nur in Ecully geblieben.“

„Die neue Stelle ist sicher noch viel zu gut für mich!“ antwortete der Pfarrer. „Eine bessere habe ich auf keinen Fall verdient, und wo ein Priester ist, da ist auch der liebe Gott.“

„Wenn nur jemand da wäre, den man nach dem Weg fragen könnte!“

„Gott wird schon jemanden schicken.“

Wirklich entdeckten sie bald darauf einen Jungen, der auf einer Wiese am Hang ein paar Schafe hütete.

„He, kleiner Freund“, rief Vianney ihn an, „kannst du uns den Weg nach Ars weisen?“

„Hä?“ fragte der Bub, der nicht verstand.

„Nach Ars wollen wir!“ verdolmetschte die Händlerin, die den Dombesdialekt ein wenig beherrschte.

„Nach Ars? Dann sind Sie wohl der neue Pfarrer?“ begriff der Kleine.

„Ja, ganz recht!“ nickte Vianney. „Wie heißt du denn?“

„Anton Givre!“ antwortete der Junge. Dann warf er einen abschätzenden Blick auf die beiden, wobei er überlegte, ob wohl ein paar Sous zu verdienen seien. „Ich bring Sie nach Ars!“ sagte er endlich.

„Und deine Schafe?“

„Die laufen nicht fort.“

„Aber eigentlich solltest du deine Schafe nicht allein lassen. Der Wolf könnte kommen und die Schafe zerreißen.“

„Hier gibt es keine Wölfe!“ grinste der Junge über sein breites, sommersprossiges Gesicht.

„Sag mal, kennst du Ars?“

„Wie meinen Hosensack! Für Sie gibt es da wenig zu tun. In die Kirche laufen die Leute nicht viel, lieber schon ins Wirtshaus, wenigstens die Männer. Ist das Ihre Frau?“ fragte er mit einem Blick auf die Händlerin.

„Aber ein Priester hat doch keine Frau! Weißt du das denn nicht?“

„Hat er keine? Dann wird sie wohl Ihre Köchin sein.“

„Gehst du denn auch nicht zur Kirche, Anton?“ forschte der Priester.

„Wir haben doch keinen Pfarrer. Der letzte, den wir hatten, hat sich die Schwindsucht an den Hals geärgert und ist nach drei Wochen gestorben.“

„Aber jetzt wirst du doch wieder in die Kirche gehen, wo ihr einen neuen Pfarrer habt?“

„Wozu? Ich weiß doch schon alles.“

„Dann sag mir mal die Personen der Heiligen Dreifaltigkeit!“

„Jesus, Maria, Josef!“ antwortete der Bub selbstbewußt.

„Mein Gott und alles!“ entrüstete sich die brave Frau.

„Bist du schon zur ersten heiligen Kommunion gegangen?“ fragte der Priester weiter.

„Was ist das, Kommunion?“ fragte der Hütejunge verlegen.

„Ich werde dich unterrichten!“

„Dazu habe ich keine Zeit. Ich muß Schafe hüten.“

„Für den lieben Gott muß man immer Zeit haben.“

Man ging jetzt einen Bach entlang, der sich zwischen Ulmen und Weiden daherschlängelte. Schließlich tauchten ein paar erdgraue Hütten aus dem Dunst auf, von einer kleinen elenden Kirche überragt, in deren armseligen Holzturm eine kleine Glocke hing.

„Das ist Ars!“ erklärte der Junge. „Hier fängt Ihre Pfarrei an.“

Da hielt Vianney seinen Schritt an, kniete in den Schmutz und Schlamm nieder und betete.

„Was machen Sie denn da?“ fragte der Junge. „Sie machen sich ja ganz dreckig.“

Der Priester gab keine Antwort, verharrte im Gebet, die gefalteten Hände emporgehoben.

„Ich habe zum Schutzengel meiner neuen Pfarrei gebetet“, sagte er, als er sich wieder erhob.

„So was!“ brummte der Bub. Als sie die Dorfstraße hinaufzogen, wies er auf ein verwahrlostes Haus. „Das ist der ‚Wilde Mann‘. Wir haben aber noch drei andere Wirtshäuser.“

„Vier Wirtshäuser in so einem Nest!“ entrüstete sich Mutter Bibost.

„In dem Hof drüben wohnt unser Bürgermeister Mandy“, erklärte der Junge weiter. „Das ist ein frommer Mann, und reich! Drei Kühe hat er und eine Menge Schafe. Da wohnt Michael Cinier. Der ist auch im Gemeinderat.“ Vor einer Schmiede wurde ein Pferd beschlagen. „Das ist Meister Picard, und der Mann mit dem Gaul ist der Fuhrmann Betun. Der ist fast immer besoffen.“

Die beiden blickten von ihrer Hantierung auf, als sie den Priester gewahrten. Der Schmied rückte ein bißchen an seiner Mütze. Der Fuhrmann, der auch an diesem Tag nicht ganz nüchtern war, tat ein paar torkelnde Schritte auf Vianney zu und grinste: „Wohl der neue Pfarrer, was?“

„Erraten!“ nickte Vianney. „Aber Sie scheinen ja am hellen Tag schon betrunken zu sein?“

„Keine Spur bin ich betrunken!“ lallte der Mann. „Aber wenn ich einen Pfaffen sehe, wird mir immer ganz schwarz vor den Augen. Der Teufel soll Sie holen oder die Schwindsucht wie Ihren Vorgänger!“

„Hören Sie nicht auf ihn!“ begütigte der Schmied. „Er hat drüben in der ‚Zornigen Ameise‘ des kalten Tages wegen ein bißchen eingeheizt. Nichts für ungut! Wir Arser sind nicht fromm, aber wenn uns der Pfarrer in Ruhe läßt, tun wir's auch.“

„Ich bin aber nicht gekommen, Sie in Ruhe zu lassen!“ antwortete Vianney entschieden.

„Dann scheren Sie sich zum Teufel!“ grölte der Trunkene und hob die Peitsche. Picard riß sie ihm mit seiner starken Faust aus der Hand und schob sie zurück.

„Sie tun gut, Herr Pfarrer, fürs erste nicht zu rauhe Saiten aufzuziehen. Strenge Herren regieren nicht lange. Aber nichts für ungut! Wünsche guten Einstand.“

„Danke Ihnen, mein Freund!“ nickte der Priester.

„Da drüben ist Ihr Pfarrhaus.“

„Ich will mir erst die Kirche ansehen.“

„Ja, nun sind Sie am Ziel!“ machte der Junge sich aufs neue bemerkbar und hielt die Hand, die Fläche nach oben, hin.

„Du hast mir den Weg nach Ars gezeigt“, antwortete der Pfarrer.

„Ich will dir dafür den Weg zum Himmel zeigen."

„Ein paar Sous wären mir lieber gewesen!" brummte der Bub. Aber Mutter Bibost schenkte ihm ein Ei.

„Ein Ei ist nicht viel für den langen Weg!" murrte Anton. „Aber der Pfarrer scheint ein armer Mann zu sein und nicht ganz richtig im Kopf." Damit sprang der Rotkopf grinsend davon.

Indes stieß der Pfarrer das Tor seiner Kirche auf. Verödet lag das Heiligtum, in dem seit Wochen kein Gottesdienst mehr gehalten worden war. Die Kirche war ohne Beter, der Altar ohne Schmuck. Alles starrte vor Schmutz. Das ewige Licht war erloschen. Vianney wußte nicht, ob das Allerheiligste noch im Tabernakel war. In der Sakristei fand er den Schlüssel. Er öffnete die Altartür. Ja, der Herr wohnte noch in seinem Haus. Vianney beugte ehrfürchtig das Knie. Dann füllte er das Tabernakellicht mit Öl, das in einem Winkel der Sakristei stand, und entzündete feierlich die kleine Flamme. Das heilige Licht sollte wieder brennen in Ars.

Er warf sich auf die Stufen des Altares nieder, barg das Gesicht in die Hände und – weinte.

Nach langem Warten berührte Mutter Bibost seine Schulter und mahnte: „Wir müssen jetzt ins Pfarrhaus. Es wird bald dunkel."

„Nein, nein, es wird hell werden, ganz hell!" antwortete der Priester.

Als sie aus der Kirche traten, lief ihnen eine Frau entgegen, begrüßte den Pfarrer und sagte: „Ich bin Frau Renard und habe den Schlüssel vom Pfarrhaus. Die Schwester Ihres armen Vorgängers hat ihn mir hinterlassen. Kommen Sie nur mit! Gott sei Dank, daß wir wieder einen Pfarrer haben!"

„Sie sind die erste, die sich über mein Kommen zu freuen scheint!" antwortete Vianney, schmerzlich lächelnd.

„O, es sind noch mehr, die sich freuen!" erklärte die gute Frau eifrig. „Aber jetzt sind wir schon da."

Das Pfarrhaus von Ars war ein nicht sehr geräumiges, zweistöckiges Haus, aus roten Backsteinen gebaut. Fünf Zimmer hatte es mit je einem Fenster.

Ein kleiner Garten schloß sich ans Haus an.

„Sie werden alles zu Ihrer Zufriedenheit finden!" versicherte Frau Renard. „Nur muß natürlich noch eingeheizt werden. Wenn ich doch gewußt hätte, daß Sie heute schon kommen, dann hätten Sie alles behaglicher angetroffen.

„Ach, ich lege eigentlich gar keinen Wert darauf, es behaglich zu haben!“ antwortete der Priester. „Deshalb machen Sie sich nur keinen Kummer!“

„O, es ist wirklich sehr schön!“ Frau Bibost strich wohlgefällig mit ihrer Hand über die Möbel, mit denen das Pfarrhaus ausgestattet war. Da war im Erdgeschoß eine geräumige Küche mit gutem Herd, Pfannen und Töpfen und anderem Gerät. Daran angrenzend das Speisezimmer mit Büffett, Vertiko, einer großen Standuhr, geschnitztem Eichentisch, grünen Polsterstühlen und prunkvollem Sofa. Eine Steintreppe führte ins Obergeschoß zum Zimmer des Pfarrers, das wiederum recht behaglich eingerichtet war. Hier stand ein mit Schnitzwerk gezierter Schreibtisch, ein mit rotem, siamesischem Tuch bezogener Lehnsessel, eine Ottomane mit kostbarer Seidendecke, ein Bücherschrank aus Nußbaumholz, ein Tisch mit fein gedrechselten Füßen, der auf einem roten Veloursteppich stand. Auch die beiden angrenzenden Schlafzimmer mit prächtigen Himmelbetten waren aufs beste ausgestattet.

„Das ist wirklich sehr schön!“ wiederholte Mutter Bibost.

Aber Pfarrer Vianney schüttelte bekümmert den Kopf. „Das ist viel zu schön für mich. Das kann so nicht bleiben.“

„Sie werden es nicht ändern können“, widersprach Frau Renard. „Die ganze Einrichtung stammt vom Schloß. Fräulein von Garets hat die Sachen schon Ihrem Vorvorgänger überlassen.“

„Nun, ich brauche sie nicht!“ antwortete der Priester entschieden. Dann ging er abermals in die Kirche, wo er vor dem Tabernakel niedersank und sich aufs neue samt seiner Gemeinde dem Schutz des Herrn empfahl.

Indessen zündete Frau Renard Feuer in den Öfen an, während Mutter Bibost mit Hilfe der wohlversorgten Speisekammer ein Mahl bereitete. Doch mußte sie noch viel Geduld haben, bis der Pfarrer endlich zurückkam und bescheiden genug zulangte.

„Es scheint, daß die Leute von Ars besser für ihren Pfarrer sorgen als für den Heiland“, sagte er bekümmert. „Die Kirche befindet sich in schlechtem Zustand und sieht recht verwahrlost aus. Auch ist sie sehr klein.“

„Ach, sie ist noch viel zu groß für Ars, das werden Sie sehen!“ seufzte Frau Renard.

Der Pfarrer stand auf und trat ans Fenster, das einen Blick auf das Gotteshaus gewährte.

„Sie wird die Menschen nicht alle fassen, die einst hierherkommen werden", sagte er mit einer Stimme, die die beiden Frauen aufhorchen ließ. Sein Blick schien in weite Ferne verloren.

Es war schon dunkel, als der Bauernkarren endlich beim Pfarrhaus anlangte. Sorgsam wurde unter Mutter Bibosts Anweisung abgeladen und die Fracht in Keller, Speicher und Wohnräume gestellt.

„Du mußt morgen noch einmal einen kleinen Umzug vornehmen", sagte der Priester dem staunenden Schwager. „Ich will das alles hier fortschaffen lassen", setzte er, auf die prunkvollen Möbel deutend, hinzu.

„Aber warum denn?" schüttelte Melin den Kopf. „So fein hat es noch nicht einmal der Pfarrer in Ecully."

„Ebendrum will ich es auch nicht so vornehm haben. Die Leute aus dem Dorf könnten sich ja vor meinen Teppichen und Polsterstühlen fürchten, wenn sie mit ihren groben Holzschuhen den Pfarrer aufsuchen."

In der Nacht säuberten die Frauen auf des Pfarrers dringende Bitte das Gotteshaus vom ärgsten Schmutz. Sie schafften noch immer, als Johannes Vianney lang vor Sonnenaufgang ins Heiligtum trat und sich vor den Stufen des Altares niederkniete.

Stunde um Stunde verharrte er im Gebet. Er bat Gott, ihm doch die Seelen des so lange schlecht gehüteten Dorfes zu schenken.

Als es Tag wurde, stand Vianney auf und läutete die kleine Glocke. Überall horchte man auf, als ihr Ruf über die Dächer schwang.

„Wir haben also wieder einen neuen Pfarrer!" sagten die Leute von Ars und gingen wie alle Tage ihrer Arbeit nach. So lange Vianney auch am Glockenstrang zog, es erschienen nur einige alte Frauen zum Gottesdienst. Der Bauer Melin diente ihm beim ersten heiligen Opfer.

Einige Stunden später meldete man der Schloßherrin von Ars, der neue Pfarrer sei da.

„Das ist sehr höflich von ihm", nickte das zarte, vierundsechzig Jahre alte Persönchen. „Es scheint ein Mensch von guter Lebensart zu sein."

„Ich weiß nicht recht", schüttelte Saint-Phal, wie man in Ars den alten treuen Diener nannte, den weißen Kopf. „Er ist mit einem Kuhwagen gekommen, der bis unter die Plane mit Möbeln beladen ist."

„Das ist freilich merkwürdig", nickte Anna von Garets. „Aber führe den Herrn doch gleich zu mir!"

Eine Weile musterte Johannes Vianney die Schloßherrin, die in ihrem schwarzen Spitzenkleid und dem zierlichen Spitzenhäubchen ihm freundlich entgegentrat, und auch die Edeldame betrachtete prüfend die ernsten Augen und das hagere Gesicht des neuen Seelsorgers.

„Ich bin gekommen, Ihnen meine Aufwartung zu machen“, sagte der Priester mit edlem Anstand.

„Ich bin sehr froh, daß Ars wieder einen Pfarrer hat“, nickte das Spitzenhäubchen. „Hoffentlich sind Sie gesund. Ihr Vorgänger war ein armer, kranker Mann, den wir nach wenigen Wochen auf den Friedhof tragen mußten. Lange werden Sie ja hier auch nicht bleiben. Dafür ist unsere Gemeinde doch zu armselig. Nie hat ein Pfarrer es lange bei uns ausgehalten.“

„Nun, ich verlange nichts Besseres!“ erwiderte Vianney lächelnd.

„Ich hörte, Sie seien mit einem merkwürdigen Gefährt hergekommen?“

„O, es ist nur der Wagen meines Schwagers!“ antwortete der Priester. „Ich möchte Sie bitten, Ihre Möbel bis auf einige Stücke, für deren Überlassung ich Ihnen dankbar wäre, zurückzunehmen.“

„Sind Sie Ihnen nicht gut genug?“ Ein Schatten huschte über das schmale Gesicht des Schloßfräuleins.

„Ach, viel zu gut! Ich bin ein armer Bauernsohn und fühle mich nicht heimisch unter soviel Samt und Seide. Daheim habe ich stets im Kuhstall geschlafen.“

„Nun, wie Sie wollen!“ sagte das Fräulein. Sie griff nach einem Klingelzug und gab dem eintretenden Diener Anweisung, das Gefährt abladen zu lassen.

„Wenn Sie statt dessen ein wenig helfen würden, das Gotteshaus besser auszustatten, wäre ich Ihnen herzlich dankbar“, bat Johannes Vianney. „Die Paramente sind sehr ärmlich, die Altardecken und das Tuch der Kommunionbank sehr schlecht. Ich möchte ja nicht unbescheiden sein, aber man darf doch unseren lieben Herrn nicht wie einen Bettler behandeln.“

„Ich werde in den nächsten Tagen einmal sehen, was ich tun kann“, versprach die Dame bereitwillig. „Aber nun nehmen Sie erst einmal Platz. Wir wollen uns ein wenig über Ihre neue Pfarrei unterhalten.“

Als Pfarrer Vianney eine Stunde später das Schloß verließ, tat er es in dem freudigen Bewußtsein, eine edle, opferbereite Seele gefunden zu haben.

„Wenden Sie sich bitte auch künftig mit all Ihren Sorgen an mich!" hatte Anna von Garets ihm zum Abschied gesagt. Lange blickte sie dem Pfarrer nach, der unter den hochstämmigen Buchenbäumen wieder seinem Dorf zuschritt. „Der Bischof hat uns einen guten und eifrigen Priester geschickt", sagte sie zu ihrem vertrauten Diener. „Er will nichts für sich, fordert aber alles für seine Kirche und den Heiland. Ars kann sich Glück wünschen zu einem solchen Seelsorger."

„Ja, ja", nickte Saint-Phal, „er hat treue Augen, die Augen eines guten Hirten hat der neue Pfarrer von Ars."

Am Sonntag, dem 13. Februar, wurde Johannes Vianney durch den greisen Pfarrer Ducreux von Misérieux in sein Amt eingeführt. Eigentlich war Ars keine selbständige Seelsorgsgemeinde, sondern nur eine Nebenpfarrei von Misérieux, aber man gab ihrem Hirten, der sich nur hätte Kaplan nennen dürfen, doch allgemein den Titel „Pfarrer".

Zum Fest der Einführung fand sich fast das ganze Dorf ein. Man wollte doch sehen, was für einen Herrn man in Zukunft haben würde.

„Viel wird's nicht sein", meinte der Bauer Villiers. „In ein Nest wie das unsere hat man seither nur kranke Priester geschickt, oder solche, mit denen man in der Stadt nichts anfangen kann."

„Einen gelehrten Herrn brauchen wir nicht", antwortete Peter Lassagne kopfschüttelnd.

Wirklich stand die ganze Gemeinde wenig später in großer Erwartung unter dem Predigtstuhl. Viele, die lange Zeit das Gotteshaus nicht betreten hatten, hatte die Neugierde herbeigeführt. Sogar der Wirt zur „Zornigen Ameise" war erschienen und lugte mit abschätzendem Blick zu dem Priester empor, der nun, bleich, schmal und kaum mittelgroß, über der Brüstung erschien.

Stockend begann Johannes Vianney. Dann aber ließen ihn sein heiliger Eifer und seine große Liebe leichter und eindringlicher reden. Alles, was er sagte, war schlicht und so einfach in Inhalt und Form, daß auch das einfältigste Gemüt ihn verstand.

Von jenen Tagen sprach der Pfarrer, da er als Hirtenbub im Amselliedgrund seines Vaters Herde gehütet habe. O, es sei schon eine große Aufgabe für einen kleinen Jungen gewesen, die Schafe zur rechten Weide zu führen, sie vor Giftpflanzen zu bewahren, sie aus den Dornen zu lösen, wenn sich eines ins Gestrüpp verirrte, und dem kranken und siechen Tierlein zu helfen. Manchmal habe er eines von ihnen auf seiner Schulter heimtragen müssen. Auch den Stecken habe er zuweilen gebrauchen müssen, wenn eines der Tiere nicht mehr folgen wollte.

„Nun hat mich der Bischof aufs neue zum Hirten gemacht", fuhr Vianney mit Wärme fort. „Wieder habe ich ein Amt übernommen, das mich mit Sorgen erfüllt und eine große Verantwortung auf meine Schultern legt; denn es ist wiederum meines Vaters Herde, die ich hüten soll. Euer Hirt hat den heiligen Willen, euch auf die rechte Weide zu leiten, euch vor Irrwegen und vor dem Gift der Seele zu bewahren, euch zu lösen aus dem Dornengestrüpp der Sünde und heimzutragen in Gottes heiligen Willen. Ich komme zu euch mit aller Hirtenliebe, aber auch mit unerbittlicher Hirtenstrenge. Der Hirtenstab ist mir nicht umsonst in die Hand gegeben, und ihr könnt gewiß sein, daß ich nicht nur euren guten Willen loben, sondern auch eure Fehler ernst und ohne Nachsicht rügen werde."

Ein wenig befremdet schauten die Männer sich an, und die „Zornige Ameise" räusperte sich bedenklich. Doch waren auch viele von den Worten des neuen Pfarrers ergriffen, zumal er jetzt mit bebender Stimme hinzufügte: „Ich kniete vor eurem Tabernakel nieder und habe Gott gebeten, mir doch die Bekehrung meiner Gemeinde zu gewähren. Und auch in dieser Stunde sage ich es wieder aus aller Kraft meiner Seele und aus ganzem Herzen: Ich bin bereit, o Gott, alles, was du über mich verhängen magst, zu leiden bis zum Ende meines Lebens."

Schweigend verließen die Gläubigen nach der Feier das Gotteshaus. Viele, vor allem unter den Frauen, waren bis ins Herz bewegt. Auch mancher der Männer ging nachdenklich heim, die meisten freilich verteilten sich in die vier Wirtshäuser, um sich einmal über den neuen Pfarrer zu besprechen.

„Ganz gut soweit!" meinte die „Zornige Ameise". „Ganz passabel hat er gesprochen, obschon man natürlich in den Städten bei weitem besser und eleganter predigt."

„Er hat ein bißchen viel von sich selbst gesprochen, und so was tut man nicht", meinte der Dorfschneider.

„Ja, ganz meine Meinung, Nachbar!" pflichtete der Wirt ihm bei. „Wir wollen nur hoffen, daß er kein Polterer und Scharfmacher ist, sonst wird er nicht alt in unserem Dorf. Noch ein Gläschen gefällig?"

Bürgermeister Mandy, ein kluger und bedächtiger Mann, aber sagte zum Gemeinderat Cinier, mit dem er heimkehrte: „Wir haben eine armselige Kirche, aber ich glaube, wir haben einen heiligmäßigen Pfarrer bekommen."

LICHT UND FINSTERNIS

1818

Schweren Herzens verließ Mutter Bibost bald nach dem Fest der Einführung ihren Schützling, da ihre Geschäfte sie nach Ecully zurückriefen, doch vertraute sie der Witwe Renard, die im Nachbarhaus wohnte, die Sorge für den Pfarrer an.

„Er wird Ihnen nicht viel Arbeit machen“, versicherte sie, „er ist ja so anspruchslos.“

Gern übernahm die gute Frau, die sich mit ihrer Tochter recht und schlecht als Weißnäherin durchschlug, die ihr zugedachte Aufgabe. Als Mutter Bibost sie aber vor ihrem Abschied noch einmal durch die Zimmer führte, schüttelte sie traurig den Kopf.

„Ach, warum hat der Pfarrer nur all die schönen Möbel vom Schloß fortschaffen lassen! Das Haus sieht ja aus wie ein gerupfter Vogel, so arm und dürftig.“

„Er will es einmal so“, seufzte die Händlerin. „Je armseliger es um ihn her ist, um so wohler fühlt er sich. Aber bitte, Frau Renard, achten Sie doch darauf, daß er sich nicht völlig zugrunde richtet!“ Die Näherin versprach hoch und heilig, für den Pfarrer zu sorgen, als wäre er ihr eigen Kind.

„Hab ja selbst einen Sohn im Großen Seminar in Lyon“, fügte sie stolz hinzu.

Keineswegs mangelte es an den nötigen Vorräten; denn das Fräulein vom Schloß hatte die Speisekammer mit allem Notwendigen wohl versorgt. So machte sie sich denn am nächsten Morgen mit allem Eifer an ihre Küchenarbeit, hantierte mit Töpfen und Pfannen, ihrem Herrn eine gute Mahlzeit zu bereiten. O, er würde schon zufrieden sein mit seiner neuen Köchin.

Johannes Vianney saß in der Sakristei und bereitete seine Sonntagspredigt vor. Einen Arm voll Bücher hatte er hierhergeschleppt und liebevoll stellte er das kostbare Vermächtnis seines ersten Pfarrers auf einem Tisch vor sich auf. Da waren die Predigtwerke von Le Jeune, von Joly, von Bonnardel, das „Innere Leben“ von Rodriguez, eine Heiligenlegende, der Katechismus von Trient. Stunde um Stunde studierte der Priester, machte sich Notizen, suchte nach erbaulichen Beispielen. Schließlich stand er auf, warf sich vor dem Tabernakel nieder und dachte in Betrachtung und Gebet das Gelesene durch. Dann erst kehrte er in den Ankleideraum zurück, tauchte mit einem Seufzer den Federkiel ins Tintenfaß und begann zu schreiben.

Blatt um Blatt füllte er mit seiner feinen und doch eiligen Schrift, warf zwischendurch hilfesuchend einen Blick zum Tabernakel, von wo der Schein der ewigen Lampe kam. Als er endlich nach harter, schwerer Arbeit das letzte Amen schrieb, war die Mittagsstunde längst vorüber.

Frau Renard suchte indessen verzweifelt die Küchlein, die sie gebakken hatte, vor dem Anbrennen zu bewahren. Erleichtert atmete sie auf, als sie endlich die eiligen Schritte des Priesters vernahm.

„Ach, ich habe eigentlich gar keinen Hunger", sagte Vianney.

„Aber Sie müssen doch essen!" erwiderte die Näherin energisch. „Ich habe Eierkuchen gebacken; die Mutter Bibost sagte, das wäre Ihre Lieblingsspeise."

Zerstreut verzehrte Vianney zwei der kleinen Küchlein, schob dann den Teller zur Seite und sagte: „Liebe Frau Renard, Sie machen sich zuviel Mühe mit mir. Ich weiß, daß Sie von Ihrer Näherei leben müssen und sogar noch Ihren Sohn davon studieren lassen. Bleiben Sie in Zukunft ruhig zu Hause. Ich werde auch allein fertig."

„Aber das ist doch ganz unmöglich!" begehrte die Witwe auf. „Sie können doch nicht selbst kochen!"

„Ich habe als Hirtenjunge oft genug mein Mahl bereitet. Aber wenn Sie es gar nicht anders wollen, dann kochen Sie mir morgen einen Topf voll Kartoffeln!"

„Kartoffeln?"

„Ja, in der Schale! Legen Sie die dann in den geflochtenen Eisenkorb und kommen Sie in drei, vier Tagen wieder. Dann habe ich ja, was ich brauche. Im übrigen können Sie in aller Ruhe Ihrer Näherei nachgehen."

Frau Renard weigerte sich entschieden gegen diese seltsame Zumutung. Aber Vianney beharrte so nachdrücklich auf seinem Willen, daß sie schließlich nachgab. Von da an war die Ernährungsfrage für den Pfarrer von Ars gelöst. Der Speisezettel war alle Tage der gleiche. Wenn Vianney Hunger verspürte, langte er ein paar Kartoffeln aus dem Korb, schälte sie und aß sie mit ein wenig Salz. Wenn er sich dann noch ein Ei dazu kochte oder gar einige Eierküchlein buk, hielt er sich schon für einen Schlemmer.

Solange noch eine Kartoffel da war, wies er seine Köchin ganz entschieden zurück und hieß sie, in einigen Tagen einmal wieder nachzuschauen. Indessen versorgte die Frau ihn wenigstens täglich mit gutem, selbstgebackenem Weißbrot, das zu ihrer Zufriedenheit dann auch stets am anderen Tag aufgezehrt war.

Eines Morgens aber war sie Zeugin eines seltsamen Tausches. Ein alter Vagabund stand bei der Tür des Pfarrhauses, und Vianney reichte ihm gerade einen frischen, duftigen Laib Brot, wobei er lächelnd sagte: „Du hast schon recht wackelige Zähne, und viele sind überhaupt nicht mehr da. Da wird dir mein Weißbrot wohl bekommen."

„Ich hab noch ein paar Brotkrusten", erwiderte grinsend der Alte. „Aber Sie haben recht, ich kann sie kaum mehr beißen."

„Ich hab noch gesunde Zähne!" lachte der Priester. „Gib sie mir!" Der Stromer kramte aus seinem schmutzigen Bettelsack ein paar uralte, steinharte Brocken, die er dem Pfarrer hinreichte.

„O ja, die sind noch sehr gut. Wenn ich sie ein wenig aufweiche, kann ich sie essen."

Der Vagabund war mit dem Tausch herzlich einverstanden und humpelte unter Dankesworten davon.

„So gehen Sie also mit meinem schönen Weißbrot um!" schüttelte die Näherin den Kopf. „Der Tagedieb hätte seine Krusten selbst aufweichen und essen können."

„Sprechen Sie nicht so von ihm!" erwiderte Vianney streng. „Es ist doch unser lieber Herr selber, der als Bettler zu uns kommt. Für ihn ist doch das Weißbrot nicht zu schade."

„Na, ich meine, ‚unser lieber Herr' roch heftig nach Branntwein!" empörte sich die Frau.

„Ich habe es nicht bemerkt! Außerdem ist heute ein kalter, nasser Tag, und wenn einer den ganzen Tag auf der Landstraße liegt, kann man ihm ein Schnäpschen nicht verdenken."

Brummend verzog sich Frau Renard in die Küche, um nach dem Kartoffelvorrat zu schauen. Nach einer Weile erschien sie abermals, ein paar der Knollen in ihrer Hand haltend.

„Die wollen Sie noch essen? Die sind doch schon ganz schimmelig!" sagte sie vorwurfsvoll.

„Ich esse sie ja nicht mit der Schale", wehrte sich Vianney. „Sie sind wirklich noch gut. Und nun lassen Sie mich in Frieden, ich habe zu tun."

„In der Vorratskammer ist auch nichts mehr! Sie haben wohl alles verschenkt!“ Die energische Frau ließ sich so leicht nicht vertreiben.

„Ach, es waren ein paar hungrige Handwerksburschen da!“ erklärte der Priester verlegen.

Frau Renard ging kopfschüttelnd von dannen, kam aber bald darauf zum drittenmal.

„Sie sind bestohlen worden!“ rief sie händeringend. „Ihre Matratze und das ganze Bettzeug ist fort. Ich will gleich den Polizisten benachrichtigen.“

„Unsinn!“ antwortete Vianney. „Ich hab das Zeug einem Zigeuner geschenkt, der gestern durchs Dorf fuhr. Der arme Kerl hatte für sein krankes Weib kein Bett.“

„Und Sie, wo schlafen Sie?“

„Ach, irgendwo! Es ist doch ganz gleich!“

Bald entdeckte Frau Renard, die das ganze Haus absuchte, welches Lager der Pfarrer zum Schlafen benutzte. Auf einem Haufen Reisig im Keller fand sie ein paar Kartoffelsäcke ausgebreitet. Das war offensichtlich seine Bettstatt.

„Man schläft gut im Keller“, versicherte Vianney.

„Sicher, ganz ausgezeichnet!“ entrüstete sich die Näherin. „Die Ratten und Mäuse tanzen um Sie herum, und von den Wänden tropft das Wasser; so feucht ist es da unten. Sie richten sich ja mit Gewalt zugrunde.“

„Unser Heiland hatte oft nicht einmal ein Reisigbündel, wohin er sein Haupt hätte legen können!“ antwortete Vianney ernst.

Was war da zu machen? Der guten Frau standen die Tränen in den Augen. Aber sie sagte nichts mehr und ging bekümmert davon.

„Es ist doch schwer, einen Heiligen zu bedienen!“ gestand sie unter vielen Seufzern ihrer Tochter, als sie aus dem Pfarrhof heimkehrte.

Indessen arbeitete Vianney ohne Unterlaß. Man hätte die kleine Gemeinde, die kaum siebzig Häuser zählte, für ein „Sinecure“ halten und glauben können, ihr Pfarrer hätte da wohl ein gemütliches Amt. Wirklich hatte die Behörde vielfach kränkliche und erholungsbedürftige Priester in den armseligen Ort geschickt. Aber Johannes Vianney gönnte sich keine Ruhe.

Hart schaffte er an seiner Predigt. War die Ausarbeitung und Niederschrift schon schwer genug, so kam es ihn doch noch viel härter an, den Text auswendig zu lernen. Auf dem kleinen Platz hinter der Kirche ging er oft stundenlang unter den Nußbäumen auf und ab und memorierte halblaut vor sich hin. Trotzdem tat er sich auf der Kanzel am Sonntag dann noch schwer genug, und oft ließen seine Zuhörer mißmutig die Köpfe sinken, wenn das Wort Gottes gar so stümperhaft stockend über seine Lippen kam. Erst wenn ihn der heilige Eifer packte und er sich von seinem Manuskript frei machte, ging es leichter.

Das fuhr dann oft mit Donner und Blitz auf die Gemeinde nieder, wenn er mit überlauter Stimme die Laster anprangerte und von den furchtbaren Strafen sprach, die den Unbußfertigen treffen würden. Die Gutwilligen freilich spürten auch aus seinem Zorn seine tiefe, echte Hirtenliebe.

„Warum schreien Sie beim Predigen immer so laut?“ fragte ihn eines Tages das Schloßfräulein. „Beim Beten sprechen Sie doch so leise.“

„Ja, das ist so“, erwiderte Vianney lächelnd, „der liebe Gott hört auch den leisesten Hauch, aber die Sünder sind oft sehr schwerhörig.“

„Nun, nun“, begütigte Anna von Garets, „treiben Sie es nur nicht zu arg. Hat schon manch einer die Schwindsucht bekommen, wenn er seine Stimme so wenig schonte wie Sie. Übrigens sind viele im Dorf nicht gerade erbaut, wenn Sie gar so arg schelten. Ich meine es gut mit Ihnen, Herr Pfarrer, darum sage ich es Ihnen. Die Bauern von Ars haben harte Schädel und lassen sich nicht gerne zwingen.“

„Ich hab auch einen Bauernschädel. Der ist genau so hart!“ antwortete der Priester. „Ich bin nicht gekommen, mich oder andere zu schonen, und packe fest zu, wenn es sein muß.“

„Nun, wir werden ja sehen!“ seufzte das adelige Fräulein und verließ bekümmert das Pfarrhaus.

Ach ja, es ging schlimm genug. Immer leerer wurde es in der Kirche von Ars, und immer lauter schimpften die Männer in den Wirtshäusern über ihren Pfarrer. Vor allem der Wirt zur „Zornigen Ameise“ schürte das Feuer, soviel er nur konnte, wenn die Männer, statt die Sonntagsmesse zu besuchen, hinter ihrem Schoppen saßen und Karten spielten.

„Die ganze Woche schuftet ihr und rackert euch ab“, hetzte er in seiner Schenke, „und nun kommt so ein Schwarzrock, den der Bischof sonst nirgendwo brauchen kann, und will euch euren Sonntagsspaß verderben, mißgönnt euch das Gläschen, das ihr trinkt und das unschuldige Spielchen. Darf's noch ein Schoppen sein, Nachbar?“

Und die Gäste waren sich alle einig, der Pfarrer werde die Bauern von Ars schon noch kennenlernen.

„Und die Arser ihren Pfarrer!“ donnerte da eine Stimme von der Tür her. Mit blitzenden Augen schritt der kleine Priester an den Schanktischen vorüber. Hie und da duckte sich einer und versteckte die Karten. Andere aber traten dem Pfarrer mit offenem Hohn und Grimm entgegen. Vianney aber ließ sich keineswegs einschüchtern.

„Also hier hockt ihr, derweil der Herrgott in der Kirche vergebens auf euch wartet!“ rief er mit mächtiger Stimme. „Ihr trinkt euch in die Hölle hinein und schlagt mit euren Karten eure Seele tot.“

Solche Rede war Öl ins Feuer der Sonntagsschänder, und wenn dann der Pfarrer die Tür hinter sich ins Schloß geworfen hatte, tobten sie nur um so gewaltiger los und blieben noch länger als sonst in der Kneipe.

An solchen Tagen aber sank dem armen Seelsorger von Ars aller Mut. Vergebens rang er dann vor dem Tabernakel um Kraft und Trost. Müde erhob er sich zu später Stunde von seinen Knien und ging gesenkten Hauptes heim. Dann stand er am offenen Fenster seines Arbeitszimmers und starrte in die Dunkelheit. Von den Schenken her lallte immer noch der Lärm der Trunkenen. Junge Burschen kehrten johlend von einem Kirmestanz aus einem der Nachbardörfer heim, die kreischenden Mädchen im Arm. Zuweilen erkannte einer den Pfarrer beim Fenster und rief ihm ein häßliches Spottwort zu. Das war der Sonntag von Ars, der so schmählich zu Ende ging.

Allmählich erst verstummte das wüste Lärmen. Die Kirmespilger wankten heim, die letzten Zecher torkelten aus den Schenken. Die Lichter erloschen eins ums andere in den Häusern. Nun stand er allein, der Wächter von Ars, ganz allein auf seinem verlorenen Posten, und starrte in die Nacht. Undurchdringlich wurde die Finsternis. Der Himmel hatte keine Sterne.

Plötzlich aber war es dem sinnenden Priester, als wäre er nicht allein. Die Finsternis stand wider ihn auf, ballte sich zusammen zu einem fast körperlich spürbaren Wesen. Ihr Atem wehte ihn an. Sie wuchs ins Riesenhafte, Gespenstische, umlauerte ihn gleich einem Tier, das sich niederduckt, ihn anzuspringen.

O, der Priester kannte den Widersacher, der im Finstern schleicht, einem hungrigen Löwen gleich, suchend, wen er verschlinge!

Wind kam auf, riß knarrend am Gebälk des Kirchturms, ließ die kleine Glocke leise wimmern gleich einem Kind, das aus dem Schlaf aufschrickt. Und eine Stimme rauschte ans Ohr des Einsamen: „Du richtest nichts aus, Johannes Vianney! Du taugst nicht für die Seelsorge!

Geh fort aus Ars, ehe sie dich mit Steinen verjagen! Geh in ein Kloster und werde Kartäuser!“ Ein Lachen gellte von fern her durch die Nacht. War das noch ein verspäteter Wirtshausgast? War es nicht der Böse selbst, der seines ohnmächtigen Gegners spottete?

Der Herzschlag stockte dem Verlassenen. Was sollte werden aus dem Dorf, das seines Hirten Stimme nicht hörte! Was sollte aus ihm werden, dem Verlachten und Gelästerten?

Vianney krampfte die Hände ineinander, versuchte zu beten, aber die Worte erstarben ihm auf den Lippen.

Herrgott, hast du keinen Trost in solcher Nacht? Müde wollte Vianney das Fenster schließen, als er ein Lichtlein erspähte, das aus einem der Chorfenster in die Dunkelheit fiel.

„Herr, laß mich nicht allein in der Stunde der Finsternis!“ flehte der Priester. „Laß mich nicht ganz versinken im Abgrund der Dunkelheit!“

Und auch das Licht, das aus der Kirche fiel, hatte eine Stimme und raunte ihm zu:

„Fürchte dich nicht, ich bin bei dir!“

Da richtete der Pfarrer von Ars sich hoch auf und tat einen schweren Atemzug. Er war entschlossen, den Kampf gegen die höllischen Gewalten aufs neue aufzunehmen und durchzustehen bis zum bitteren Ende.

Unbarmherzig schwang Johannes Vianney wenig später im Keller die Geißel wider sich, daß das dunkle Gewölbe von den Schlägen widerhallte, bis er schließlich halb ohnmächtig auf sein elendes Lager niedersank. In der Nacht aber schreckte er aus unruhigem Schlummer empor, weil es ihm war, als gellte ihm Luzifers Lachen in den Ohren.

Bald nach Mitternacht raffte er sich auf, nahm ein Licht und ging in seine Kirche, warf sich vor dem Tabernakel nieder und schrie zu Gott um Trost und Kraft.

Je weniger seine Worte ausrichteten, um so weniger schonte er sich selbst. Tagelang versagte er sich während der Fastenzeit jegliche Nahrung, und immer unbarmherziger kreuzigte er seinen Leib. Was er besaß, gab er den Armen.

Eines Tages sahen ihn die Leute von Ars von einem Seelsorgsweg barfuß zurückkehren. Er hatte seine groben Bauernschuhe einem Bettler geschenkt.

Zuweilen machte er sich in seiner Ratlosigkeit auf den Weg zu dem greisen Pfarrer von Misérieux, dem er sein Leid klagte.

„Ich bin ein schlechter Hirte“, stöhnte er, „wäre ich ein Heiliger, vermöchte ich das ganze Dorf zu bekehren. Dem Unwürdigen aber versagt Gott seine Gnade."

Erschüttert sah Herr Ducreux den Mitbruder an, dessen Gesicht in wenigen Wochen erschreckend bleich und hager geworden war und aus dessen hohlen Augen eine tiefe Trostlosigkeit sprach.

„Mein armer Freund", begann er mit seiner gütigen Stimme, „Sie nehmen das alles viel zu schwer. Ich weiß, daß in Ars manches im argen liegt, aber es ist nicht schlechter als die meisten Dörfer im Aingebiet. Kein Baum fällt auf den ersten Streich. Haben Sie doch Geduld mit Ihrer Herde, und haben Sie vor allem auch Geduld mit sich selbst und dem lieben Gott. Wie Sie es treiben, werden Sie ich in ganz kurzer Zeit völlig aufreiben. Unsere Mißerfolge sind nun einmal unser Kreuz, und wir müssen es der Güte Gottes überlassen, wann er uns das Kreuz abnimmt. Es gibt doch auch in Ars gewiß viel Tröstliches. Oder sollten dort nur verhärtete Seelen sein?"

„Ich weiß nicht", bekannte Vianney. „Ich sehe immer nur das Böse."

„Das ist Ihr Fehler, lieber Bruder!" erwiderte der Greis lebhaft. „Machen Sie doch die Augen auf, und Sie werden auch das Gute entdekken, das sich freilich nicht auf der Straße breit macht wie das Laster!"

An diese Worte mußte der arme Priester denken, als er am anderen Morgen in aller Frühe seine Kirche aufschloß. Ein alter Bauer stand vor der Tür. Zweifellos war er auf dem Weg zu seinem Acker; denn er hatte Schaufel und Hacke gegen die Mauer gelehnt.

„Grüß Gott, mein Freund!" nickte der Pfarrer ihm freundlich zu. „Was führt Sie denn zu solch zeitiger Stunde ins Gotteshaus?"

„Das ist meine liebste Stunde am Tag", antwortete der fast siebzigjährige Ludwig Chaffangeon. „Ich hole mir vor dem Tabernakel Kraft für mein Tagewerk."

„Und was sagen Sie dem lieben Gott?"

„Ich sage ihm nichts!" erwiderte der Alte. „Ich schaue ihn an, und er schaut mich an!"

Erstaunt blickte der Priester den Bauern an, dann reichte er ihm die Hand und drückte sie lange. Es war ihm, als ströme eine wundersame Kraft von der Greisenhand in ihn über. Das Wort des Alten aber klang in seiner Seele nach wie ein wundersam tröstender Glockenton. Ja, der Pfarrer von Misérieux hatte wohl recht. Es gab gewiß auch des Guten sehr viel, was er in seinem Eifer bisher übersehen hatte.

Die Arser waren nicht blind für die Strenge, die der Pfarrer sich ihretwegen antat, und sie verfehlte ihren Eindruck nicht. Je mehr die Männer in den Wirtshäusern ihn verlästerten, um so mehr erkannten die Gutwilligen den Eifer ihres Hirten, und manch einen traf das herbe oder gütige Wort von der Kanzel doch mitten ins Herz.

Inzwischen fand Vianney einen neuen Weg, der ihn seiner Gemeinde näherbringen sollte.

Er nahm sich der Kinder an, denen es in Ars seit langem schon an einem geregelten Unterricht fehlte. In aller Frühe sammelte er sie um sich und unterrichtete sie in den Wahrheiten des Glaubens, und wenn die Kleinen dann daheim mit strahlenden Augen erzählten, wie mild und herzensfreundlich der Pfarrer gewesen sei, wie schön er erzählen könnte und wie er die Eifrigsten mit Heiligenbildchen belohnt habe, baten mancher Vater und manche Mutter dem Priester heimlich den Groll ab, den sie gegen ihn getragen hatten.

„Wie gut muß der liebe Gott sein, wenn der Pfarrer schon so gut zu uns ist!" sagte die zwölfjährige Katharina Lassagne glückstrahlend ihrer Mutter, und selbst der wilde Franz Pertinand, der älteste Sohn des Gastwirtes „Zur silbernen Rose", wußte den neuen Seelsorger nicht genug zu rühmen.

„Er hat gesagt, ich soll Meßdiener werden", erklärte er stolz. „Morgen abend soll ich ins Pfarrhaus kommen und der Benedikt Trève auch, damit wir die lateinischen Gebete lernen."

Triumphierend verkündete der Bub seine Neuigkeit mitten in die volle Gaststube hinein, so daß mancher der Zecher verwundert den Kopf hob und der Wirt selbst sich zu der Bemerkung verstand: „Na, mit Kindern scheint er ja umgehen zu können."

Ganz unbewußt hatte Vianney den Weg gefunden, der am sichersten zu den Herzen der Eltern führt, die Liebe zu ihren Kindern.

Noch ein anderes sollte die Kluft, die zwischen ihm und seiner Herde klaffte, ein wenig schließen helfen. Johannes Vianney machte sich auf den Weg, seine Pfarrkinder zu besuchen.

Auf seinem ersten Rundgang erkundigte der Pfarrer sich eigentlich nur nach dem Alltäglichen, sprach über die Wirtschaft, ließ sich Ackergerät, Stall und Scheune zeigen, bewunderte das Vieh, machte zuweilen einen sachverständigen Vorschlag, der den ehemaligen Bauern offenbarte, und ließ sich die Kinder vorstellen. Er lobte ihren Fleiß beim Unterricht, bestimmte gelegentlich einen der Buben zum Ministranten und schlug selbst eine kleine Stärkung, die man ihm anbot, nicht ab.

„Eigentlich ist er ein ganz verständiger Mann", stellte man nachher untereinander fest, „wenn er nur auf der Kanzel nicht gar so arg eifern wollte!"

Freilich gab es auch andere, die eilig und verdrossen zur Hintertür entschlüpften, wenn der Pfarrer ins Haus trat. Im „Wilden Mann" und in der „Zornigen Ameise" empfing man den Besuch des Priesters mit offenem Hohn und sagte ihm geradewegs ins Gesicht, daß er in Ars nicht alt werden würde, und daß er nicht auf ihren Kirchenbesuch rechnen könne, solange er gegen die Schenken wetterte.

Bei Pertinand, dem Wirt zur „Silbernen Rose", fand Vianney eine bessere Aufnahme, die sich fast in Freundlichkeit wandelte, als der Priester ein Gläschen Wein nicht ausschlug. Auch Bachelard, der Wirt zum „Goldenen Hirsch", meinte später zu seinen Gästen, der Pfarrer sei doch gar nicht so übel, wie man manchmal glaube. Nur habe er gefordert, daß er seine Gaststube während der Sonntagsmesse geschlossen halte und auch abends rechtzeitig zusperre. Das müsse er sich freilich erst noch einmal reiflich überlegen.

Anderes aber verdarb den guten Eindruck, den der Pfarrer auf seinen Hausbesuchen hinterließ, wieder gründlich. In der Osterzeit hatte er manches Beichtkind, bei dem es offensichtlich an gutem Willen fehlte, ohne Lossprechung entlassen, und als er gar ein paar Kinder, die vor dem Beichtstuhl gelacht und geschwätzt hatten, nicht absolvierte und mit ernster Mahnung nach Hause schickte, wußte es bald das ganze Dorf, und nicht nur die Eltern fühlten sich aufs empfindlichste getroffen.

Andere hingegen hatten gerade im Beichtstuhl den Ernst und die Hirtenliebe ihres Seelsorgers so eindringlich erfahren, daß sie tief erschüttert heimkehrten und des Guten nicht genug zu berichten wußten.

So hallte das Dorf bald von einem Ende bis zum anderen wider von Lob und Tadel. Vianney aber bekümmerte sich weder um das eine, noch um das andere.

Immerhin konnte der Pfarrer nach einigen Monaten feststellen, daß seine Arbeit nicht ganz vergeblich blieb.

„Ich kriege dich doch, Grappin!" sagte er ingrimmig. Sein „Grappin" war niemand anders als der Böse selbst, dem der Pfarrer von Ars Fehde angesagt hatte.

TEUFELSTANZ

1818

Am ersten Tag im August machte der greise Pfarrer von Misérieux sich auf den Weg, um einmal wieder nach seinem Mitbruder in Ars zu schauen. Zu seinem Erstaunen fand er ihn in der Kirche, einen weißen Malerkittel über der Soutane, Gesicht und Hände mit Farben verschmiert. Das Allerheiligste hatte Vianney in die Sakristei getragen. So eifrig war er in sein Werk vertieft, daß er den Abbé Ducreux gar nicht bemerkte, bis ihn der elfjährige Anton Cinier, sein kleiner Ministrant und Malergehilfe, am Ärmel zupfte und auf den Priester hinwies, der bei der Tür stehen geblieben war und zuschaute.

„Was treiben Sie denn da?“ fragte Ducreux nähertretend.

„Ach ja!“ nickte Johannes Vianney, „der Altar ist doch recht altersschwach, und allmählich fressen ihn die Würmer auf. Da hat der Wagner Verchère die morschesten Teile durch neue ersetzt. Er hat's um Gotteslohn getan, der gute Mann. Aber einen Anstreicher habe ich nicht gefunden.“

„Anstreichen tun wir selber“, erklärte der kleine Ministrant selbstbewußt und rührte in einem Eimer mit roter Farbe herum.

Ihr streicht wohl vor allem eure Gesichter an“, lächelte Abbé Ducreux. „Wie Indianer seht ihr aus, die sich für den Kriegspfad bemalt haben.“

„Das macht uns gar nichts!“ grinste der Junge. „Vielleicht waschen wir uns gelegentlich mal wieder.“

„Am Sonntag feiern wir unser Patronatsfest zu Ehren unseres Schutzheiligen Papst Sixtus“, sagte Herr Vianney, „da möchte ich doch den Altar recht schön haben.“

„Recht so, recht so!“ nickte Ducreux. „Aber nun machen Sie mal eine Pause und gönnen Sie einem alten Pfarrer ein Gläschen Wein. Es ist ein heißer Tag heute, und der Weg hierher fällt mir allmählich doch recht schwer.“

„Ein Gläschen Wein!“ stammelte Vianney verlegen. „Ich weiß wirklich nicht, ob ich eine Flasche Wein habe.“

„In der Sakristei steht noch eine halbe“, wußte Anton.

„Die brauche ich für die heilige Messe!“ wehrte sich der Pfarrer von

Ars. „Aber du könntest ja schnell in der ‚Silbernen Rose‘ eine Flasche holen.“ Aufgeregt kramte er in seinen Taschen herum. „Wo habe ich denn . . .?“

„Suchen Sie nur nicht, Herr Pfarrer!“ grinste der Junge. „Sie haben doch vorhin Ihren letzten Sou einem Bettler geschenkt. Aber ich werde schon eine Flasche besorgen.“ Damit rannte er farbenverschmiert, wie er war, aus der Kirche, während Vianney den Pinsel aus der Hand legte und den Mitbruder ins Pfarrhaus begleitete. Im sogenannten Eßzimmer bot er ihm einen alten, schon ziemlich gebrechlichen Küchenstuhl an.

„Wenn Sie sich vorsichtig daraufsetzen, wird er wohl halten“, sagte er lachend. Er selbst balancierte auf einem Schemel, mit dem es noch schlechter bestellt war.

„Mann Gottes!“ seufzte Herr Ducreux. „Wo haben Sie nur die ganze schöne Einrichtung vom Schloß gelassen? Das sieht ja aus, als hätte der Gerichtsvollzieher hier gehaust.“

„Ach, ich bin so wenig zu Hause“ meinte Vianney leichthin. „Da braucht man nicht viel. Ich muß halt zuerst für unseren lieben Herrn in der Kirche sorgen.“

„Und wo wollen Sie Ihre Patronatsgäste bewirten?“

„Patronatsgäste?“ staunte Vianney.

„Nun ja, es ist doch Sitte, daß die Geistlichen der Umgebung zum Patronatsfest herkommen.“

„Oh, das ist schön! Dann bekommen wir eine feierliche Prozession und ein schönes Hochamt!“

„Und nachher kommen wir ins Pastorat und sind Ihre Gäste. Ein kleines Mittagessen, ganz bescheiden natürlich, nur ein paar Gänge, und ein gutes Glas Wein!“

„Nur ein paar Gänge und ein Glas Wein . . .!“ stammelte der arme Pfarrer.

„Ja, daran kommen Sie nicht vorbei“, lächelte Ducreux. „Das ist ein guter alter Brauch.“

„Und ich habe nur die beiden wackeligen Stühle!“ stöhnte Vianney.

„Das Schloßfräulein wird Ihnen gerne aushelfen“, meinte der Pfarrer von Misérieux.

„Ich weiß nicht, das ist mir wirklich recht unangenehm, wenn ich sie darum bitten muß, nachdem ich ihre Möbel zurückgeschickt habe!“

Inzwischen war die bemalte Rothaut wieder erschienen und wies triumphierend eine schon entkorkte Flasche vor.

„Du hast sie doch nicht etwa . . .?“ fragte Vianney mißtrauisch.

„Gestohlen, meinen Sie? Nein, der Vater hat sie gutwillig hergegeben. Sie sollen sie sich schmecken lassen, hat er gesagt.“

„Aber das kann ich doch nicht annehmen“, zögerte Vianney. „Ihr seid doch auch keine Millionäre und habt so viele Kinder.“

Der Bub lachte. „Aber jetzt geh ich wieder malen!“

„Na, Confrater, zweifeln Sie immer noch daran, daß es in Ars auch gute Menschen gibt?“ schmunzelte Ducreux, während Vianney aufgeregt nach Gläsern suchte. Schließlich fand er wirklich welche, wischte sie sauber und goß ein. Während aber der Greis sich den guten Tropfen behagen ließ, nippte er selbst nur wenig an dem seltenen Getränk.

„Ich bin den Wein nicht gewöhnt. Er steigt mir zu Kopf“, entschuldigte er sich. „Aber Sie haben recht, es gibt auch gute Leute in Ars, sehr gute sogar. Ich war ungerecht gegen meine Gemeinde.“

„Sehen Sie!“ nickte Ducreux erfreut. „Seien Sie also in Zukunft nicht gar zu streng mit Ihrer Herde und halten Sie ihr am Sonntag eine recht schöne Predigt, wissen Sie, nicht mit viel Donnerwetter und Hagelschauer, sondern mit viel Sonnenschein. Nicht im Sturmwind war der Herr, sondern im zarten Säuseln, steht in der Schrift.“

„Nun, manchmal war er auch in Sturm und Flammen. Das zarte Säuseln liegt mir gar nicht sehr.“

„Sie wissen schon, wie ich's meine. Loben Sie einmal Ihre Gemeinde und Sie werden sehen, daß Sie damit weiterkommen als mit strengem Tadel, der nur verletzt!“

„Könnte ich nur immer loben!“ seufzte Vianney. „Wie gern täte ich es! Aber es gibt so viele Mißstände in der Gemeinde. Gerade jetzt während der Sommermonate! Da ziehen sie auch am Sonntag in aller Herrgottsfrühe aufs Feld, rumpeln mit ihren Karren über die Dorfstraße, als wäre es nicht der Tag des Herrn. Der Schmied schlägt auf seinen Amboß, und der Schuster hämmert an seinen schiefen Absätzen herum, selbst die Frauen putzen und schrubben, als hätten sie absichtlich gerade den Sonntag für ihr lautes Hantieren ausgesucht. Wie kann ich da loben? Da möchte man doch wie Moses am Sinai dreinfahren, und manchmal tut es mir leid, daß ich statt des Breviers nicht ein paar ordentliche Steintafeln habe, das goldene Kalb ihrer Raffsucht zu zerschmettern.“

„Die Entheiligung des Sonntags ist in allen Dörfern ein böser Übelstand“, gab Ducreux traurig zu. „Man muß halt mit viel Geduld dagegen kämpfen.“

„Geduld! Geduld!" ächzte Vianney. „Wie kann ich geduldig sein, wenn ich sehe, wie sich meine Gemeinde mit ihrer Sonntagsschändung geradewegs in die Hölle karrt! Glauben Sie es mir, Herr Pfarrer, der Teufel ist los in Ars!"

„Nun, nun!" schüttelte Ducreux den weißhaarigen Kopf. „Gar so schlimm wird's nicht sein. Man muß nicht überall gleich den Teufel sehen, wo menschliche Unzulänglichkeit zutage tritt. Auf jeden Fall müssen Sie mir versprechen, in der Patronatspredigt nicht zu schelten."

„In der Patronatspredigt, ja, das verspreche ich Ihnen!" gelobte Vianney. „Aber nun möchte ich doch gern wieder in die Kirche gehen, sonst verschmiert mir der Bengel noch den ganzen Altar!"

„Lassen Sie sich nicht abhalten!" nickte Herr Ducreux. „Meine Mission ist ohnehin erledigt."

Vianney verabschiedete seinen Gast ein wenig hastig, eilte dann mit großen Schritten zum Gotteshaus, mußte aber anerkennen, daß der kleine Cinier seine Sache nicht übel gemacht hatte.

„Denk dir", stöhnte er nach einer Weile schweigender Zusammenarbeit, „Sonntag kommen die Geistlichen der Umgebung als meine Tischgäste. Ein paar Gänge soll's geben und einen guten Wein!"

„Du lieber Gott!" grinste der Bub. „Sie haben doch fast keinen heilen Stuhl. Wollen Sie die Herren denn auf den blanken Fußboden setzen? Die sind doch keine Mohammedaner!"

„Ich weiß nicht, wie ich's machen soll!" seufzte der Pfarrer.

„Na, lassen Sie nur", tröstete Anton. „Wir werden das schon schaffen."

Zwei Tage später, als die Malerei glücklich beendet war, eilte Vianney schon am frühen Morgen den 35 Kilometer weiten Weg nach Lyon, wo er bei einem Kunsthändler zwei barocke Engelsköpfe erstand. Am Tag zuvor hatte er sein bescheidenes Gehalt bezogen und fühlte sich ungeheuer reich. Eine kurze Rast gönnte er sich im Haus des Fabrikanten Jaricot, der ihm gern ein Obdach für die Nacht versprach. Aber Vianney erklärte, er möchte auf keinen Fall sein Dorf am anderen Morgen ohne heiliges Opfer lassen, und machte sich in der umbarmherzigen Sonnenglut bald nach Mittag auf den Heimweg.

Stunde um Stunde schleppte er sich über die endlose Straße. Mehrmals sank er völlig erschöpft auf einen Wegstein nieder, dann riß er sich wieder hoch und taumelte weiter.

Es brauste ihm in den Ohren, und es wurde ihm schwarz vor den Augen. Wie ein Trunkener wankte er schließlich über die Straße, und fast wäre er unter die Hufe eines Pferdes geraten, das hinter dem einsamen Wanderer mit einem Planwägelchen dahertrottete.

„He, Herr Pfarrer!" rief ihn eine Stimme an. „Haben Sie etwa zu tief ins Glas geguckt?" Es war der Fuhrmann Betun, der aus der Stadt heimfuhr.

„Ach nein, ich bin nur müde!" keuchte der Priester. „An einem Tag nach Lyon und wieder zurück ist doch etwas viel für mich."

„Sind Sie denn ganz des Teufels, Mann Gottes!" schrie der Fuhrmann, der seinen Gaul zum Stehen gebracht hatte.

„Lassen Sie den Teufel aus dem Spiel!" schalt der Pfarrer.

„Na, schimpfen Sie nur nicht gleich wieder los!" grinste der Kutscher. „Steigen Sie lieber zu mir auf den Bock, ich fahre Sie heim. Kann ja sonst die Schwarzröcke nicht leiden und Sie schon gar nicht, Herr Pfarrer, daraus mache ich kein Hehl. Aber soviel Christentum habe ich doch noch, daß ich Sie nicht auf der Landstraße liegen lasse."

Mit großer Mühe kletterte Vianney auf den Bock. Betun schnalzte, und das Rößlein zog an. Schweigend fuhren sie dahin. Als der Weg steil anstieg, fiel das Pferd in eine gemütlichere Gangart, aber der Fuhrmann knallte ihm die Peitsche um die Ohren und schrie: „Willst du wohl, verdammte Schindmähre!"

„Aber fluchen Sie doch nicht so entsetzlich!" empörte sich der Pfarrer. „Sie lästern sich ja geradewegs in die Hölle."

„Papperlapapp!" knurrte Betun. „In Ars lernen die Kinder schon fluchen, ehe sie Vater und Mutter sagen können, und einen Fuhrmann, der nicht flucht, gibt es überhaupt nicht."

„Sie werden der Fuhrmann sein, der nicht flucht!" antwortete Vianney entschieden.

„Was ich?" Betun fiel fast vor Lachen vom Kutschbock. „Ich soll nicht mehr fluchen? Soll ich etwa einen frommen Seufzer ausstoßen, wenn die elende, vermaledeite Kreatur nicht ziehen will?"

„Halten Sie an!" gebot der Pfarrer. „Ich fahre nicht mit einem Mann, der flucht."

„So steigen Sie aus in drei Teufels Namen!" wetterte der Mann und ließ wirklich den Priester absteigen. Mühselig schleppte sich Vianney weiter, während ihm noch das Lachen und Lästern des Fuhrmanns in den Ohren gellte.

Es war schon Nacht, als er völlig zerschlagen und verschwitzt heimkehrte. Kaum noch trugen ihn die Füße über seine Schwelle. Zu seiner Verwunderung sah er, daß im Eßzimmer das Licht brannte, und als er eintrat, bot sich ihm ein merkwürdiges Bild. Ein großer Tisch stand da mit zwölf Stühlen auf einem riesigen Teppich. In zwei roten Polstersesseln hockten zwei Buben und schnarchten.

„Was ist denn hier los?“ rüttelte der Pfarrer sie wach.

„Wir wollten nur warten, bis Sie zurückkämen!“ lallte Anton Cinier und wischte sich den Schlaf aus den Augen.

„Ja, wir wollten doch wissen, was Sie für ein Gesicht machen, wenn Sie das hier sehen!“ gähnte sein Freund, der Wirtssohn Franz Pertinand.

„Aber was soll das denn?“ stammelte Vianney.

„Für das Patronatsfest!“ rief Anton lebhaft. „Schauen Sie mal in der Speisekammer nach! Zwölf Flaschen Wein! Meinen Sie, daß es langt?“

„Und woher habt ihr das alles?“

„Nun, wir haben die Ministranten zusammengetrommelt und überall Stühle requiriert. Die beiden Sessel sind vom Bürgermeister Mandy, der Stuhl hier ist von Lassagnes, der von Villier und so weiter. Den Tisch hat Andreas Verchére auf seiner Handkarre hergefahren.“

„Und der Wein? Woher habt ihr den Wein?“

„Den hat das Schloß gestiftet. Das alte Fräulein läßt Ihnen sagen, daß sie auch für die Festtafel sorgen wird!“ berichtete der kleine Pertinand. „Der Teppich ist übrigens auch vom Schloß.“

Erschöpft war Vianney in einen der Sessel niedergesunken, und während die Buben, immer munterer werdend, noch berichteten, fielen dem Todmüden die Augen zu.

„Du, ich glaube, der Pfarrer ist den ganzen Weg nach Lyon und zurück zu Fuß gegangen!“ flüsterte Anton seinen Kameraden zu.

„Mann, Mann!“ pfiff Franz leise. „Das sind 70 Kilometer. Aber du hast recht! Die Absätze hat er sich schief gelaufen.“

Lange währte es, bis die Jungen etwas fanden, womit sie den Priester, der fest eingeschlafen war, zudecken konnten. Dann schlichen sie auf Zehenspitzen aus dem Haus.

Zu seiner Freude fand der Pfarrer die Kirche am Patronatsfest bis auf den letzten Platz gefüllt, und wer von den Geistlichen der Umgebung sich freimachen konnte, war ebenfalls erschienen, so daß man einen feierlichen Gottesdienst halten konnte. Die Levitengewänder für das Hochamt hatte der Pfarrer von Misérieux mitgebracht.

In der Freude seines Herzens hielt Vianney eine begeisterte Predigt, in der dies eine Mal nichts von Hölle und Teufel zu hören war. Vom heiligen Sixtus sprach er, dem auf seinem Todesweg zum Richtplatz der Diakon Laurentius sich entgegenwarf, da er den Vater nicht allein lassen wollte. Der Märtyrerpapst aber weissagte ihm, daß er in drei Tagen ihm nachfolgen würde. „Zusammen sind sie in den Himmel gegangen", schloß Vianney. „Auch wir, meine lieben Pfarrkinder, wollen danach streben, ins Paradies zu kommen! Dort werden wir Gott schauen. Wie glücklich werden wir sein! Wenn die Pfarrei gut wird, gehen wir alle in Prozession hinauf, und euer Pfarrer wird an der Spitze marschieren. Das wünsche ich euch. Amen!"

Nach der heiligen Messe zog man mit dem allerheiligsten Sakrament durchs Dorf. Da freilich zeigte es sich, daß die meisten Männer sich auf die Seite drückten und in den vier Wirtshäusern verschwanden. Wenige nur folgten, die brennende Kerze in der Hand, dem Baldachin, als erster der Bürgermeister Mandy, der Gemeindevertreter Cinier und der alte Chaffangeon.

Zu ihrem großen Staunen fanden die geistlichen Gäste im Pfarrhaus eine wohlgedeckte Tafel. Frau Renard und ihre Tochter warteten ihnen auf, während die beiden Ministranten Anton Cinier und Franz Pertinand sich in der Speisekammer versteckt hielten und achtgaben, ob auch der Wein reichen würde. Er reichte wirklich.

So schön und erhebend der Tag begonnen hatte, so schmerzlich endete er für den armen Pfarrer Vianney. Schon am Nachmittag rückten die Spielleute an und musizierten auf dem freien, mit Girlanden und Lampions geschmückten Platz bei der Kirche zum Tanz. Der Wirt zur „Zornigen Ameise" hatte rings um die Nußbäume Tische und Stühle aufstellen lassen, und bei dem heißen Wetter wurde ein Fäßlein ums andere geleert.

Hatte man mit schönen alten Volkstänzen, vor allem mit der beliebten Bourrèe, einem echten Bauerntanz, begonnen, so artete die Feier doch bald in ein immer zügelloseres Treiben aus. Der schwere Wein stieg den Burschen zu Kopf. Sie begannen zu johlen und zu lärmen, riefen den Mädchen immer gröbere Zweideutigkeiten zu oder stahlen sich heimlich mit ihren Liebsten davon.

Sechs Tage lang feierte Ars seine Kirmes. Sechs Nächte lang währte der Spuk unter den Nußbäumen, raste das ganze Dorf in trunkenem Taumel. Sein Pfarrer aber litt alle Qualen der Hölle.

„Der Teufel tanzt in Ars! Mein Dorf tanzt in die Hölle hinein!“

Er sah im Geist die furchtbare Ernte des ruchlosen Treibens: zerschlagenes Familienglück, hungernde Kinder, verprügelte Weiber, zertretene Mädchenehre, Leid und Tränen ohne Ende.

Noch raste der höllische Tanz. Die Wirte, die abwechselnd unter den Nußbäumen den schweren roten Wein ausschenkten, zählten vergnügt ihre Silberstücke.

Aber der Pfarrer weinte über seine Herde wie einst der Heiland über Jerusalem.

Es war kein leises Säuseln, das am nächsten Sonntag von der Kanzel kam. Es war ein furchtbares Gewitter, das auf die geduckten Köpfe niederfuhr. Die Frauen begannen zu weinen, aber die Männer standen trotzig da mit geballten Fäusten, und manch einer verließ mit Gepolter seinen Platz und schlug die Kirchentür krachend hinter sich zu.

Nie zuvor hallte das Echo des priesterlichen Gewitters so grollend in den Kneipen wie an diesem Tag, und die Wirte kamen abermals auf ihre Kosten.

Der Pfarrer von Ars aber schlug seine Schultern wund, die Schmach und Ehrvergessenheit seines Dorfes zu sühnen.

ENGEL UND TEUFEL

1818–1821

Anton Mandy, der Bürgermeister von Ars, schaute erstaunt auf, als Pfarrer Vianney an einem eisigen Winterabend in sein Haus eintrat und sich völlig erschöpft auf einen Stuhl niederfallen ließ.

„Aber was ist denn?“ fragt er, besorgt in das bleiche, abgezehrte Gesicht starrend. „Wie sehen Sie denn aus? Ist Ihnen nicht gut?“

„Haben Sie vielleicht ein Stücklein Brot für mich?“ kam es leise von den Lippen des Priesters. „Ich habe schon seit drei Tagen nichts mehr gegessen.“

Ganz erschüttert rief der gute Mann sein Weib und ließ dem Ausgehungerten einen kräftigen Imbiß bereiten, wozu er selbst einen Krug roten Weins stellte.

„Aber was machen Sie nur für Geschichten?“ fragte er kopfschüttelnd, während der Pfarrer mit ein paar Dankesworten ein wenig von der Speise genoß.

„Dies Geschmeiß wird nicht ausgetrieben, es sei denn durch Gebet und Fasten!“ antwortete Vianney, ein Stück Brot zerbröckelnd.

„Ich verstehe Sie nicht. Wovon reden Sie?“

„Von ihm! Dem Grappin!“ flammte es in den müden, entzündeten Augen des Priesters auf. „Unser lieber Herr hat gesagt, daß man den Teufel nur durch Gebet und Fasten bezwingt. Ich habe ihn zwingen wollen, aber er lacht über mich, und nun ist es so weit, daß ich bei guten Leuten um ein Stück Brot betteln muß.“

„Sie übertreiben aber wirklich, Herr Pfarrer!“

„All meine Arbeit ist vergebens“, stöhnte der Priester. „Ich mag mich quälen, soviel ich will, er ist stärker als ich, der Grappin.“

„Das weiß ich aus dem Katechismus, daß Gott stärker ist als der Teufel“, antwortete der Bauer aufblickend. „Im übrigen täuschen Sie sich, wenn Sie glauben, gar keinen Erfolg zu haben. Die Saat, die Sie Ihrem Ackerfeld anvertrauen, wird aufgehen, und sie ist in vielen Familien Ihrer Gemeinde schon aufgegangen.“

„Ich bin ein Sämann, der auf Steinen sät!“

„Aber zwischen den Steinen, Herr Pfarrer, zwischen den Steinen ist manch gutes Hälmlein gewachsen. Sie würden es sehen, wenn die Trauer

Ihre Augen nicht gar zu sehr verdüsterte. Mancher ist schon nachdenklich geworden. In vielen Häusern, in denen man das gemeinsame Gebet nicht mehr kannte, faltet man wieder die Hände, und manche Mutter hält ihre Kinder mehr und mehr in heiliger Zucht. Sie müssen eben Geduld haben."

„Geduld, Geduld!" rang der Priester die Hände. „Wie kann ich Geduld haben, wenn es um unsterbliche Seelen geht?"

„Sie sind doch selbst ein Bauernkind", antwortete der Bürgermeister nach einigem Sinnen. „Ihr Vater hat einen Weinberg. Sie selbst haben darin gearbeitet. Sie wissen also, was Winzerarbeit bedeutet. Da plagt man sich das ganze Jahr hindurch, gräbt und düngt, beschneidet und bindet, hegt und pflegt die Reben und sucht sie mit aller Liebe vor Schaden zu bewahren. Wenn dann der Herbst kommt, sieht man oft genug, daß alles vergebens gewesen ist. In Gottes Namen, sagt der Bauer, und hofft aufs nächste Jahr, das vielleicht ebenso trostlos ist, bis endlich der Himmel die Mühe belohnt und einen guten, reichen Jahrgang schenkt, der alle Arbeit tausendfach vergilt. Sie sind ein Winzer Gottes und brauchen des Winzers Geduld. Auch für Sie kommt dann einmal die Zeit, die Ihnen eine herrliche Ernte schenkt."

Lange starrte der Priester vor sich hin. Dann hob er den Blick, schaute den Bürgermeister fest an und sagte: „Ich danke Ihnen, das war ein gutes Wort. Aber bitte, lassen Sie mich nicht allein! Ich vermag's nicht mehr zu tragen, solange ich einsam bin. Die Gutgesinnten der Gemeinde sollten sich zusammentun, um mir zu helfen, das Böse zu überwinden. Ja, helfen Sie mir, Anton Mandy, helfen Sie mir!"

Es war wirklich ein Hilfeschrei, der dem Bauern bis in die innerste Seele drang. Ganz still war es in der Stube, nur die alte Uhr an der Wand tickte in das Schweigen.

„Wir haben in unserer Gemeinde eine Sakramentsbruderschaft", sagte Anton Mandy endlich. „Sie stammt aus dem Jahr 1727, ist aber seit den Revolutionsjahren fast ganz in Vergessenheit geraten. Immerhin sind noch einige Männer da, die sich dazu zählen. Ich selbst gehöre dazu, der alte Chaffangeon, der Cinier, der Fleury Trève und andere. Wie wäre es, wenn Sie dieser Bruderschaft zu neuem Leben verhelfen würden? Wenn es mit Ars wieder aufwärts gehen soll, müssen sich die Männer enger um den Tabernakel scharen. Von den Männern muß die Umkehr kommen; das ist meine Ansicht von der Sache, die Ihnen so sehr am Herzen liegt."

Pfarrer Vianney, der mit wachsender Anteilnahme zugehört hatte, schaute den Bürgermeister lange schweigend an. Dann sprang er auf, drückte dem Bauer die Hand und sagte: „Sie haben recht, Mandy! Sie haben recht! Von den Männern muß die Umkehr kommen. Ja, ich will sie um den Tabernakel sammeln. Sie sollen ihrem armen Pfarrer helfen durch ihr Gebet und Beispiel. Die Sakramentsbruderschaft!" Vianney tat ein paar lebhafte Schritte, blieb wieder stehen und sagte erneut: „Die Sakramentsbruderschaft! Ich danke Ihnen, Bürgermeister! Sie haben nicht nur meinen armen Leib gelabt, sondern auch meine Seele! Auch meine Seele, Anton Mandy!"

Getröstet ging Johannes Vianney an diesem Abend heim, aber ehe er sein Pfarrhaus betrat, kniete er vor dem Tabernakel nieder und bat den Herrn um Hilfe für den Plan, den der schlichte Bauer ihm eingegeben hatte.

Am nächsten Sonntag schon legte er ihn seiner Gemeinde in der Predigt vor, und wenn zunächst auch nur der eine oder andere zögernd folgte, so wuchs doch allmählich die kleine Schar treuer Männer, die sich der Bruderschaft anschloß. Sie verpflichteten sich, täglich eine kurze Anbetung vor dem Allerheiligsten in der Kirche zu halten, wenn die drängende Arbeit es irgendwie zuließ. Sie sorgten für Ordnung während des Sonntagsgottesdienstes, nötigten die Säumigen, die vor der Kirchentür standen, zeitig bei der Messe zu erscheinen und gaben mit ihren Familien ein gutes Beispiel.

Vor allem der alte, fromme Chaffangeon wurde zum treuen und eifrigen Apostel. Er ging an den langen Winterabenden von Haus zu Haus und warb für die Bruderschaft. Viele verlachten ihn, viele wiesen ihm mit Spott und Hohn die Tür, aber da und dort war doch einer, zu dem er nicht vergebens kam, und das Gesicht des Alten strahlte vor Freude, wenn er dem Pfarrer von seinen Erfolgen berichten konnte.

So ging man einem neuen Frühling entgegen, und mit den Bäumen in den Gärten schien auch die Gemeinde Ars aufzublühen.

Mit Hilfe der Sakramentsbruderschaft gedachte Vianney vor allem das Fronleichnamsfest in diesem Jahr mit besonderem Glanz zu feiern. Lange bereitete er den hohen Tag vor. Die Schar seiner Ministranten hatte er vergrößert, den Mädchen besorgte er weiße Kleidchen, damit sie, ein frisches Blumenkränzlein im Haar, als liebe Gottesengelchen den Heiland auf seinem Triumphzug begleiteten. Alle Sorgfalt verwandte er auf den Schmuck der Kirche und der heiligen Gewänder.

Mit dem Fräulein vom Schloß kutschierte er nach Lyon, wo man in Paramentengeschäften Umschau hielt; wenn man ihm aber ein recht kostbares, reichgesticktes Meßgewand vorlegte, schüttelte er immer wieder den Kopf und sagte:

„Nein, nein, das ist noch nicht genug."

Verwundert betrachtete dann der Verkäufer den armseligen, kleinen Landpfarrer in seiner schäbigen Soutane, und selbst Anna von Garets schaute ihn verblüfft an, wenn selbst das Beste vor seinen Augen kaum Gnade fand. Schließlich wählte er aus allen Herrlichkeiten das Prächtigste, erschrak freilich, als man ihm den hohen Preis dafür nannte. Doch das kleine, zierliche Schloßfräulein öffnete ohne weiteres ihre Börse und beglich die Rechnung.

Bei einem Goldschmied erstanden sie eine strahlende Monstranz aus schwerem Silber mit einer edelsteinbesetzten Lunula.

Um den Schmuck der Straße und der Segensaltäre kümmerte sich die Sakramentsbruderschaft. Auf ihre Anweisung wanden die Frauen tagelang Kränze und Girlanden und zierten ihre Häuser und Fenster mit Blumen, bunten Tüchern und Fahnen.

Endlich kam der langersehnte Tag. Hinter Fahnen und geweihten Bannern zogen glückstrahlend blumenstreuende Mädchen, schellenschwingende Buben, fromm betend die einen, die anderen zuweilen stolz nach rechts und links schauend, ob man sie auch bemerke in all ihrer Herrlichkeit. Dann folgten, den Rosenkranz betend, die Frauen, schließlich selbstbewußt die lange Reihe der Ministranten, bemüht, ihren jungen, frischen Gesichtern den nötigen Ernst zu geben.

Unter dem von vier Männern der Bruderschaft getragenen Baldachin schritt Pfarrer Vianney, in seinen Händen die funkelnde Monstranz. Den Schluß der Prozession bildeten, brennende Lichter tragend, die Mitglieder der Sakramentsbruderschaft, während von den anderen Männern und Burschen sich nur wenige anschlossen. Doch hatte Ars seit vielen, vielen Jahren eine solche Pracht nicht mehr gesehen. Zitternd vor Freude sang Vianney das Tantum ergo an den vier Altären, und hoch erhob er die Monstranz über sein Dorf. Er weihte es in dieser Stunde mit allen Häusern und Hütten dem Herrn.

„Sind Sie denn gar nicht müde geworden?" fragte der vorlaute Anton Cinier nach Schluß der Prozession in der Sakristei. „Es muß doch sehr anstrengen, die schwere Monstranz bei der Hitze so lange zu tragen?"

„Ach, mein liebes Kind", antwortete Vianney. „Wie sollte ich müde werden, den zu tragen, der mich selbst in seinen Händen hält!"

Am Nachmittag waren die Ministranten seine Gäste. Im Garten taten sie sich an Beeren und Kirschen gütlich, solange sie wollten. Vianney selbst spielte fröhlich mit dem jungen Völklein, so daß die Erwachsenen, die über die Hecke hin zuschauten, sich über ihren sonst so ernsten Pfarrer gar nicht genug wundern konnten.

Der Sommer des gleichen Jahres brachte Johannes Vianney ein großes Leid. Am 8. Juli stand er am Sterbebett seines Vaters. Der alte, von vielen Jahren schwerster Arbeit und mancherlei Leid ausgemergelte Mann reichte seinem Sohn noch einmal die welke, schwielenbedeckte Rechte. Dann sagte er mühselig, immer wieder nach Atem ringend: „Ich hab es dir manchmal recht schwer gemacht, Johannes. Aber glaube mir, ich hab es stets gut mit dir gemeint."

„Das weiß ich, Vater!"

„Nun bin ich froh, daß mir mein eigenes Kind den Sterbesegen gibt!" setzte der Bauer keuchend hinzu, und ein letztes Leuchten war in seinem Blick. Unter dem Beistand seines Sohnes schloß er die Augen zum letzten Erdenschlaf.

Johannes selbst bettete ihn auf dem Friedhof von Dardilly an die Seite der Mutter.

Es hielt ihn nicht lange im Elternhaus. Am Tag nach der Beerdigung schon nahm er Abschied von seinem Bruder Franz, der inzwischen ein rechtschaffenes Weib heimgeführt hatte und nun schon Vater eines kräftigen Buben war, sagte auch den übrigen Geschwistern und Verwandten ein letztes Lebewohl und machte sich auf den Heimweg nach Ars.

Nie aber vergaß er künftig beim heiligen Opfer das Memento für seine guten Eltern, deren frommes Vorbild ihm allezeit lebendig vor Augen stand.

Langsam ging das Jahr seinem Ende zu. Immer noch ertrug der Pfarrer heldenhaft ein Übermaß von Opfern und Kasteiungen. Er gönnte sich kaum das Allernotwendigste zum Leben, hatte es sogar eine Zeitlang versucht, sich nur vom Gras und den Kräutern seiner Wiese zu nähren, bis er, beschämt über sein Unvermögen, zu seinen Pellkartoffeln zurückkehrte. Solche Strenge blieb nicht ohne bedenkliche Folgen.

Besonders in den Wintermonaten verfiel er mehr und mehr, so daß die guten Leute in Ars bekümmert den Kopf über ihn schüttelten. Johannes Vianney wurde krank, wälzte sich nächtelang in schwerem Fieber auf seiner dürftigen Bettstatt. Gesichtsrose und schweres Gliederreißen plagten ihn. Schließlich mußte er das Reisiglager in dem feuchten Keller aufgeben. Statt aber nun sein Schlafzimmer zu beziehen, richtete er sich auf dem Speicher ein, wo er sich auf die bloßen Dielen ausstreckte, einen Holzblock als Kopfstütze benutzend. Lange vor Tagesanbruch aber erhob er sich von seinem elenden Bett, zündete eine Laterne an und ging zur Kirche hinüber, wo er, vor dem Tabernakel knieend, die letzten Stunden der Nacht verbrachte.

Mit tiefer Sorge beobachtete der alte Pfarrer von Misérieux den erschreckenden Verfall seines Mitbruders. Als all sein Zureden nichts nützte, hielt er eine ernste Rücksprache mit dem Dechant von Trévoux, der schließlich die erzbischöfliche Behörde benachrichtigte.

„Er richtet sich in Ars völlig zugrunde, Monseigneur", meldete der Dechant dem Bistumsverweser. „Er mag ja ein Heiliger sein, aber er ist unvernünftiger als ein Kind."

„Sie werden recht haben", nickte Herr Courbon bekümmert. „Mir scheint, Ars verdient einen solchen Priester nicht. Ich werde nach einer anderen Stelle für ihn ausschauen."

Kurz vor dem Osterfest erhielt Johannes Vianney seine Versetzung nach Salles im Beaujolais. In der milderen Luft des an einem Hügelhang gelegenen Weilers sollte der völlig Erschöpfte sich erholen.

„In Gottes Namen!" seufzte der Priester, als er das amtliche Schreiben in Händen hielt. In aller Stille rüstete er sich zum Umzug. Er wollte sich von seinen Pfarrkindern nicht einmal verabschieden.

Als die beiden Meßbuben Anton Cinier und Franz Pertinand eines Morgens nach ihrem heiligen Dienst nichtsahnend die Sakristei verließen, sahen sie, wie ein paar Männer aus einem Nachbardorf den Hausrat des Pfarrers auf einen Bauernkarren luden.

„Was hat das denn zu bedeuten?" fragten sie ganz erschrocken.

„Na, das seht ihr doch", antwortete einer der Männer. „Euer Pfarrer zieht fort."

„Zieht fort? Wohin denn?" stammelte der kleine Cinier.

„Nach Salles im Beaujolais! Ihr habt ihn wohl zuviel geärgert!"

„Er mag nicht mehr bleiben?" Spornstreichs rannten die Jungen in die Sakristei zurück, wo der Pfarrer gerade sein Meßgewand in den Schrank hängte.

„Sie wollen fort?" stammelten die Buben, den Priester aus großen Augen ungläubig anstarrend.

„Ja, ich bin versetzt!“ antwortete Vianney lächelnd.

„Das . . . das lassen wir uns nicht gefallen!“ schnaubte der Wirtssohn entrüstet.

„Danach fragt niemand in Lyon. Ich muß gehorchen, und ihr müßt euch fügen. Ihr bekommt sicher einen besseren Priester an meiner Stelle.“

„Einen besseren gibt es gar nicht!“ empörte sich Anton. „Und das wollen wird doch sehen, ob Sie wirklich fortgehen!“

„Das könnt ihr gleich mitansehen! Ich denke, daß man mein bißchen Hab und Gut schon aufgeladen hat.“

„Wir spannen die Pferde aus!“ schrie Pertinand.

„Laß gut sein, dein Vater wird sich freuen, wenn ich fortziehe, und die meisten Leute in Ars ebenso.“

„Das ist ja Unsinn! Na warte . . .! Komm mit, Anton!“ Die beiden Ministranten stoben davon, in der Absicht, das Dorf zu alarmieren. Als sie aber mit dem Bürgermeister und ein paar anderen Bauern, die sie vom Feld geholt hatten, zurückkehrten, war ihr Pfarrer samt dem Möbelwagen schon verschwunden.

Den ganzen Tag lag es wie Gewitterluft über dem verlassenen Dorf. Überall besprach man die sonderbare Wendung der Dinge. Zwar schalt man in den Wirtshäusern immer noch über den Scheidenden, aber es geschah doch nicht mehr so überzeugt und so freien Herzens wie sonst, und mancher der Stammgäste brach vorzeitig auf und kehrte kleinlaut heim.

Am meisten tobten die Ministranten in ihrem Jungenzorn. Manch einer hatte von der Hand des Pfarrers hin und wieder einen Klaps bekommen und auch einen herben Tadel eingesteckt, wenn er die Gebete nicht ordentlich wußte oder sonst etwas beim frommen Dienst versah. Aber das war jetzt alles vergessen. Die Meßbuben von Ars wollten ihren Pfarrer Vianney wiederhaben. Sonst würden sie in Generalstreik treten, das schworen sie sich heimlich zu. Da würde der Bischof in Lyon oder sein Vertreter schon klein beigeben.

Recht verdrießlich schlenderten Anton Cinier und Franz Pertinand am späten Nachmittag über die Dorfstraße, als sie plötzlich ein Gefährt herankommen sahen.

„Das ist doch . . .“ griff Franz seinen Freund beim Arm. „Das ist doch . . .!“

„Der Möbelwagen!“ jubelte Anton. Dann rannten sie, so schnell die Holzschuhe sie tragen mochten, dem Bauernkarren entgegen.

„Sind Sie wieder da?“ schrie der kleine Cinier, als er den Pfarrer neben dem Kutscher auf dem Bock entdeckte.

„Ja, ich bin wieder da. Für ein paar Tage müßt ihr mich schon noch in Ars ertragen!“ antwortete der Priester mit müdem Lächeln. „Der Fährmann wollte mich nicht übersetzen.“

„Der Fährmann ist der gescheiteste Mensch von der Welt!“ triumphierte Franz, und da sich ein paar andere Buben dazugesellten, sprang bald eine wilde Bande um den Wagen herum und geleitete den Pfarrer heim.

Man erfuhr, daß die Saone so mächtig angeschwollen war, daß der Fährmann es abgelehnt hatte, den Wagen ans andere Ufer zu bringen.

Die Jungen aber machten sich mit Hölleneifer daran, den Wagen abzuladen und ihres Pfarrers armselige Habe ins Haus zu tragen. Dann rannten sie in die Kirche und läuteten Sturm.

Bald war die ganze Gemeinde um den heimgekehrten Pfarrer, der am Altar kniete, versammelt. Vianney stieg schließlich auf die Kanzel und verkündete der Gemeinde, was geschehen sei. Dann sagte er: „Es wird bald Nacht. Wir wollen zusammen das Abendgebet sprechen.“

Mit freudiger Andacht beteten die Gläubigen mit.

„Der Vater ist mit dem Bürgermeister und dem Schloßfräulein in Lyon!“ berichtete Anton Cinier dem Priester nachher in der Sakristei. „Wir wollen nicht, daß Sie fortgehen.“

„Sie werden nichts ausrichten!“ seufzte der Priester, der in den Stunden seines heimlichen Wegzuges empfunden hatte, wie sehr ihm das Dorf ans Herz gewachsen war.

Am anderen Tag erschien der Bürgermeister im Pfarrhaus und meldete ihm, der Bistumsverweser hätte die Versetzung auf ihre Bitte hin zurückgenommen.

„‚Er kann in Ars bleiben, solange er will‘, hat er gesagt. Nur hat er uns ein Versprechen abgenommen.“

„Und welches?“

„Wir sollten dafür sorgen, daß Sie in Zukunft mehr Rücksicht auf Ihre Gesundheit nehmen. Mit kranken Priestern sei der Erzdiözese nicht gedient.“

„Ja, ich glaube auch, in einigen Dingen muß ich mich wohl ändern!“ seufzte Vianney.

„Übrigens“, sagte Mandy, als er dem Priester zum Abschied die Hand reichte, „heute hat sich gezeigt, wie sehr Ihre Herde Sie liebt. Die allermeisten haben ehrlichen Herzens um Sie getrauert. Von nun an wird manches anders werden in Ars. Sie werden es sehen."

Wirklich empfand der Pfarrer fortan das wachsende Zutrauen seiner Gemeinde. Um ihren Seelsorger mehr noch als bisher an sein Dorf zu binden, betrieb man heimlich die Erhebung der Seelsorgsstelle Ars zur selbständigen Pfarrei. Gemeinsam mit der Schloßherrin und deren Bruder richtete der Bürgermeister ein entsprechendes Gesuch an den Erzbischof und König Ludwig XVIII. „Die Einwohner", schrieben sie darin, „die Glauben, gute Sitte und Eifer für die Religion bewahrten, haben einen Priester auf ihre eigenen Kosten verlangt. Dieser Priester ist ein Mann von hoher Tugend und hat in Pfarrei und Nachbarschaft viel Gutes gewirkt. Unseligerweise kann dieses Gute durch die Zurückziehung des Seelsorgers in einem einzigen Augenblick zunichte gemacht werden. Aus diesem Grunde bitten wir um die Erhebung unserer Gemeinde zur Pfarrei."

Am 20. Juli 1821 wurde dem Gesuch entsprochen und Ars durch königlichen Erlaß zur Pfarrei erklärt.

„Nach eurem Gesuch kenne ich mein Dorf kaum mehr wieder und mich selbst noch weniger!" sagte Herr Vianney kopfschüttelnd, als man ihm das Schriftstück endlich zeigte.

„Nun, es wird sich ausweisen, ob wir recht hatten oder nicht!" antwortete bedächtig der Bürgermeister. „Auf jeden Fall wünschen wir Ihnen und der ganzen Gemeinde Glück zur Gewährung unserer Bitte. Nun sind Sie erst wirklich Pfarrer von Ars und werden es hoffentlich bleiben, solang Sie leben!"

Das war wahrhaftig ein glücklicher Tag. Grappin aber war mehr denn je entschlossen, den Kampf um das Dorf fortzusetzen.

GRAPPIN WIRD UNGEMÜTLICH

1823–1824

An einem eisigen Dezembermorgen des Jahres 1823 kniete Johannes Vianney in der kleinen Seitenkapelle, die er in seiner Kirche zu Ehren seines Firmpatrones hatte errichten lassen. Ein kleines Reisebündel lag neben dem Betenden, da er gleich von hier aus nach Montmerle wandern wollte, um bei einer Mission auszuhelfen. Der Pfarrer von Savigneux würde ihn derweil in Ars vertreten.

Recht bekümmert blickte Johannes zum Bild des heiligen Täufers empor, der in aller Himmelsseligkeit dastand, unbeschwert von den Sorgen, die den armen Priester bedrückten.

„Sein Kopf war der Preis eines Tanzes", so stand in goldenen Buchstaben über dem Kapellenbogen zu lesen. Nun, der gute Herr Vianney war manchmal auch nahe daran, der Tanzwut seiner Pfarrkinder wegen völlig den Kopf zu verlieren. Nur wenig hatten die fünf vergangenen Jahre daran geändert. Indessen waren es andere Sorgen, die ihm heute das Herz schwer machten, und in seiner kindlichen Einfalt vertraute er sie dem lieben Heiligen an.

„Du magst wohl lächeln in all deiner himmlischen Glorie", flehte der Priester, „magst dich wohl freuen des schönen Heiligtums, das ich dir gebaut habe. Aber daran denkst du nicht, daß ich nur den Maurer und Anstreicher habe bezahlen können. Der Altar, auf dem du stehst, ist noch nicht bezahlt, und der arme Pfarrer von Ars muß dem Schreiner, der ihn gemacht hat, aus dem Weg gehen wie ein Spitzbube dem Polizisten. Hast selbst gesagt, die Berge und Hügel müßten abgetragen und jedes Tal sollte ausgefüllt werden. Könntest mir wohl helfen, den Berg meiner Sorgen abzutragen und das Tal meiner Schulen auszufüllen. Müßtest dich doch schämen, auf einem Altar zu stehen, für den der Schreiner noch keinen Sou bekommen hat. Hilf mir, und ich will dir mein Leben lang dankbar sein!"

Der Heilige aber machte weiter sein fröhliches Himmelsgesicht und schien recht unbekümmert um die Not seines frommen Verehrers. So erhob sich der Pfarrer schließlich seufzend von seinen Knien und verließ das Gotteshaus. Vor der Tür traf er Katharina Lassagne, die zu einem hübschen jungen Mädchen herangewachsen war.

„Ach, mein Kind!" sagte der Pfarrer. „Du könntest mich wohl ein wenig beim heiligen Täufer vertreten. Ich habe ein so großes Anliegen an ihn."

„Ich weiß schon, der Altar!" lächelte das Mädchen. „Der Schreiner schimpft schon in allen Kneipen über Sie, weil er seinen Arbeitslohn noch nicht bekommen hat. Aber ich will Ihnen gern beten helfen."

„Tu das, tu das!" nickte Vianney lebhaft. „Und nun Gott befohlen! In zehn Tagen bin ich wieder daheim."

Recht bekümmert machte er sich auf den Weg, das kleine Bündel in der Hand. Eisig blies der Wind von den Höhen her, und es fror den Priester, der nicht einmal einen Mantel hatte, zum Erbarmen. Aber so sehr bedrückten ihn seine Sorgen, daß er der Kälte kaum achtete.

Gewiß war manches besser geworden in seinem Dorf. Die Wirtsleute klagten, daß es in den Schenken immer leerer werde. An den Sonntagen ruhte nun fast überall die lärmende Arbeit. Immer mehr Männer schlossen sich der Sakramentsbruderschaft an, während die Frauen und Mädchen der neugegründeten Rosenkranzschwesternschaft mit ihnen wetteiferten. Zur heiligen Messe erschien nun auch mancher, der lange fern geblieben war, ja, sogar zu Vesper und Komplet am Nachmittag und zum Nachtgebet, das Vianney nun allabendlich mit seinen Gläubigen hielt.

Nur das Tanzen, das Tanzen! Ach, das war immer noch das alte Leid, und weder Mahnung noch Gebet, noch schwere Buße, die er sich selbst auferlegte, schienen etwas auszurichten. Der Tanz war der letzte große Trumpf, den Grappin in seinen schmutzigen Händen hielt!

Die Arser schüttelten lächelnd den Kopf, wenn sie die Aufschrift am Kapellenbogen lasen und tanzten weiter.

„Aber ich gebe nicht nach, Grappin!" knirschte Vianney. „Ich gebe nicht nach, bis es aus ist mit dem Teufelstanz in Ars."

Wenn nur der Schreiner ihm nicht bald einen anderen bösen Tanz macht! Der arme Pfarrer wußte sehr wohl, daß der wenig kirchlich gesinnte Mann in der „Zornigen Ameise" herumschimpfte und damit drohte, den leichtsinnigen Schuldenmacher beim Bischof zu verklagen! Fünfhundert Franken hatte der Handwerker noch zu bekommen. Aber woher nehmen, wenn nicht stehlen? Zwar schickte ihm der Bruder Franz vom väterlichen Erbteil seit des Vaters Tod alljährlich dreihundert Franken, aber die waren nebst dem kargen Gehalt für die Maurerarbeiten draufgegangen. Was sollte nun werden?

Wie um den Pfarrer zu verhöhnen, begann es zu schneien, und so arg wurde der wirbelnde Flockentanz, daß man kaum mehr einen Schritt weit sehen konnte.

Mühselig kämpfte Vianney sich durch das Schneetreiben vorwärts. Er stolperte über Steine und erstarrte Erdschollen. Heiliger Gott! Er hatte in seinen Gedanken nicht auf den Weg geachtet, war wohl vom rechten Pfad abgekommen und wußte nicht mehr, wo er war. Den Weg abzukürzen, war er querfeldein gegangen, aber nun irrte er auf einem gepflügten Acker herum, ohne zu wissen, wohin er sich zu wenden habe.

Bei der schneidenden Kälte flammte eine jähe Angst in dem Priester auf.

Stunde um Stunde hastete er mit keuchendem Atem weiter, wußte aber nicht einmal, ob er sich nicht im Kreise drehte. Der kurze Tag ging merklich zur Neige, es dämmerte schon, bald würde es völlig dunkel sein.

Längst hätte er am Ziel sein müssen, aber nun war er sich nicht einmal über die Richtung klar, die er einschlagen mußte.

Nach einer Weile aber wurde es ihm schwarz vor den Augen. Noch machte er ein paar taumelnde Schritte, riß sich wieder hoch, als er vor übergroßer Müdigkeit in die Knie sank, ein-, zweimal, bis er endlich völlig erschöpft liegenblieb. Eine tiefe Ohnmacht kam über ihn. Der Schnee deckte ihn zu.

Als er wieder zu sich kam, fand er sich in einem Bett liegen. Der Pfarrer von Montmerle stand neben ihm und schüttelte den Kopf, als der Mitbruder erwachte.

„Was machen Sie nur für Geschichten!" sagte er. „Hätten nicht zufällig ein paar Bauern Sie gefunden, als Sie, schon halb vom Schnee verweht auf einem Ackerweg lagen, so hätten wir ein Requiem für Sie singen können."

„Bin ich im Pfarrhaus?" stammelte Vianney.

„Da war leider alles besetzt. Das gute Fräulein Mondésert in der Minimenstraße hat Sie aufgenommen. Sie wird schon für Sie sorgen. Die Mission werden wir nun wohl ohne Ihre Hilfe halten müssen."

Sehr verwunderte sich der Pfarrer von Montmerle, als Johannes Vianney am anderen Morgen in der Kirche erschien und, als wäre nichts geschehen, nach seinem Dienst fragte.

„Ich habe mich gewiß um ein paar Stunden verspätet", entschuldigte er sich, „aber das gute Fräulein Mondésert hat mich nicht geweckt."

„Sie hätten im Bett bleiben sollen", antwortete der Mitbruder vorwurfsvoll. „Sie werden mir noch ganz zusammenbrechen."

„Ich werde zelebrieren, predigen und beichthören!" lächelte Vianney. „Haben Sie keine Sorge um mich!"

Schnell hatte es sich im Dorf herumgesprochen, daß man den Pfarrer von Ars halberstarrt im Schnee aufgefunden habe, und mit Ergriffenheit lauschten die guten Leute jetzt dem opferwilligen Priester, dessen Wort trotz allem so mächtig von der Kanzel kam. Wenn Johannes Vianney predigte, war die Kirche bis in den letzten Winkel besetzt, und kaum hörte man einen Atemzug unter den Zuhörenden.

„Es ist seltsam", sagte einer der Missionare im Pfarrhaus. „Der Pfarrer von Ars predigt simpel wie ein Kind. Wenn unsereiner das gleiche sagen würde, blieben wir gewiß ohne jeden Erfolg. Aber bei ihm lauschen Männer und Frauen regungslos, und vielen stehen die Tränen in den Augen."

„Er ist eben ein Heiliger", antwortete der Dechant von Trévoux. „Auch in meiner Pfarrei hat er mit dem gleichen Erfolg gepredigt."

„Warum kommt er eigentlich nicht zu Tisch ins Pfarrhaus?" fragte ein anderer.

„Das Fräulein Mondésert wird für ihn sorgen!" antwortete der Pfarrer von Montmerle.

Indessen dachte das gute Fräulein in der Minimenstraße, ihr Gast speise im Pfarrhaus, da er um die Mittagszeit nur für ein paar Minuten erschien, um gleich wieder fortzugehen. Es hatte sie freilich sehr gewundert, daß Herr Vianney gleich am ersten Tag um einen Topf mit gekochten Kartoffeln gebeten hatte.

Während der letzten Missionstage saß Vianney bis tief in die Nacht hinein im Beichtstuhl, weil fast die ganze Gemeinde dem heiligmäßigen Priester ihre Schuld bekennen wollte.

„Wo der Pfarrer von Ars missioniert, haben wir anderen gute Tage", sagte der Dechant lächelnd. Doch gab es etliche unter den Mitbrüdern, deren Herz nicht ganz frei von Mißgunst blieb, und hie und da zeigte man dem allzu beliebten Mitbruder ein unfreundliches Gesicht.

Der Pfarrer von Montmerle freilich war recht zufrieden und entließ Johannes Vianney am Ende der gnadenreichen Tage mit vielen Worten des Dankes und der Anerkennung.

„Entlohnen kann ich Sie nicht; denn meine Gemeinde ist recht arm", sagte er beim Abschied. „Aber hier habe ich eine schöne Hose aus gutem Samt. Mir ist sie ein wenig eng geworden. Aber Ihnen wird Sie wohl noch zu weit sein."

Zögernd nahm Vianney das Geschenk an und tauschte es gegen sein zerfranstes Beinkleid, das er in sein Bündel packte. Er verheimlichte dem Mitbruder, daß ihm in seiner augenblicklichen Bedrängnis ein paar Taler lieber gewesen wären.

Der Pfarrer von Montmerle ging in die Minimenstraße, um sich bei dem Fräulein für die Aufnahme des Mitbruders zu bedanken.

„Sie haben gut für ihn gesorgt", sagte er anerkennend. „Im Pfarrhaus hat er nicht eine Mahlzeit genommen."

„Ja, aber bei mir hat er doch auch nicht gegessen", stammelte das Fräulein verblüfft. „Nur einen Topf mit gekochten Kartoffeln hat er sich ausgebeten. Du lieber Gott, den hatte ich ja ganz vergessen."

Eilends ging sie ins Zimmer ihres Gastes und fand schließlich hinter dem Ofen den leeren Topf.

„Da hat er die ganze Zeit von kalten Kartoffeln gelebt", rief sie ganz erschüttert und sank wie vernichtet auf einen Stuhl nieder.

Indessen hatte Vianney auf dem Heimweg einen frierenden Vagabunden getroffen, und die Hose des Pfarrers von Montmerle ging denselben Weg wie vor Jahren die des Fabrikanten Jaricot. Hinter einer Hecke zog er sie aus, legte sein altes, zerfranstes Beinkleid an und schenkte das prächtige Stück aus bestem Lyoner Samt dem Bettler. Er dachte an das Wort, das der Täufer am Jordan gesprochen hatte: „Wer zwei Röcke hat, der gebe einen davon dem, der keinen hat!"

„Mit den Hosen muß man es wohl auch so machen", lächelte er vor sich hin. „Aber dafür kannst du mir die Schreinerrechnung bezahlen, heiliger Johannes Baptista!"

Der Pfarrer seufzte, als er die verschneiten Dächer und den weißen Kirchturm von Ars vor sich aufsteigen sah. Da lag sein Dorf mit aller Not und Sorge. Vielleicht stand der Schreiner vor dem Pfarrhaus und wartete auf ihn.

„Ach, lieber heiliger Johannes, nun wird es wirklich Zeit!" stöhnte der arme Priester.

Da, als er gerade ein paar Schritte die Dorfstraße hinauf getan hatte, trat eine unbekannte Dame in städtischen Kleidern auf ihn zu und fragte: „Sind Sie der Pfarrer von Ars?"

„Ja, der bin ich", antwortete Vianney überrascht. Da zog die Unbekannte einen Briefumschlag aus ihrer Handtasche, reichte ihn dem Priester mit den Worten: „Nehmen Sie bitte, es ist für einen guten Zweck!"

Der Priester fand kaum ein Wort des Dankes, da die Frau in eine am Straßenrand wartende Kutsche stieg und davonfuhr. Als Vianney daheim das Couvert öffnete, fielen sechs Hundertfrankenscheine auf seinen Tisch.

„Nun, das war prompte Hilfe", stammelte er ganz verblüfft und eilte, ohne sich eine Minute Rast zu gönnen, zur Kirche, dem großen Täufer seinen Dank zu sagen. Immer noch lächelte der Heilige, aber diesmal kam es dem glücklichen Vianney gar nicht so himmlisch, sondern recht spitzbübisch vor.

Als er das Gotteshaus verließ, traf er wiederum die fromme Katharina Lassagne.

„Nun, hat's geholfen?" fragte das Mädchen. „Ich habe eine Novene zu Johannes dem Täufer gehalten."

„Es hat geholfen, mein Kind!" antwortete der Priester strahlend. „Du kannst wirklich gut beten, und wenn ich wiederum ein Anliegen habe, komme ich zu dir."

„O ja, das tun Sie nur, Herr Pfarrer!" rief das Mädchen erfreut.

Der Schreiner machte ein zufriedenes Gesicht, als der Pfarrer ihm den Lohn aushändigte.

„Ach, das hatte doch gar keine Eile", sagte er grinsend. „Für die paar Franken war mir der Pfarrer von Ars doch immer gut."

„Ich habe auch schon mal eine andere Melodie gehört", lächelte der Priester. „Tragen Sie nur nicht alles ins Wirtshaus!"

„Aber wo werde ich denn! Und nichts für ungut, Herr Pfarrer! Wenn Sie mal wieder Arbeit für mich haben, stehe ich gern zu Diensten. Ich habe sieben hungrige Mäuler zu versorgen."

„Eben darum war ich recht unglücklich, Sie nicht gleich entlohnen zu können."

„Hat nichts zu sagen!" dienerte der Handwerker und ging davon.

Indessen reiften neue Pläne im Kopf des rastlosen Priesters. In Ars gab es keine Schule, die einen solchen Namen verdiente. Nur während der Wintermonate kam ein Lehrer von auswärts und unterrichtete Buben und Mädchen gemeinsam ein wenig in Lesen, Schreiben und Rechnen. Gerade der gemeinsame Unterricht aber war dem wachsamen Hirten ein Dorn im Auge, zudem brauchten die Mädchen noch manch andere Kenntnisse, wenn sie einmal tüchtige Hausfrauen werden wollten.

„Ich muß eine Mädchenschule gründen!" sagte sich der Pfarrer von Ars und hielt Ausschau nach einem geeigneten Raum. Er fand ihn in einem ganz in der Nähe der Kirche gelegenen Haus. Nun fehlte es nur noch am nötigen Geld.

„Katharina", sagte er an einem Vorfrühlingstag des Jahres 1824 zu der jungen Lassagne, „du mußt wieder beten, ich habe ein neues, großes Anliegen."

Gerne versprach das Mädchen Hilfe, erkundigte sich dann voller Neugier, welche Bewandtnis es mit diesem Anliegen habe.

„Ich will ein Haus kaufen, um darin eine Mädchenschule zu errichten", erklärte der Pfarrer, „und du wirst darin die erste Lehrerin sein."

„Ich, eine Lehrerin?" meinte Katharina verwundert und dann lachte sie, bis ihr die Tränen kamen.

„Was gibt's denn da zu lachen?" fragte der Pfarrer stirnrunzelnd.

„Aber ich kann doch kaum richtig schreiben. Wir haben wirklich nicht viel bei dem Winterlehrer gelernt."

„Du wirst es richtig lernen!" antwortete Vianney bestimmt. „Kommende Ostern gehst du zu den Josefsschwestern nach Fareins. Die guten Nonnen werden dich alles lehren, was du brauchst, auch das Schulehalten. Wenn du soweit bist, kommst du zurück und wirst Lehrerin. Ein Gehalt kann ich dir nicht versprechen, aber für das Notwendigste werde ich sorgen."

„Wir sind arm daheim", sagte Katharina, den Kopf hängen lassend. „Mein Vater kann mir das Studieren nicht bezahlen."

„Ich komme für alles auf. Übrigens, weißt du nicht noch ein anderes Mädchen, das für meinen Plan geeignet wäre?"

„Benedikta Lardet!" antwortete Katharina, ohne zu zögern.

„O ja", stimmte Vianney freudig zu, „da hast du recht. Ich will mit ihr sprechen."

Wirklich zogen die beiden Mädchen nach Fareins, wo die Schwestern ihre Ausbildung übernahmen. Der Pfarrer aber machte sich auf die Bettelreise. Einen stattlichen Betrag gab ihm der Graf von Garets, der Bürgermeister, der Bauer Trève, Michael Cinier und andere taten das ihrige dazu. Der Fabrikant Jaricot und einige andere Wohltäter in Lyon ließen sich nicht umsonst bitten. So brachte der Pfarrer den größten Teil der Kaufsumme zusammen, aber immer fehlte noch ein ziemlicher Rest.

Da erschien an einem warmen Oktobertag sein Bruder Franz im Pfarrhaus.

„Ich bring dir deinen Anteil", sagte der Bauer und zog einen Lederbeutel aus der Tasche. „Die Ernte war gut, und wir konnten zudem den prachtvollen 22er Wein günstig verkaufen. So kann ich dir gleich, wenn es dir recht ist, das Geld für die kommenden zwei Jahre mitzahlen."

„Und ob mir das recht ist!" rief Johannes strahlend.

„Bist wohl mal wieder in der Klemme?" fragte der Bruder ein wenig mißtrauisch.

„Ach, Geld braucht ein armer Dorfpfarrer immer!"

Da zählte der Bauer neunhundert bare Franken auf den Tisch.

„Nun sei aber sparsam!" setzte er lächelnd hinzu. „Die nächsten beiden Jahre kriegst du nichts mehr von mir." Der Priester beteuerte, daß er mit dem Geld ganz gewiß recht haushälterisch umgehen würde, und lief, als der Bruder kaum das Haus verlassen hatte, zum alten Lacote, dem das Haus gehörte und legte den Kaufpreis auf den Tisch.

Am Martinstag konnte Vianney seine Schule eröffnen. Katharina Lassagne und Benedikta Lardet, die aus Fareins zurückgekehrt waren, hielten ihren Einzug in das neue Haus. Johanna Maria Chanay, ein tüchtiges sechsundzwanzigjähriges Mädchen aus Jassans, siedelte ebenfalls in die Schule über, um die Kinder in Handarbeiten und allerlei hauswirtschaftlichen Dingen zu unterrichten und für das leibliche Wohl der beiden anderen Lehrerinnen zu sorgen.

Wäre nur etwas zum Kochen dagewesen! Aber in Küche und Keller sah es betrüblich aus, und die drei wären wohl verhungert, wenn ihre Mütter und andere gute Leute sich nicht erbarmt hätten.

Gern schickten die Arser nun ihre Töchter in die neue Schule, und bald füllten sich die Bänke mit fröhlich lernenden Kindern. Auch aus den Nachbardörfern kamen etliche, und schließlich richtete man für sechzehn auswärtige Mädchen, die in der Schule wohnen sollten, auf dem Speicher einen Schlafraum ein.

Das brachte nun freilich neue Aufgaben für die arme Köchin. Der Pfarrer lehnte es ab, Schul- und Kostgeld für seine Schützlinge zu fordern, und nahm nur an, was die Eltern der Kinder oder mildtätige Leute aus Ars gutwillig schenkten.

„Ich habe das Haus auf den Namen der göttlichen Vorsehung getauft", sagte er, „Gott wird für alles Notwendige sorgen."

Wirklich brauchte keines der aufgenommenen Kinder zu hungern, so sehr sich die drei Lehrerinnen auch manchmal die Köpfe zerbrachen, was man am nächsten Tag kochen sollte.

Die Schule wurde des Priesters Herzensfreude. Jeden Tag besuchte er sie um die Mittagszeit, freute sich über den Appetit seiner kleinen Gäste, ließ sich von ihrem Lerneifer überzeugen und prüfte aufmerksam die Handarbeiten. Groß war der Jubel der Kinder, wenn er sebst nach einem begonnenen Strumpf griff und ein paar Maschen strickte.

„Das habe ich als Hirtenbub im Amselliedgrund gelernt", sagte er fröhlich, als die Mädchen die Augen vor Staunen aufrissen. „Daheim in Dardilly kann jeder Schäfer stricken."

Dann wieder saß die muntere Gesellschaft um ihn herum, und lauschte dem Priester, der Geschichten aus dem Leben der Heiligen erzählte.

Oh, es ging fröhlich zu im Haus „Zur göttlichen Vorsehung", und Vianney durfte sich schon gestehen, daß er dem bösen Grappin einen schweren Streich versetzt hatte.

Die Antwort ließ nicht lange auf sich warten.

Witwe Renard, die Nachbarin, schreckte eines Nachts verstört aus dem Schlaf auf. Poltern und Lärmen hatte sie geweckt.

„Es kommt aus dem Pfarrhaus", flüsterte sie ihrer Tochter, die ebenfalls wach geworden war, mit bebenden Lippen zu.

„Der Pfarrer scheint alle Möbel zu zerschlagen!" stammelte das Mädchen.

„Er muß den Verstand verloren haben."

Auch den Schmied Picard hatte das tolle Rumoren geweckt. Er lief mit seinem Sohn, dem 16jährigen Johannes, in aller Eile hinüber und klopfte an die Tür des Pfarrhauses.

„Es werden Einbrecher im Haus sein", vermutete der Junge, der sich mit einem schweren Hammer bewaffnet hatte. Inzwischen war der Lärm verstummt, und nach einer Weile erschien der Pfarrer mit einer Laterne an der Tür. Sein Gesicht erschien den beiden etwas bleicher als sonst. Aber ganz gelassen sagte er: „Ach, ihr guten Leute, es ist kein Grund zur Beunruhigung. Grappin hat es heute nacht ein wenig toller getrieben als sonst. Seit einiger Zeit beliebt es ihm, im Haus herumzupoltern.

„Der Grappin?" fragte der Schmied verwirrt.

„Ja, der Grappin, der Teufel! Er scheint über die ‚Vorsehung' erbost zu sein. Aber geht ruhig nach Hause! Schaden kann er mir nicht, er raubt mir nur mein bißchen Schlaf."

Kopfschüttelnd gingen die beiden heim.

Im ganzen Dorf erzählte man von dem merkwürdigen Spuk.

„Nun sieht man doch, daß der Pfarrer vollständig verrückt ist“, lachte der Wirt zur „Zornigen Ameise“. „Er spektakelt wie ein Narr im eigenen Haus und gibt das als Teufelsspuk aus. In eine Anstalt gehört er, ich sag das ja immer.“ Es fehlte nicht an solchen, die ihm Beifall gaben, und auch mancher, der es nicht übel mit dem Pfarrer meinte, wehrte sich, an den Spuk zu glauben. Ein paar junge Burschen erboten sich lachend, bei dem Pfarrer Nachtwache zu halten und den Spuk zu entlarven. Sie glaubten, daß irgendwelche böswillige Leute mit dem Priester ihren Schabernack trieben.

„Werden die Brüder schon kriegen!“ grinste der Wagnergeselle Andreas Verchère, ein stämmiger Bursch von achtundzwanzig Jahren. Er bewaffnete sich mit seiner Flinte und zog für eine Nacht ins Pfarrhaus.

Eins schlug die Glocke vom Kirchturm, als er plötzlich von seinem Lager emporschreckte. Ein Donnergepolter hatte ihn geweckt, als wenn ein Dutzend Fuhrwagen daherrumpelten. Im gleichen Augenblick krachte es wie von furchtbaren Keulenschlägen gegen die Hoftür. Andreas sprang mit einem Satz ans Fenster und schaute hinaus, sah aber nichts Verdächtiges! Eine Viertelstunde lang währte der höllische Lärm, ohne daß man die Ursache hätte feststellen können.

Dem jungen Mann knickten die Beine ein, und mit schlotternden Knien, das Gewehr in den zitternden Händen, stand er da, als der Pfarrer mit einer Laterne ins Zimmer trat und ganz ruhig fragte: „Hast du gehört, Andreas?“

„Das soll ein Mensch überhören können!“ stammelte der Bursche.

„Hast du Angst?“

„Nein, nein, ich — habe keine — Angst!“ stotterte Andreas, mit seinem Gewehr herumfuchtelnd. „Aber die Beine versagen mir. Das ganze Pfarrhaus stürzt ein.“

Wirklich wankte das Haus wie bei einem Erdbeben.

„Es ist Grappin!“ lächelte der Pfarrer.

Plötzlich, wie er gekommen war, hörte der Spuk auf.

„Wir können uns wieder schlafen legen“, sagte der Priester. „In dieser Nacht wird er uns nicht mehr behelligen.“

Der Wagnergeselle hörte, wie der Pfarrer sich im Nebenzimmer zu schaffen machte, dann vernahm er seinen Schritt auf der Treppe. Als er ans Fenster trat, sah er ihn, ein Laterne in der Hand, zur Kirche gehen.

Der neue Tag hatte für den Pfarrer von Ars begonnen.

„Ich habe genug von der Geschichte!" erklärte Andreas Verchère später dem Pfarrer. „Mit den Höllischen mag ich nichts zu tun haben."

Seit jener Nacht glaubten immer mehr Leute in Ars, daß es der Teufel sei, der im Pfarrhaus seinen Zorn austobe. Dennoch fand Vianney ein paar andere Leibwächter. Matthias, der älteste Sohn des Bürgermeisters, ein baumlanger, stämmiger Bursche, nächtigte nun mit seinem Freund Johannes Cotton, dem Sohn des Schloßgärtners, im Pfarrhaus, ohne daß irgend etwas seinen Schlaf störte. Zwölf Nächte verbrachten sie im Pfarrhaus und hörten nichts.

Dem Pfarrer aber, der jetzt nicht mehr auf dem Speicher schlief, sondern sich im Nebenzimmer ein Lager aus Reisig und Stroh bereitet hatte, war es, als galoppiere ein ganzes Kosakenregiment an seinem Elendsbett vorüber.

„Habt ihr denn nichts gehört?" fragte er die Burschen am Morgen.

„Nein, gar nichts!" lächelte Matthias Mandy. „Vielleicht sind es doch Ihre Nerven, die Ihnen einen Streich spielen, oder Ihr Grappin poltert nur für Ihre Ohren vernehmbar, weil er Respekt vor unseren Fäusten hat."

Wohlgefällig betrachtete der Bursche seine mächtigen Handteller. „Eigentlich schade!" setzte er hinzu. „Ich hätte ihm einmal so gerne sein höllisches Fell ausgestaubt."

Indessen sollte sich zeigen, daß der Teufel bald zu schlimmeren Methoden griff als zu dem kindischen Gepolter im Schlafzimmer des geplagten Pfarrers.

ECCE HOMO!

1826–1827

Es war am Abend des zweiten Adventsonntages 1826, als Mutter Renard mit allen Zeichen der Aufregung in die Kirche trat und den Pfarrer aus dem Beichtstuhl zu einer Kranken rief.

„Es ist die Witwe Matin, meine Nachbarin!" flüsterte sie ihm hastig zu. „Sie mag nicht sterben ohne Ihren Beistand."

Eilig erhob sich der Priester, bat die lange Reihe der Pönitenten, die in der Mehrzahl aus den umliegenden Dörfern gekommen waren, um ein wenig Geduld und verließ das Gotteshaus. Am Morgen noch hatte er der armen Frau die heilige Wegzehr gebracht und sie mit dem Krankenöl versehen, doch zögerte er nicht, ihr nun auch den letzten Segen zu spenden.

Wachsbleich lag die Kranke in ihren Kissen, und schwer rang sie mit rasselnden Atemzügen nach Luft. Mit fieberglänzenden Augen schaute sie den Priester an, reckte ihm ihre welke, zitternde Hand entgegen.

„Daß Sie da sind, Herr Pfarrer! Daß Sie nur da sind!" keuchte sie mühselig. „Ich fürcht' mich so sehr."

„Sie brauchen sich nicht zu fürchten!" tröstete der Priester, sich an ihrem Lager niedersetzend. „Der Tod ist nichts Böses. Er ist Gottes lieber Engel, der Sie heimholt."

„Es ist nur wegen Christine!" stammelte die Sterbende. „Ich war ihr keine gute Mutter, hab ihr immer den Willen getan. Sie ist nicht auf guten Wegen. Der Herr wird mich nach ihr fragen, und ich weiß nichts zu antworten."

„Wo ist Ihre Tochter?" fragte Vianney.

„Sie ist in Savigneux!" ächzte die Kranke.

„Was tut sie dort?"

„Ach Gott, sie tanzt im ‚Schwarzen Pferd'. So sehr hab ich sie gebeten, hier zu bleiben, weil ich spürte, daß es zu Ende geht. Aber sie wollte nicht hören. Nie hat sie in der letzten Zeit auf mich gehört!" wimmerte die Unglückliche.

„Ich werde sie holen!" antwortete der Priester, zwischen dessen Augen eine harte Falte stand. „Mutter Renard, Sie bleiben wohl derweil bei der Kranken!"

„Aber ich kann doch selbst ...!“ wandte die Näherin ein. „Ihre Beichtkinder warten.“

„Sie mögen warten. Das ist eine Sache, die ich selber in Ordnung bringen will.“

Wilder Lärm schlug dem Pfarrer entgegen, als er die Tür zu dem verrufenen Dorfwirtshaus öffnete. Jäh verstummte der Geigenstrich der Musikanten, als sie den Priester gewahrten, und kreischend flogen ein paar Mädchen aus den Armen ihrer Tanzpartner. Die Burschen aber standen mit trotzigen Mienen, den Eindringling finster anstarrend.

„So entweiht ihr den heiligen Advent!“ rief Vianney mit mächtiger Stimme, sah sich forschend um, bis er die Gesuchte in einem Winkel des Gasthauses entdeckte.

„Komm mit!“ sagte er scharf. „Deine Mutter stirbt.“

Ganz verstört raffte das Mädchen sich auf und verließ mit dem Priester das Tanzlokal. Einige der Näherstehenden hatten des Pfarrers Aufforderung verstanden, andere aber begannen, noch ehe der Priester die Tür hinter sich geschlossen hatte, zu lachen.

„Ei, seht doch!“ schrie einer der Burschen, ein widerlicher, vierschrötiger Kerl mit blatternarbigem Gesicht. „Der Pfarrer von Ars holt seine Liebste ab.“

„Da seht ihr euren Heiligen!“ grölten andere ein paar Arser Mädchen zu, die sich beschämt zu verstecken gesucht hatten. „Er ist auch nicht besser als alle anderen. Kein Wunder, daß er aussieht wie der Tod. Dem stehen alle Laster im Gesicht geschrieben!“

„Schämst du dich nicht, zu tanzen, wenn deine Mutter stirbt!“ grollte der Priester, während er neben dem Mädchen durch die eisige Winternacht eilte.

„Ich hab doch nur zugesehen!“ schluchzte Christine Matin.

„Das macht es nicht besser! Wenn du auch nicht wirklich tanzest, so tanzt doch dein Herz!“

„Man ist nur einmal jung!“ erwiderte sie trotzig.

„Dummes Ding! Ein Lebensglück ist rasch vertan!“ antwortete der Priester ernst, aber es lag mehr Trauer als Zorn in seiner Stimme. Schweigend hasteten sie voran. Als sie aber daheim anlangten, fanden sie die Kranke regungslos in ihren Kissen.

„Sie ist soeben gestorben!“ sagte Frau Renard mit einem vorwurfsvollen Blick auf das Mädchen. Aufschreiend warf sich Christine über das Bett der Mutter und weinte hemmungslos.

„Laß jetzt die Tränen!“ mahnte der Priester nach einer Weile. „Sie machen nichts gut. Der Gedanke an dich hat deiner Mutter das Sterben schwer gemacht. Wir wollen ein Vaterunser für ihre Seelenruhe beten.“

Wimmernd brach Christine in die Knie und schluchzte die heiligen Worte nach, die der Pfarrer vorsprach.

Erschüttert kehrte Vianney in seine Kirche zurück, wo seine Beichtkinder auf ihn warteten.

In den folgenden Monaten beobachtete er das unglückliche Mädchen mit wachsender Sorge. Sie hatte sich völlig verändert, all ihre Frische verloren. Scheu und geduckt war ihr Wesen, und dem Priester ging sie aus dem Weg, wo immer sie konnte. Schließlich gelang es Vianney doch, sie irgendwo zu stellen, und voll heimlicher Unruhe fragte er: „Ist etwas mit dir, Christine?“ Das Mädchen schüttelte trotzig den Kopf und eilte davon.

„Sie bekommt ein Kind!“ vertraute Mutter Renard eines Tages dem Geistlichen an. Vianney stand einen Augenblick verstört, ohne ein Wort zu sagen.

„Sie ist eine Schande fürs Dorf!“ begann die Näherin wieder. „Ich habe meiner Tochter verboten, auch nur eine Silbe mit ihr zu reden.“

„Daran tun Sie unrecht!“ erwiderte der Priester scharf. „Das arme Kind hat gesündigt, aber jetzt braucht es Ihre ganze Liebe.“

„Sie können alles von mir verlangen, Herr Pfarrer, aber das nicht!“ empörte sich die Frau. „Nie werde ich meinen Fuß in ein Haus setzen, in dem die Sünde wohnt! Ich verstehe überhaupt nicht, wie Sie, die Sie doch den kleinsten Fehler verdammen, mir so etwas zumuten können.“

„Weil ich die Sünde hasse, liebe ich den Sünder!“ antwortete der Priester. „Das arme Kind ist schwer genug für seinen Leichtsinn gestraft. Nun hat es um seines Elendes willen ein Recht auf Barmherzigkeit.“

Kopfschüttelnd ging die Näherin von dannen. Manchmal war es wirklich schwer, den Pfarrer zu verstehen.

Es war in einer dunklen Septembernacht, als Christine Matin in aller Verlassenheit ihr Kind gebar. Nur Mutter Renard stand ihr auf ausdrücklichen Befehl des Pfarrers bei, vermochte aber den Widerwillen, mit dem das geschah, nicht zu verheimlichen. Am anderen Tag brachte sie das Neugeborene zur Taufe.

Schnell verbreitete sich die Nachricht von der unehelichen Geburt im

Dorf. Die Mädchen, die am Morgen beim Brunnen Wasser holten, tuschelten empört oder schadenfroh von der Unglücklichen, und einige Burschen aus Ars und der Nachbarschaft zogen eines Abends mit Topfdeckeln und Kuhhörnern vor das Haus der ledigen Mutter und machten unter allerlei höhnenden Zurufen ein fürchterliches Katzenkonzert. Während sich die Anständigen zurückhielten, waren es gerade die Zügellosesten, die ihrer Empörung auf solche Weise Ausdruck gaben.

Immer toller wurde der Lärm. Schließlich rafften einige der Burschen Steine auf und warfen dem unglücklichen Geschöpf die Fensterscheiben ein.

Plötzlich stoben die Lärmenden auseinander, als wäre Gottes Gewitter unter sie gefahren. Der Pfarrer stand da, zornbleichen Angesichts, und mit donnernder Stimme rief er: „Habt ihr denn gar keine Scham im Leibe, das arme Mädchen in seinem Elend noch zu verhöhnen? Wer von euch ohne Schuld ist, werfe den ersten Stein auf sie!"

Betroffen ging der Schwarm der Spötter auseinander.

„Jetzt nimmt er auch noch die Dirne in Schutz!" brummte einer von ihnen.

„Uns gönnt er nicht einmal einen unschuldigen Tanz und über so eine hält er die Hand!"

„Wer weiß, warum er es tut?" feixte einer aus dem Nachbarort. „Wißt ihr noch, wie er sie damals aus dem ‚Schwarzen Pferd' fortgeholt hat? Da haben doch manche schon gesagt, sie wäre seine Liebste. Vielleicht . . ." Mit breitem Grinsen verstummte der Lästerer. Die anderen Burschen machten ungläubige Gesichter, aber der Gedanke setzte sich doch in den Bauernschädeln fest, und hie und da hörte man jetzt eine Äußerung, eine halbe Vermutung, die sich nicht recht ans Tageslicht wagte.

Die Rechtschaffenen im Dorf schüttelten empört die Köpfe über solch unsinnige Verdächtigungen.

„Sie werfen mit ihrem eigenen Dreck nach unserem Pfarrer!" sagte der Bürgermeister ingrimmig, und Anton Cinier, der inzwischen zu einem stattlichen Jungmann herangewachsen war, drohte jeden, der etwas dergleichen vor seinen Ohren verlauten ließ, gründlich durchzuprügeln. Trotzdem wollte das Gerücht nicht schweigen. Man tuschelte davon in den Wirtshäusern, und besonders die „Zornige Ameise" konnte sich nicht genug tun in zweideutigen Hinweisen und achselzukkenden Verdächtigungen.

Eines Tages ging die Kunde durchs Dorf, Christine Matin sei aus Ars verschwunden. Sie hatte ihr Kind allein zurückgelassen, und wenn Mutter Renard sich um das Neugeborene nicht ein wenig gekümmert hätte, wäre es gewiß verhungert. Niemand wußte, wo die Unglückliche geblieben war. Nach drei Tagen aber brachte man ihren Leichnam auf einem schmutzigen Bauernkarren ins Dorf zurück. Bei Villefranche hatte man sie aus der Saone gezogen.

„Sie wußte nicht, was sie tat!" sagte der Pfarrer aufs tiefste erschüttert. Die Unbarmherzigkeit der Menschen hat die Verzweifelte in den Tod gejagt. Sie war nicht mehr bei klaren Sinnen, als sie von ihrem Kind fort ins Wasser ging."

So zögerte er nicht, den Leichnam der Unseligen in geweihter Erde zu bestatten.

„Der Pfarrer wird wissen, was er tut!" sagten die Gutgesinnten im Dorf. Andere aber verhehlten ihre Empörung nicht.

„Eine Selbstmörderin hat er auf unserem Friedhof begraben!" schalten sie auf der Gasse und in den Wirtshäusern. „Eine Selbstmörderin hat er neben unseren Eltern ins Grab gelegt. Der ganze Friedhof ist geschändet."

„Wohl zu verstehen, warum er das tut!" grinste der Wirt der „Zornigen Ameise" achselzuckend.

„Ja, wenn es so ist, wie geredet wird, dann ist zu begreifen, daß er sie nicht im Selbstmörderwinkel verscharren läßt!" nickten andere. Das törichte Geschwätz sollte bald neue Nahrung erhalten.

Mutter Renard weigerte sich, das Kind der Sünderin in ihrem Haus zu behalten. Sie bat den Pfarrer, dafür zu sorgen, daß es anderswo untergebracht würde.

Da nahm Johannes Vianney das arme, wimmernde Geschöpflein in seine Arme und trug es über die Gasse zum „Haus der Vorsehung".

„Das schickt euch der liebe Gott!" sagte er zu Katharina Lassagne.

„Das Kind der Sünde?" stammelte das Mädchen und starrte den Priester an.

„Das Kind Gottes!" erwiderte Vianney ernst. „Ich habe es selbst getauft. Sei du ihm eine gute Mutter!"

„Ja, Herr Pfarrer!" antwortete die junge Lehrerin und nahm das Kleine zögernd in ihre Arme.

Nun freilich kannten die Lästerzungen im Dorf keine Hemmungen mehr. Die Sache lag doch sonnenklar.

„Es ist sein eigenes!“ schrie man in den Wirtshäusern. „Das Kind seiner eigenen Sünde! Darum hat er die Mutter in Schutz genommen. Darum hat er die Selbstmörderin in geweihter Erde begraben. Darum besudelt er mit ihrem Kind das ‚Haus der Vorsehung‘ und verlangt, daß unsere anständigen Mädchen mit dem Sündenbalg die gleiche Luft atmen!“ Am Abend zogen die Burschen nun vor das Pfarrhaus, wo sie unter Lärm und Spektakel Spottverse sangen, die Fensterscheiben zerschlugen und ihre Gemeinheiten herausschrieen.

Es kam so weit, daß viele im Dorf, die bisher an der Ehre des Pfarres kein Stäublein geduldet hatten, unsicher wurden, und wenn Vianney über die Straße ging, rückte mancher, der ihn sonst freundlich gegrüßt hatte, kaum mehr an seiner Mütze. Niederträchtige Briefe flogen dem Priester ins Haus, und Zettel mit lästerlichen Aufschriften heftete man ihm an die Tür.

„Sie müssen etwas dagegen tun, Herr Pfarrer!“ sagte der alte Mandy kopfschüttelnd. „Wer Sie wirklich kennt, glaubt von all dem Unsinn natürlich kein Sterbenswort, aber manch einer wird unsicher, weil Sie schweigen. Wehren Sie sich auf der Kanzel gegen die Verleumder, bringen Sie die Schwätzer wegen übler Nachrede vors Gericht! Wenn man erst ein paar der Hauptschreier eingesperrt hat, werden Sie Ruhe haben.“

„Nein, nein“, schüttelte der Priester den Kopf. „Ich werde mich nicht wehren. Ich werde niemanden vors Gericht bringen. Aber ich sehe die Stunde voraus, da man mich mit Stockschlägen aus dem Dorf jagt, da mein Bischof an mir irre wird und mir alle Vollmachten entzieht, da man mich ins Gefängnis schleppt, wo ich mein elendes Leben beweinen kann.“

„Nun, und dann?“ forschte der Bürgermeister. „Dagegen wollen Sie sich nicht wehren?“

„Wie darf ich mich gegen das Kreuz wehren, das Gott auf meine Schultern lädt?“ lächelte der Priester. „O nein, ich wehre mich nicht, ich segne das Kreuz. Im Kreuz ist Frieden. All unser Elend kommt nur daher, daß wir das Kreuz nicht lieben.“

„Mein armer Pfarrer, wie müssen Sie leiden!“ entfuhr es dem braven Mann.

„Ja, ich leide, wie ich nie zuvor gelitten habe. Gegen dieses Leid war alles andere nichts. Heute ist ein Kind, das mir sonst stets freundlich die Hand gab, vor mir fortgelaufen, als wäre ich der Leibhaftige.“

„Ihr Werk wird zugrunde gehen! Ich hörte, daß manche Eltern ihre Töchter nicht mehr in die ‚Vorsehung' gehen lassen und daß manche der Auswärtigen ihre Kinder empört heimholten."

„Es ist wahr", nickte der Priester. „Aber die ‚Vorsehung' steht in Gottes Hand. Freund, es ist wahr, ich leide bis ins innerste Herz, und doch bin ich des Leides froh; denn nun weiß ich, daß Gott mich nicht verworfen hat, weil er mich würdigt, das Kreuz seines geschmähten und mißhandelten Sohnes zu tragen."

Am innigsten trauerte man wohl im Haus der „Vorsehung". Katharina Lassagne hatte jetzt oft ganze verweinte Augen, wenn der Pfarrer kam, aber Vianney wies sie mit ernsten Worten zurecht.

„Wir haben keinen Grund zu weinen. Wir müssen uns freuen!" sagte er immer wieder. Dann ließ er sich den kleinen Bernhard Matin bringen nahm ihn auf die Arme und herzte und segnete ihn.

„Wollte doch, das Kind wäre uns nie ins Haus gekommen!" brummte Johanna Channay manchmal, aber Katharina schüttelte den Kopf und sagte: „Der Pfarrer weiß, was er tut."

Die stille Benedikta Lardet aber bot dem Heiland ihr Leben an für die Ehre des Priesters.

Den ganzen Herbst hindurch hörten die Lästerungen und Schmähreden nicht auf. Die Tanzenden trieben es toller als je zuvor, und alles, was Vianney in so vielen leidvollen Jahren aufgebaut hatte, schien aus den Fugen zu gehen. Im „Haus der Vorsehung" zogen Not und Bedrängnis ein. Der Pfarrer fand auf seinen Bettelgängen jetzt oft verschlossene Türen, und mehr als einmal erhielt er die Antwort, man sei gerne bereit, etwas für die Schule zu tun, aber zuvor müsse das Sündenkind aus dem Haus sein.

„Es wird dort bleiben, solange ein Atemzug in mir ist!" antwortete der Priester.

„Sagen Sie doch ein Wort, Herr Pfarrer!" beschwor Anton Cinier eines Tages den Priester. „Sie brauchen auf der Kanzel nur ein einziges Mal zu erklären, daß alles Lüge und Verleumdung ist, dann wird man Ihnen glauben!"

„Glaubst du mir nicht ohne ein solches Wort?" fragte der Priester mit schmerzlichem Lächeln.

„Natürlich glaube ich Ihnen!" stotterte der Bursche. „Allein, wenn Sie fortfahren zu schweigen, dann —, dann —!" Anton Cinier zuckte die Achseln und ging davon.

„Selbst der!“ stöhnte der Priester. „Selbst der Treueste aller Getreuen!“ Er ließ den Kopf in seine Hände sinken und weinte. Dennoch verteidigte er sich mit keinem Wort.

Eines Tages trat recht bekümmert der Dechant von Trévoux ins Pfarrhaus.

„Was sind das nur für Geschichten!“ sagte er, sich mit einem Seufzer niederlassend. „Der Bischof hat anonyme Briefe erhalten, die Ihre Ehre angreifen, und mich mit der Untersuchung des Falles beauftragt. Ich brauche Ihnen wohl nicht zu sagen, daß kein Mitbruder, der Sie kennt, an Ihrer Unschuld zweifelt.“

„Ich danke Ihnen!“ antwortete Vianney. „Also, untersuchen Sie!“

„Kennen Sie den Vater des Kindes?“ fragte der Beauftragte des Bischofs Devie von Belley, zu dessen Diözese das Dekanat seit einigen Jahren gehörte.

„Ich vermag Ihre Frage nicht zu beantworten“, erwiderte der Pfarrer.

„Sie haben gar keine Ahnung, keinen Verdacht?“

Vianney schüttelte wortlos den Kopf.

„Nun, dann muß Gott selbst Ihre Unschuld offenbaren!“ seufzte der Dekan. „Es ist eine wirklich böse Geschichte. In allen Dörfern spricht man von Ihnen. Selbst in Trévoux hat man Sie neulich offen in einem Kaffeehaus geschmäht. Wehren Sie sich doch wenigstens!“

„Was sagt der Bischof dazu?“ fragte Vianney nach kurzem Schweigen.

„Der Bischof legt Ihnen nahe, um eine Versetzung einzukommen“, entgegnete der Dechant bedrückt, „falls Sie Ihre Unschuld nicht für alle offenkundig beweisen können, hält er Ihr Bleiben nicht mehr für angebracht.“

„Also auch der Bischof!“ nickte Vianney düster. „Gut, ich werde meine Versetzung beantragen.“

„Ich habe noch einen anderen Vorschlag“, sagte der Pfarrer von Trévoux. „Halten Sie eine Volksmission! Vielleicht wird sie Ihr Dorf zur Besinnung bringen.“

„Eine Volksmission!“ antwortete Vianney. „Ja, das ist wohl das Rechte!“

„Gott füge alles zum Guten!“ seufzte der Dekan und verließ den Mitbruder.

Über Ars läuteten die Glocken der Gnade. Kartäusermönche aus

Lyon riefen in gewaltigen Predigten zur Umkehr der Herzen. Dennoch blieb den ersten Tagen der Erfolg versagt. Zu düster lagen noch die Schatten über dem verblendeten Dorf. Gerade in diesen Tagen schrieen die Burschen verwegener als sonst ihre Spottverse vor dem Pfarrhaus.

Zwar verteidigten die Ordensleute auf der Kanzel des Priesters Ehre, verbürgten sich für seine Unschuld und schalten mit donnernden Worten die undankbare Gemeinde.

„Wenn er selbst nicht spricht—?“ sagten die Leute von Ars. „Wie soll man ihm da glauben?“

Am dritten Tag griff Gottes Hand ein. Ein Pferdeknecht des Bauern Trève, der sich über die Missionare im Wirtshaus lauter als alle anderen lustig gemacht hatte, wurde von einem Hufschlag getroffen und rief, schwer darniederliegend, nach einem Kartäuser. Nachdem der Priester die Beichte des Todwunden gehört hatte, ließ er in aller Eile den Bürgermeister des Ortes und einige andere geachtete Männer holen. Als die Gerufenen erschienen waren, führte er sie ans Krankenbett und forderte sie auf, ein Geständnis des Sterbenden anzuhören.

Tiefe Röte flammte über das Gesicht des Verletzten, als er die Männer eintreten sah. Dann richtete er sich, von des Kartäusers Armen gestützt, ein wenig auf und sagte mit keuchender Stimme: „Ich bin der Vater des Kindes, das Christine Matin geboren hat. Ich habe es dem Pfarrer Vianney längst schon in der Beichte bekannt, aber er hat nicht gesprochen. So muß ich es sagen. Gott verzeih mir meine Schuld!“

In seine Kissen zurücksinkend, tat er hastig ein paar rasselnde Atemzüge, dann quoll ein Strom dunklen Blutes aus seinem Mund. Wenige Augenblicke später verschied er in Frieden.

„Er war es, der am meisten über den Pfarrer gelästert hat!“ sagte der Bauer Trève aufs tiefste erschüttert.

Mit Windeseile verbreitete sich die Nachricht im Dorf. Ohne daß eine Glocke gerufen hätte, füllte sich die Kirche bis in den letzten Winkel. Atemlose Stille herrschte, als einer der Kartäusermönche die Kanzel betrat und eine von ihm, dem Bürgermeister, dem Bauern Trèvere und anderen achtbaren Männern unterschriebene Erklärung verlas, durch die die Unschuld des Pfarrers erwiesen wurde.

„Ihr habt eurem Pfarrer ein bitteres Unrecht zugefügt“, fügte er mit mächtiger Stimme hinzu. „Bittet ihn um Verzeihung!“ Ich weiß, daß er euch vergibt! Nun aber laßt uns das Tedeum singen!“

So gewaltig war nie zuvor der große Lobgesang durch die Kirche von

Ars gebraust wie in dieser Stunde. Heimlich baten alle, die so blind gewesen waren, an ihrem Priester zu zweifeln, ihm die bittere Schmach ab, die sie ihm zugefügt hatten.

Einer der Ordensleute eilte zum Pfarrhaus, dem solange Verkannten die glückliche Wendung der Dinge mitzuteilen und ihn in die Kirche zu holen.

„Kommen Sie, Ihre Gemeinde wartet auf Sie!“ forderte er eindringlich.

„Es ist nicht mehr meine Gemeinde!“ antwortete Vianney mit schmerzlichem Lächeln. „Ich habe soeben meine Versetzung erhalten. Der Bischof hat mich zum Pfarrer von Fareins ernannt.“

„Davon kann nun keine Rede mehr sein“, widersprach der Kartäuser lebhaft. „Die Arser werden Sie nicht gehen lassen.“

Dem ungestümen Drängen gab Vianney endlich nach, und bald darauf stand er mit todbleichem Gesicht auf der Kanzel seiner Kirche.

„Ihr glaubt, meine lieben Kinder, mir etwas abbitten zu müssen“, sagte er mit leiser Stimme. „Oh, das braucht ihr wahrhaftig nicht; denn ich weiß selbst, wie wenig ich verdient hatte, euer Hirt zu sein. Ich bitte euch nur, ihr wollet künftig ein armes, unschuldiges Kind nicht mit eurem Unwillen verfolgen. Wie sollten wir das kleine Geschöpflein nicht lieben, weil Gott es doch liebt! Ich selber werde euch verlassen, da mir der Bischof eine andere Herde anvertraut hat. Betet für mich, und ich verspreche, euch stets in meinem Herzen zu tragen.“

Mit Tränen in den Augen hörten die Arser ihrem Pfarrer zu, als er aber von seinem Scheiden sprach, schüttelten sie entschieden die Köpfe. Sie dachten gar nicht daran, ihn, den sie wenige Tage zuvor noch verlästert hatten, ziehen zu lassen. Vor allem wehrte sich der Graf von Garets, der nie an dem frommen Priester gezweifelt hatte, entschieden gegen die Versetzung. Mit dem Bürgermeister fuhr er tags darauf in die Bischofsstadt, und am Abend konnten die Kartäuser der Gemeinde kundtun, der Bischof habe die Versetzung zurückgenommen.

An diesem Tag läuteten die Glocken von Ars bis in die tiefe Nacht hinein.

Als der Pfarrer zu später Stunde aus dem Gotteshaus heimkehrte, wartete Anton Cinier auf ihn.

„Herr Pfarrer“, sagte der Bursche beschämt, „auch ich habe an ihnen gezweifelt. Verzeihen Sie mir, ich war ein Narr.“

„Komm mit, ich will dir was zeigen!“ lächelte Vianney. Im Pfarrhaus griff er nach dem Neuen Testament und las aus dem Evangelium des heiligen Matthäus:

„Nach dem Lobgesang gingen sie hinaus auf den Ölberg. Da sprach Jesus zu ihnen: In dieser Nacht werdet ihr alle an mir irre werden; denn es steht geschrieben: Ich will den Hirten schlagen, und die Schafe der Herde werden sich zerstreuen . . ."

„Wenn die Apostel an ihrem Herrn irre wurden, darf ich dann klagen, wenn die armen Leute von Ars an ihrem unwürdigen Pfarrer zweifelten?" sagte der Priester, als er das heilige Buch schloß. „Doch darf ich euch ehrlichen Herzens bekennen, ich habe keinen Augenblick einen einzigen von denen, die mich schmähten, aus meiner Liebe verloren."

Tränen in den Augen, drückte Anton dem Pfarrer die Hand. „Nun gehöre ich Ihnen mit Leib und Seele!" gelobte er.

„Nicht mir, nicht mir!" antwortete der Priester. „Gott mußt du gehören; denn du bist Gottes, Anton Cinier."

Ergriffen verließ der junge Mann das Pfarrhaus.

Die Mission in Ars wurde ein glänzender Erfolg. Fast das ganze Dorf bekannte seine Sünden und hielt ehrlichen Herzens Umkehr zu Gott. Manche der Männer, die in den Wirtshäusern laut genug über den Pfarrer gescholten hatten, mieden jetzt beschämt die Schankstube. Selbst die wenigen Stammgäste, die nach den Gnadentagen noch in der „Zornigen Ameise" oder im „Wilden Mann" erschienen, duldeten nicht mehr, daß die Wirte ein böses Wort über den Pfarrer sprachen.

Pertinand, der Wirt zur „Silbernen Rose", erschien eines Tages recht bekümmert im Pfarrhaus und sagte: „Ich weiß, daß jedes Wirtshaus Ihnen ein Dorn im Auge ist. Ihnen zuliebe möchte ich es wohl schließen, aber ich habe fünfzehn Kinder."

„Schließen Sie immerhin Ihre Schankstube!" mahnte der Pfarrer. „Sie haben noch Ihren Acker und einen guten Weinberg. Zudem habe ich noch etwas für Sie!" Nachdenklich tat er ein paar Schritte, dann sagte er lebhaft: „Ich weiß nicht, warum es so ist, aber seit einiger Zeit kommen viele Fremde in unseren Ort."

„Sie kommen Ihretwegen!" antwortete der Gastwirt eifrig.

„Das mag sein, wie es will. Auf jeden Fall sucht die Posthalterei in Lyon einen Fuhrunternehmer für eine tägliche Verbindung zwischen Ars und Trévoux. Melden Sie sich für dieses Geschäft! Sie werden es gewiß erhalten. Ich empfehle Sie gerne, und ich bin gewiß, daß es Sie für die Schließung Ihrer Gastwirtschaft entschädigen wird."

„Ich danke Ihnen von ganzem Herzen!" Pertinand ergriff hocherfreut die Hand des Priesters und ging glücklich davon.

Wirklich wurde er mit der ihm zugedachten Aufgabe betraut, und bald zeigte es sich, daß er keinen schlechten Tausch gemacht hatte.

Übrigens mußte auch die „Zornige Ameise" schließen. Der „Wilde Mann" folgte nach. Die beiden Wirte verließen bei Nacht und Nebel den Ort.

Katharina Lassagne zeigte sich glücklich über die Wende der Dinge.

„Wir haben jeden Tag mit den Kindern für Sie gebetet", sagte sie, als der Pfarrer bald nach der Mission wieder einmal in der „Vorsehung" nach dem Rechten schaute. „Und für unseren kleinen Bernhard Matin sind eine Menge guter Sachen abgegeben worden. Johannes Pertinand, einer Ihrer Ministranten, hat sogar sein Schaukelpferd hergebracht, obschon es ja noch ein paar Jährlein dauern wird, ehe der Bernhard darauf reiten kann."

„Nun haben wir plötzlich wieder eine wohlgefüllte Vorratskammer", versicherte Johanna Chanay, die Köchin. „Jetzt können wir die hungrigen Mäuler wieder stopfen."

„Es sind fast alle Kinder, die unser Haus verlassen hatten, zurückgekehrt. Sie haben doch nichts dagegen, daß wir sie wieder aufnehmen?" fragte Katharina.

„Wie sollte ich wohl?" schüttelte der Pfarrer den Kopf. „Hat nicht der Heiland gesagt: Wer eines von diesen Kleinen, die an mich glauben, aufnimmt, der nimmt mich auf! Sollen wir den Herrn von unserer Tür weisen?"

Still reichte auch Benedikta Lardet dem Pfarrer die Hand, ohne eine Wort zu sagen. Besorgt schaute der Priester die junge Lehrerin an.

„Ist dir nicht gut?" fragte er dann.

„Doch, Herr Pfarrer, es ist mir sehr gut!" antwortete das Mädchen leise.

Niemand sollte wissen, daß sie seit einigen Tagen kränkelte, und sorgsam verbarg sie ihre Taschentücher, in denen sie seit kurzem Blutspuren gefunden hatte. Sie wußte, daß Gott das Opfer ihres jungen Lebens angenommen hatte.

Am Abend dieses Tages aber kniete Johannes Vianney lange vor dem Tabernakel.

„Herr", betete er aus der Tiefe seines Herzens, „du hast das Kreuz von mir genommen. Warst du unzufrieden mit mir, daß du mich nicht gewürdigt hast, es länger zu tragen?"

Vom Leid der Seele hatte Gottes Güte seinen Diener erlöst, um so erbarmungsloser aber kreuzigte Johannes Vianney seinen Leib. Die Folgen schwerer Entsagung und Kasteiung blieben nicht verborgen. Das Schloßfräulein setzte es durch, daß der Priester sich von Dr. Timécourt, einem Arzt aus Trèvoux, untersuchen ließ.

Bedenklich schüttelte der Arzt den Kopf, nachdem er Vianneys Gesundheitszustand geprüft hatte, und sagte: „Es steht nicht gut mit Ihnen. Ich will Ihnen einige Medikamente aufschreiben, die Sie sich aus der Apotheke in Trévoux holen lassen können. Abgesehen davon müssen Sie Fett- und Milchsuppen zu sich nehmen, Huhn, Kalbfleisch, Bier, rohe und gekochte Früchte mit frischem Brot, dann geröstete Weißbrotschnitten mit Butter und Honig, Milchtee mit Zucker und möglichst viele ausgereifte Trauben."

Vianney nickte und ging davon. Draußen zerriß er das Rezept in kleine Schnitzel, die er davonblies. Er dachte keinen Augenblick daran, den Rat des Arztes zu befolgen.

„Vermutlich würde er vielen armen Leuten in meiner Gemeinde die gleiche Kost verordnen!" brummte er vor sich hin.

In den nächsten Tagen aber erhielt die Kirche von Ars einen neuen Schmuck. Aus Lyon brachte Vianney ein „Ecce Homo" mit, dem er einen Ehrenplatz in der Nähe des Altars gab.

Viele Stunden kniete er seitdem mit aufgehobenen Händen vor dem heiligen Marterbild.

HANDLANGER UND BEICHTVATER

1828–1830

Es war an einem sonnigen Frühlingstag, als die Postkutsche, die jetzt dreimal wöchentlich zwischen Trévoux und Ars verkehrte, über die Dorfgasse rumpelte und in der Nähe der Kirche anhielt. Franz Pertinand, der älteste Sohn des ehemaligen Gastwirts, sprang vom Bock und riß den Wagenschlag auf, während sein zehnjähriger Bruder Johannes noch einmal ein lustiges Hornsignal schmetterte. Dann rannte auch er zur rückwärtigen Tür des kanariengelb gestrichenen Gefährtes, um den sechzehn Passagieren beim Aussteigen behilflich zu sein und hie und da einen Sou als Trinkgeld zu kassieren.

Es war eine seltsam gemischte Gesellschaft, die mit steifgewordenen Gliedern aus der Kutsche kletterte, Bauern aus den Bergdörfern der Auvergne in Holzschuhen und weiten, bis über die Knie reichenden Kitteln, Bürger aus Trévoux mit breitrandigen Zylinderhüten und buntfarbigen Fracks, enggeschnürte Damen in städtischen Kleidern und reichbebänderten Hauben, ein kurzsichtiger Redakteur mit einer scharfen Brille und ein Geistlicher in langer Soutane.

„Wo ist er?" fragten sie den kleinen Posthelfer und hielten neugierig Ausschau.

„Wir werden ihn wohl in der Kirche treffen", vermutete der Abbé, der nicht zum erstenmal nach Ars gereist zu sein schien.

„Wir finden ihn schon", versicherte Johannes. „Folgen Sie mir nur!" Merkwürdigerweise führte er den kleinen Pilgerzug an Kirche und Pfarrhof vorbei zu einem Gebäude hinter dem Chor des Gotteshauses.

„Er wird in der ‚Vorsehung' sein", vermutete der Geistliche. „Da hält er seine Katechismusstunden, und wir können vielleicht bei den Fenstern ein wenig zuhören."

Aber auch am Schulhaus ging's vorüber zu einem Anbau, an dessen Mauern noch die Werkleute schafften.

„Der Neubau der ‚Vorsehung'!" erklärte Johannes. „Im alten Haus war es nämlich zu eng geworden, da sie jetzt auch Waisenkinder dort aufnehmen."

„Und wo ist er?" fragte die Bäuerin ungeduldig.

„Machen Sie nur die Augen auf!“ lachte der Bub. „Er steht vor Ihnen.“

„Das ist der Pfarrer von Ars?“ stammelte die Frau und starrte auf den Mann, der, eine große blaue Schürze über der Soutane tragend, Kalk und Sand vermengte.

„Sie suchen einen Pfarrer und finden einen Handlanger“, lächelte Vianney, sich ein paar Mörtelspritzer aus dem Gesicht wischend.

„Sie arbeiten als Bauarbeiter?“ staunte der Redakteur, sein Notizbüchlein zückend.

„Was bleibt mir anderes übrig?“ nickte der Priester. „Wenn ich nicht dabei bin, faulenzen die Kerle.“

„Oho, das wollen wir nicht gehört haben!“ wehrte sich August Trève, einer der helfenden Ministranten.

„Ist es wahr, daß Sie nur von kalten Kartoffeln leben?“ fragte der neugierige Zeitungsmann, in sein Heft kritzelnd.

„Nein, das ist nicht wahr!“ brummte der Pfarrer. „Gieß noch ein bißchen Wasser zu, August!“ Seit kurzem nahm er seine kümmerlichen Mahlzeiten in der ‚Vorsehung‘, wo ihm die energische Köchin Johanna Chanay kräftigere Speisen aufzwang.

„Ist es wahr, daß Sie ohne Schlaf leben?“ examinierte der Reporter weiter.

„Auch das ist nicht wahr!“ antwortete Vianney verdrießlich. „Ich schlafe jede Nacht, wenn er mich schlafen läßt.“

„Wer läßt Sie nicht schlafen?“

„Der Grappin!“ rief August Trève.

„Wer?“

„Der Teufel! Es spukt im Pfarrhaus!“

„Paß auf, August!“ knurrte der Pfarrer. „Du gießt mir ja das Wasser über die Schuhe!“

Hastig flog der Redakteurbleistift übers Papier.

„Höchst merkwürdig!“ lächelte der Reporter. „Der Teufel spukt noch im neunzehnten Jahrhundert. Man erzählt, daß Sie auch Wunder wirken, Herr Pfarrer. Darf ich fragen, wie sich das verhält?“

„Ja!“ nickte der Priester.

„Sie wirken also Wunder?“

„Nein, ich habe nur gesagt, daß Sie fragen dürfen“, schmunzelte Vianney. „Wenn ich Wunder wirken könnte, brauchte ich keinen Mörtel machen und könnte nach Hause gehen.“

„Er wirkt aber doch Wunder", raunte Johannes Pertinand, der soeben wieder mit dem leeren Tragholz erschien, dem Reporter zu. „Gehen Sie in die ‚Vorsehung' und fragen Sie Katharina Lassagne!"

„Ach bitte", wandte sich der Pfarrer an die Wallfahrer, die stumm vor Staunen zugesehen hatten, „gehen Sie doch in die Kirche! Wenn Sie beichten wollen, stehe ich Ihnen bald zur Verfügung."

Zögernd entfernten sich die Pilger.

„So hätte ich mir den heiligen Pfarrer nicht vorgestellt", sagte einer der Stadtfräcke kopfschüttelnd. „Er sieht ganz gewöhnlich aus und macht den Handlanger!"

„Potztausend! Ein ganzer Kerl!" kicherte ein Bauer aus der Auvergne. „Wie er den neugierigen Zeitungsmann abgefertigt hat, das hat mir wahrhaftig gefallen."

„Für einen Heiligen erscheint er mir reichlich bissig!" schüttelte eine Dame aus der Stadt ihre Spitzenhaube.

„Es mangelt ihm doch etwas die Politur!"

„Polierte Heilige sind selten!" meinte der Abbé den Mitbruder entschuldigen zu müssen.

„Aber er mußte doch sehen, wen er vor sich hatte!" grollte eine Dame mit Wespentaille. „Es sind doch nicht nur Bauern hergekommen. Mein Mann ist ein höherer Beamter."

„Und Sie haben einen höheren Vogel", vermochte die wohlbeleibte Bauersfrau nicht zu unterdrücken, und stieß die Spitze ihres Regenschirmes ärgerlich auf den Boden.

Gekränkt wandte die Enggeschnürte sich ab.

Während sie nun die Kirche aufsuchten, sprach der Reporter in der „Vorsehung" vor.

„Nach Wundern fragen Sie?" lächelte Katharina Lassagne. „Aber der ganze Mann ist ein einziges Wunder. Es gibt wirklich nichts Wunderbareres als den Pfarrer von Ars."

„Nun, ich hatte den Eindruck, es mit einem recht alltäglichen Menschen zu tun zu haben", zuckte der Journalist die Schulter. „Hat er denn einmal irgend etwas getan, was sich nicht auf natürliche Weise erklären ließ?"

„O ja!" antwortete die Lehrerin. „Es gab Zeiten, wo wir kaum etwas hatten, die vielen hungrigen Mäuler im Haus zu stopfen. Eines Tages waren all unsere Vorräte erschöpft, und wir klagten dem Pfarrer unser Leid. ‚Gott will nicht, daß die Kinder hungern', antwortete er. Dann befahl er uns, auf den Speicher zu gehen und die letzten Getreidereste zusammenzufegen. ‚Es ist kein Rest mehr da', versicherte unsere Köchin. ‚Schaut dennoch nach!' gebot er. Als Johanna Chanay dann kopfschüttelnd nach oben ging und die Speichertür öffnete, rauschte ihr eine Flut goldgelber Weizenkörner entgegen."

„Er wird das Getreide heimlich haben hinaufschaffen lassen", vermutete der Reporter ungläubig.

„Das ist ausgeschlossen", erwiderte die Leiterin der „Vorsehung".

„Das hätte nicht geschehen können, ohne daß es eine von uns gesehen hätte. Zudem hätte er uns dann nicht im Glauben gelassen, es sei ein Wunder geschehen."

„Es war soviel Getreide da, daß wir glaubten, die morschen Balken müßten unter der Last brechen", bestätigte Benedikta Lardet.

„Wie viele Kinder haben Sie gegenwärtig im Haus?" forschte der Journalist weiter.

„Ich weiß es nicht", antwortete Katharina.

„Sie wissen es nicht?" funkelten die Brillengläser.

„Nein, wahrhaftig nein! Gott weiß es, das ist genug."

„Aber wenn einer Ihrer Schützlinge entweicht?"

„Oh, wir kennen sie alle zu genau, als daß wir sie nicht sofort vermissen würden."

„Höchst merkwürdig!" konstatierte der Zeitungsmann und kritzelte in sein Notizbuch. Kopfschüttelnd ging er davon.

Johannes Vianney band seine Schürze ab und eilte in die Kirche. Lange kniete er auf der untersten Altarstufe, die Augen zum Tabernakel erhoben, dann setzte er sich in den Beichtstuhl in der Täuferkapelle.

Als erste beichtete die Bäuerin mit dem großen Regenschirm. Sie klagte sich etlicher kleiner Verfehlungen an und schwieg.

„Haben Sie nichts vergessen?" fragte der Pfarrer.

„Ich wüßte nicht", antwortete die Frau betroffen.

„Haben Sie nicht noch auf dem Weg zur Kirche eine sehr lieblose Bemerkung gemacht?"

„Ach ja, Sie haben recht!" stammelte die Bäuerin. „Ich hatte mich über die Reden einer Person geärgert."

„Sie müssen mehr Geduld haben, meine Liebe!" seufzte der Priester.

Einen Bauern erinnerte er daran, daß er die Milch verwässert und den Wein gepanscht hatte. Und der Bauer bekannte sich zerknirscht zu seinen Verfehlungen.

Einer modisch gekleideten Dame sagte er: „Retten Sie doch Ihre Seele, die Sie völlig an irdischen Tand verloren haben! Wie schade, eine Seele zu verlieren, die unseren Heiland so viel gekostet hat! Was hat er Ihnen denn Böses getan, daß Sie ihn so behandeln?"

Der Abbé klagte, daß er in der Seelsorge wenig Erfolg habe, obwohl er sich auf der Kanzel alle Mühe gäbe.

„Gut, Sie haben gepredigt, mein Freund!" antwortete Vianney. „Aber haben Sie auch gebetet? Haben Sie gefastet und sich gegeißelt? Wenn Sie das nicht getan haben, wie dürfen Sie über Ihre Gemeinde klagen?"

Ein Herr aus der Stadt, den nur die Neugierde nach Ars geführt hatte, war in der Nähe des Weihwasserbeckens stehen geblieben und betrachtete gelangweilt den heiligen Raum. Betroffen schaute er auf, als der Pfarrer, der den Beichtstuhl verlassen hatte, auf ihn zutrat.

„Sie haben lange nicht mehr gebeichtet, mein Lieber?" fragte der Priester.

„Sind wohl dreißig Jahre her, denke ich", antwortete der andere verlegen.

„Dreißig Jahre, lieber Freund? Besinnen Sie sich genau! Es sind dreiunddreißig. Es war vor Ihrer ersten heiligen Kommunion, die Sie im Schuppen einer Lyoner Seidenweberei empfangen haben."

„Sie haben recht!" stammelte der Fremde erbleichend.

„So kommen Sie nur und beichten Sie jetzt!"

„Aber ich bin nicht vorbereitet, und außerdem —! Ich habe keinen Glauben!"

„Sie werden glauben, wenn Sie gebeichtet haben!"

Wenig später kniete der Fremde im Bußgericht. Zwanzig Minuten dauerte die Beichte, dann erhob er sich mit einem Gefühl unbeschreiblichen Friedens. Vor dem Altar warf er sich auf die Knie nieder und dankte Gott, der sein Herz umgewandelt hatte.

Ein paar Stunden später reisten sie in der Postkutsche heim. Der Reporter las aufmerksam seine Notizen nach und überlegte den Zeitungsartikel, der sich daraus ergeben würde. Er war der einzige, der das Glück einer guten heiligen Beichte nicht gesucht hatte.

Der Neubau neben der „Vorsehung" wurde eingeweiht, und bald vergrößerte sich die Zahl der glücklichen Bewohner. Vianney nahm in dem neuen Haus nur Waisen auf, arme verlassene Mädchen, die er irgendwo auf der Landstraße aufgelesen hatte. Manches dieser heimatlosen Geschöpfe war völlig verwahrlost und zerlumpt, scheu und verdorben. Aber Katharina Lassagne nahm sie alle mit der gleichen mütterlichen Liebe auf und bewies eine unerschütterliche Geduld.

Der Pfarrer ersparte den guten Seelen keinerlei Prüfung, und oft hatte er Worte für sie, die erbarmungslos schmerzten. Doch wußten die Mädchen, daß auch diese Strenge aus seiner Liebe kam. Er wollte ihre Seelen ohne jeden Makel sehen.

Zuweilen mangelte es dem neuen Haus wieder einmal am Allernotwendigsten.

„Ich werde meinen Heiligen die Ohren vollschreien", tröstet der Pfarrer, und sein Gebet blieb nie ohne Erhörung.

Johanna Maria Chanay klagte eines Tages dem Pfarrer, es sei nur noch ein kleiner Mehlrest vorhanden, der gewiß nicht für einen Schub Brot ausreiche, wie man ihn benötigte.

„Man muß kneten!" erwiderte Vianney. „Ordentlich kneten muß man!" Nicht ohne Bangen machte die Köchin sich an die Arbeit, tat den winzigen Mehlrest in den Trog, in den sie sonst einen ganzen Sack schüttete und fügte Wasser hinzu. Dann begann sie zu mengen und zu kneten.

Und das Wunder geschah. Der riesige Trog füllte sich wie alle Tage mit Teig. Zehn Brotlaibe, ein jeder zwanzig bis zweiundzwanzig Pfund schwer, konnte Johanna in den Ofen schieben. Als sie dem Pfarrer von dem unerhörten Wunder berichtete, antwortete er: „Der liebe Gott ist gut. Er sorgt für seine Armen."

Eine schwere Prüfung traf das Haus zur „Vorsehung". Mitten im leuchtenden Frühling des Jahres 1830 lag Benedikta Lardet auf dem Sterbebett. Als der Arzt ihr gestand, daß keine Hoffnung auf Genesung mehr sei, antwortete sie mit leuchtendem Gesicht: „Welche Freude! Welche Freude! Ich gehe den lieben Gott schauen!" Mit einem Lächeln auf den Lippen schied sie aus ihrem opferreichen Leben.

Ihre Nachfolgerin wurde Maria Filliat, eine Näherin aus Misérieux, deren herrisches Wesen zu einer schweren Prüfung für die arme Katharina Lassagne werden sollte. Doch trug diese voll tapferer Ergebung ihr Kreuz und brachte nie ein Wort der Klage vor ihren Pfarrer.

Der Tod der frommen Benedikta fiel in ein schweres, sturmvolles Jahr. Die Zeit der Schrecken schien zurückzukehren. Aufruhr heulte durch die französische Hauptstadt. Barrikaden versperrten die Straßen. Vor dem Palais Royal kam es zu blutigen Zusammenstößen zwischen der rasenden Menge und dem Militär. Das Stadthaus wurde erstürmt, das Haus des Erzbischofs geplündert, der Louvre geriet in die Gewalt der Aufständischen. Karl X. mußte auf seine Krone verzichten und sie Louis Philipp von Orléans, dem Sohn des berüchtigten Prinzen Egalité, überlassen.

Bis ins letzte Dorf schlugen die Wellen der stürmischen Flut. Auch die Diözese Belley blieb nicht davon verschont. Die lächerlichsten und gehässigsten Verleumdungen gegen den Klerus wurden herumgetragen. Das Gerücht verbreitete sich, die neue Regierung werde die Kirchen schließen und die Wegkreuze entfernen. Hie und da fand man geschändete Marterbilder an Feldrainen und Straßen.

In jenen düsteren Tagen war es, als der letzte Rest der Unzufriedenen sich gegen den Pfarrer von Ars auflehnte. Als Johannes-Maria eines Abends aus der Kirche heimkehrte, warteten sieben Männer auf ihn.

„Was wünscht ihr von mir, meine Freunde?" redete er sie liebevoll an, obschon er wußte, daß sie nicht zu den eifrigsten gehörten.

„Herr Pfarrer", antwortete der Sprecher der kleinen Abordnung, „wir fordern Sie auf, unseren Ort zu verlassen. Wir dulden Sie nicht länger in Ars."

„Kommt ihr im Auftrag der Gemeinde?" fragte Vianney, sich zur Ruhe zwingend.

„Nein, aber viele sind unzufrieden", entgegnete ein anderer. „Sie passen nicht in unsere Zeit mit Ihrer Strenge."

„Ich habe nie darüber nachgedacht, ob ich der Zeit passe, sondern nur, ob ich Gott passe."

„Wir fühlen uns durch Ihre Schroffheit verletzt!" brachte ein dritter vor.

„Es gibt gute Leute, denen Sie die Lossprechung verweigert haben."

„Kinder aus achtbaren Familien haben Sie von der Erstkommunion zurückgestellt. Straßenmädchen haben Sie in die ‚Vorsehung' aufgenommen."

„Ihr maßloser Kampf gegen den Tanz —!"

„Ihre Hetze gegen die Wirtshäuser —!"

„Ihre langen Predigten —!"

„Es ist genug!" hob Vianney, der gelassen zugehört hatte, die Hand. „Bringen Sie mir den Beweis, daß der größere Teil der Gemeinde ebenso denkt, und ich werde fortgehen, falls mein Bischof zustimmt. Meiner Unzulänglichkeit bin ich mir nur zu sehr bewußt."

Die Männer sahen einander betroffen an. Dann griffen sie nach ihren Mützen. Vianney reichte jedem von ihnen die Hand.

„Ich nehme Ihnen Ihr Verlangen keineswegs übel", sagte er. „Sollte ich einem von Ihnen wehgetan haben, so bitte ich von Herzen um Verzeihung."

Lange noch stand der Pfarrer regungslos in seinem Zimmer, als sich die Tür hinter den Dörflern geschlossen hatte. Das also war die Ernte so vieler schwerer Jahre. Man kam und bat ihn, zu gehen.

Allmählich erst wich die Erstarrung von ihm. Er setzte sich an den Tisch und griff nach dem Neuen Testament, das vor ihm lag. Es war ein Vermächtnis des Pfarrers Balley aus Ecully.

„Lieber alter Freund!" seufzte Vianney. „So oft hast du mich wieder aufgerichtet, wenn aller Mut mir verging. Hast du keinen Trost für deinen Sohn in seiner bitteren Stunde?" Wie von ungefähr schlug er das heilige Buch auf, sein Blick fiel auf eine Stelle im Evangelium des heiligen Lukas und er las: „Und alles Volk im Gebiet der Gerasener bat ihn, er möge von ihnen fortgehen . . ."

Als Johannes Vianney den Blick erhob, war es ihm, als sähe er das Antlitz seines alten Lehrers, seine ernsten, gütigen Augen, das Lächeln, das so oft um seinen Mund gespielt, und er hörte die liebe, vertraute Stimme: „Warum betrübt dich der Undank, den du erfahren, da doch der Herr die gleiche Bitternis ertrug?"

Da barg der Priester sein Anlitz in seine Hände und weinte.

Schnell genug sprach sich die Sache im Dorf herum, aber so allgemein war die Empörung über die sieben Männer, daß Vianney sie schließlich selbst gegen den Groll der Gemeinde in Schutz nehmen mußte. Trotzdem blieben sie lange im Dorf verfemt.

Eine große Freude erlebte der Priester wenige Wochen später. Pauline Jaricot, die fromme Tochter des Lyoner Fabrikanten, kam nach Ars und überreichte ihm eine Reliquie der heiligen Filomena, die sie von durchreisenden italienischen Ordensleuten erhalten hatte. Das Gesicht des Priesters verklärte sich, und mit bebender Hand griff er nach dem Kleinod der Heiligen, der er schon seit vielen Jahren eine so innige Verehrung bezeigte. Er gab der Reliquie einen Ehrenplatz in seiner Kirche und errichtete der jungfräulichen Märtyrerin eine eigene Kapelle im Gotteshaus.

DAS WUNDER VON ARS

1831–1837

Johannes Picard, der Sohn des Grobschmiedes, stand vor seiner Werkstatt, wo er eines der Postpferde neu beschlug. Der alte Betun sah ihm Pfeife rauchend zu.

„Also, der Pertinand hat Sie jetzt in seiner Fuhrhalterei eingestellt?" fragte der Bursche, der nach sechsjähriger Abwesenheit ins Dorf heimgekehrt war, wo er das Gewerbe des alternden Vaters übernommen hatte. „Da haben Sie ja einen feinen Posten!"

„Ja, das Geschäft blüht!" nickte der Alte lächelnd. „Wir haben ja jetzt auch die Verbindung nach Lyon. Da kommen die feinen Leute aus der Stadt, und es fällt hie und da ein gutes Trinkgeld für unsereinen ab."

„Ja, ja, einen Schnaps kann man immer vertragen!" grinste der Bursche, der Betuns Vorliebe für starke Getränke von früher her kannte.

„Ich trink nicht mehr!" knurrte der Fuhrmann. Da hielt Johannes Picard den Hammer mitten im Schwung an, schaute mißtrauisch zu Betun auf und sagte: „Das ist wohl ein Scherz, was? Sie trinken nicht mehr?"

„Keinen Tropfen!" gestand der Fuhrmann. „Der Pfarrer hat mich kuriert."

„Der Pfarrer?" staunte der Schmied. „Wüßte nicht, daß Sie auf den jemals gut zu sprechen waren!"

„Das geht dich Grünschnabel nichts an!" brummte Betun und stocherte mit dem kleinen Finger in seiner Pfeife. „Er hat mich eben herumgekriegt, so wie er das ganze Dorf herumgekriegt hat. Außerdem gibt's kein Wirtshaus mehr in Ars. Der letzte Wirt hat im vergangenen Winter den Ausschank geschlossen und fährt nur noch seinen Mist auf den Acker. Alles ist auf den Kopf gestellt, hol mich der –!" Mitten in der kraftvollen Beteuerung hielt er inne und schlug sich auf den Mund. „Nee, nee, fluchen ist auch nicht mehr."

„Fluchen auch nicht mehr?" staunte der Bursch. „Kein Mensch in Ars konnte so herrlich fluchen wie Sie, Meister Betun!"

„Soll wohl sein! In sieben Sprachen hab ich fluchen können. Hab das gelernt, als ich mit dem Napoleon durch die Welt gezogen bin. Kein Schiffer in Marseille hat es besser gekonnt. Hab aber alles verlernt. Der

Pfarrer hat mich kuriert. Hätt' meinen Kopf verwettet, daß er's nicht schaffte. Er hat es aber doch geschafft."

„Wie ist das denn zugegangen?" fragte Johannes neugierig.

„Oh, er hat's ganz schlau angefangen!" kicherte der Alte und blies eine mächtige Wolke in die Luft. „Da hatten mir meine Gäule eines Tages meinen Wagen in den Graben gefahren, und ich sakramentierte mit den Biestern herum, als gerade der Pfarrer des Weges kam und mir sagte: ‚Mit dem Fluchen kriegen Sie den Wagen nicht aus dem Graben. Wollen lieber sehen, ob wir ihn mit vereinten Kräften nicht wieder freimachen!' Dann hat er mit in die Speichen gegriffen und das Rad hochgestemmt. Hätte gar nicht geglaubt, daß er solche Kraft hatte, so gebrechlich, wie er aussieht."

„Und dann?"

„Ja, dann hat er gesagt, er gäbe mir einen Taler, wenn ich acht Tage das Fluchen ließe. Ein Taler ist viel Geld, weißt du? Und schließlich hab ich dann wirklich den Versuch gemacht, ihn mir zu verdienen. Aber es ging nicht! Der Pfarrer hat seine Belohnung auf zwei Taler erhöht, dann auf drei, hat mir allerlei harmlose und ungefährliche Worte vorgeschlagen, die ich statt meiner Lästerungen brauchen sollte. Ja, und eines Tages habe ich mir die drei Taler verdient, Salat, Spinat und Radieschen noch mal!"

„Sind das Ihre neuen Kraftausdrücke?" lachte der Grobschmied.

„Sind ja sehr vegetarisch!" grinste Betun. „Und die erste Zeit konnte ich mich mit dem Gemüse gar nicht befreunden, und es geriet mir immer wieder ein ordentliches Donnerwetter dazwischen. Aber ich hab dann doch gemerkt, wie weh ich dem guten Pfarrer damit tat, und so hab ich mich denn schließlich auf das vegetarische Fluchen umgestellt, gegen das er nichts einzuwenden hatte. Ich hab nämlich eines Tages noch etwas erfahren, das mich umgeschmissen hat wie ein Ochse den Heuwagen."

„Und was war das?"

„Der Pfarrer fragte mich von Zeit zu Zeit, wie oft ich geflucht habe, und genau so viele Schläge hat er sich dann mit seiner Geißel versetzt. Kann ich denn zusehen, daß der arme Mann sich wegen meines Sakramentierens zuschandenschlägt! Siehst du, da habe ich es mir eben abgewöhnt."

Betun klopfte seine Pfeife am Stiefelabsatz aus, nahm das inzwischen fertig beschlagene Pferd und stapfte davon.

„Ich kenn mich wirklich nicht mehr aus in unserem Dorf!" sagte

Johannes beim Mittagessen zu seinem Vater. „Der alte Betun säuft und flucht nicht mehr. Da steht einem ja fast der Verstand still!"

„Hier säuft und flucht keiner mehr!" antwortete der Vater.

„Sonntag ist doch der Sankt-Sixtus-Tag", begann der Junge nach einer Weile wieder. „Wie steht es denn mit dem berühmten Arser Kirmestanz? Ist der etwa auch abgeschafft?"

„Du weißt ja selbst, wie es zuging! Das Tanzen war nirgendwo in der ganzen Umgebung so zügellos wie in Ars. Nachher waren die meisten völlig betrunken, und was sich sonst noch abspielte, bleibt besser ungesagt. Aber der Pfarrer hat den Tanzteufel ausgetrieben."

„Wie hat er das fertiggebracht?"

„Nun, im vergangenen Jahr ist er den Musikanten, die zur Kirmes kommen wollten, entgegengegangen, hat ihnen so viel Geld gegeben, wie ihnen zustand, wenn sie aufgespielt hätten. Da sind sie mit ihren Geigen und Flöten wieder abgezogen. Dem Wirt Bachelard, der im vergangenen Winter in seinem Lokal einen Ball abhalten wollte, hat er das ausgeredet und ihm den Verdienstausfall ersetzt."

„Der Pfarrer scheint ein reicher Mann geworden zu sein!" lachte Johannes.

„Für sich braucht er nichts. Aber es kommen jetzt viele wohlhabende Pilger nach Ars, die den heiligen Pfarrer sehen wollen. Die bringen ihm manchen Taler für gute Zwecke."

„Bin gespannt, wie es am Sonntag wird!"

„Ja, ich habe gehört, daß junge Burschen aus den Nachbarorten unbedingt in Ars tanzen wollen. Du wirst ja sehen, wie die Sache ausläuft!"

Wirklich zog am Patronatsfest ein Trupp halbbetrunkener Burschen mit etlichen Musikanten in Ars ein und ließ unter den Nußbäumen zum Tanz aufspielen. Dabei tönten allerlei Spottverse zum Pfarrhaus hinüber.

„Sollen wir die Bande aus dem Dorf werfen?" fragte Anton Cinier den Pfarrer, als er an ihnen vorüberschritt.

„Nein, nein, laßt nur!" antwortete Herr Vianney. „Sie werden bald von selber gehen! Kannst zur Vesper läuten!" wandte er sich an den eben herzueilenden Johannes Pertinand, seinen nunmehr dreizehnjährigen Ministranten.

„Wird gemacht!" lachte der Junge. „Der August Trève ist auch da. Solange wir läuten, hört man von der Kirmesmusik nichts!"

Hatte sich bis dahin eine Anzahl neugieriger Dorfbewohner um die Spielleute geschart, beim ersten Glockenzeichen leerte sich der Platz, und alle zogen durchs offene Kirchtor, die Frauen und Mädchen voran.

„Wie die Weibsleute hinter dem Schwarzrock herrennen!" knurrte einer der Musikanten.

„Ohne Weibsleute kann man nicht tanzen!" grollten etliche der Ortsfremden. „Wir müssen warten, bis die Vesper aus ist."

Als aber die Kirchgänger nach Schluß der Nachmittagsandacht das Gotteshaus verließen, stimmten die Musikanten vergebens ihre Instrumente. Männer und Frauen, Burschen und Mädchen wanderten still nach Hause, ohne den Spielleuten auch nur einen Blick zu gönnen. Ein, zwei Mädchen aus entlegenen Höfen waren die einzigen, die auf dem Platz blieben.

Da packten die Musikanten verärgert ihre Instrumente unter den Arm und schworen, nie mehr nach Ars zu kommen.

„Das hätte ich wirklich nicht von den Arser Frauen und Mädchen erwartet!" schüttelte Johannes Picard verwundert den Kopf. „Weit und breit war doch niemand so auf den Kirmestanz versessen wie sie. Wie hat der Pfarrer das eigentlich fertiggebracht, das Dorf so ganz und gar umzukrempeln?"

„Darauf gibt es viele Antworten, die alle mehr oder weniger zutreffen!" antwortete der alte Schmied. „Was aber die richtige Antwort auf deine Frage ist, werde ich dir zeigen. Allerdings mußt du auf ein Stündlein Schlaf verzichten."

„Das ist mir die Sache wert!" erklärte Johannes. „Ich möchte doch sehen, was dahinter steckt."

Mitternacht war noch nicht lange vorüber, als Vater Picard seinen Sohn weckte.

„Komm ans Fenster!" sagte er, ohne Licht anzuzünden.

Johannes sah, wie sich die Tür des Pfarrhauses auftat und Herr Vianney, eine Laterne in der Hand haltend, zur Kirche ging.

„Komm mit!" nickte Vater Picard, und die beiden folgten dem Pfarrer in das Gotteshaus. An den Stufen des Altares kniete Vianney, die Hände zum Tabernakel erhoben, und betete: „Mein Gott, ich bitte dich, laß doch keines meiner Pfarrkinder verlorengehen! Gib ihnen Glauben und Liebe ins Herz und bewahre sie vor der Sünde! Ich bin bereit, bis ans Ende meines Lebens die grausamsten Schmerzen zu leiden, wenn nur keines meiner Schäflein seine Seele verliert!"

So betete der Pfarrer noch lange Zeit, bis die beiden unbemerkten Besucher sich zum Gehen wandten.

„Er steht nicht mehr auf, bis der Tag kommt!" raunte der Alte seinem Sohn zu, als sie vorsichtig das Kirchtor hinter sich geschlossen hatten. „Verstehst du nun das Wunder von Ars?"

„Ja, jetzt verstehe ich!" antwortete der Bursche, noch ganz erschüttert von dem, was er gehört und gesehen hatte. „Jetzt begreife ich, daß Ars nicht mehr Ars ist."

„Es gibt keinen Menschen mehr im Dorf, der unseren Pfarrer nicht herzlich liebt", nickte der alte Schmied. „Vor zwei Jahren noch hatten ein paar Unzufriedene, die sich seiner Strenge nicht beugen wollten, seinen Weggang gefordert. Aber heute! Heute lieben ihn alle, mehr als die Kinder ihren eigenen Vater, und von Herzen gern folgen sie seiner Mahnung. Das ist das Wunder von Ars!"

„Das Wunder von Ars!" sprach der Bursche langsam nach.

Weit über die Grenzen des Departements hinaus verbreitete sich der Ruhm des kleinen, weltverlorenen Dorfes und seines heiligen Pfarrers. Von Ars sprachen die Frauen und Mädchen, wenn in den Kunkelstuben die Spinnräder schnurrten. Von Ars redete man in den Dorfschenken, in den Kaffeehäusern und Weindielen der großen Städte. Von Ars erzählte man sich beim flackernden Öllicht in den Hütten der Armen, in den Herbergen und Bettlerasylen an allen Straßen, in den Salons der Vornehmen.

Mit riesigen Schlagzeilen berichteten die Zeitungen von allerlei aufsehenerregenden Geschehnissen, vom Wüstenkrieg gegen den tapferen Emir Abd el Kader, von der Cholera, die in Marseille und Paris wütete und auch Lyon bedrohte, von der Höllenmaschine, mit welcher der Korse Fieschi ein Attentat auf König Louis Philipp unternahm, wobei sechzig Personen getötet oder verwundet wurden, vom Staatsstreich des Karl Louis Napoleon, der sich im Herbst 1836 in Straßburg zum Kaiser der Franzosen ausrufen ließ, bald darauf aber verhaftet und nach Amerika abgeschoben wurde. Skandalgeschichten aus den höchsten Kreisen berichtete die Gazette des Tribunaux. Man sprach über die neuesten Bühnenspiele Victor Hugos, reichte von Hand zu Hand die Schmutzschriften des frechen Eugène Sue, die Glauben, Zucht und Sitte zersetzenden Romane von Paul de Kock und dem jungen Buchhändler Emile Zola, man redete über Schauspieler, Politiker, Musiker, Tänzerinnen und Generale und zwischendurch immer wieder vom armen, heiligen Pfarrer von Ars. Mit einer stillen Sehnsucht sprachen die einen von ihm, voller Ehrfurcht vor dem Gottgesandten, der wunderbare Dinge tat und in den Herzen las wie in einem offenen Buch, andere wieder machten ihn zu einer Sensation, die dem schwatzlüsternen Großstadtpublikum willkommen war. Immer wieder hörte man Leute von glühender Begeisterung von ihm reden. Viele führte nur müßige Neugier in das abgelegene Nest, und dann hatten sie doch bei dem großen Beichtvater den Frieden gefunden.

Wenn Franz Pertinand oder sein junger Bruder auf dem Croix-Paquet-Platz in Lyon ihr Hornsignal bliesen, horchte man bei den Tischen vor dem Weinhaus „Zu den drei Delphinen“ auf und betrachtete neugierig die gelbe Postkutsche mit den vier riesigen Rädern, auf der die Aufschrift stand: Lyon–Ars, und mancher, der mit einem verlorenen Tag sonst nichts anzufangen wußte, machte die Reise in das merkwürdige Dorf.

Immer größer wurde der Andrang der Pilger in Ars. Vianney brachte täglich viele Stunden in der Johanneskapelle zu, in der sein Beichtstuhl stand, und oft gelang es ihm nur mit Mühe, seinen Pönitenten zu entfliehen, um in der „Vorsehung“ seine Katechismusstunden zu halten, während deren sich dann die Pilger vor den offenen Fenstern drängten, um ihm zuzuhören.

Nicht jeder der Wallfahrer bekehrte sich, manche spotteten, wenn sie in der Postkutsche heimfuhren, nach Herzenslust über den Pfarrer mit der schäbigen Soutane und den groben Bauernschuhen, lachten über seine einfältige Art zu predigen, aber es gab doch auch andere, die umgewandelt heimkehrten, und mancher Spötter erhielt für sein Gerede eine zornige Zurechtweisung.

Auch in den Pfarrhäusern und bei den Zusammenkünften der Geistlichen sprach man über den seltsamen Mitbruder, voll Verehrung und Hochschätzung die einen, voll Zweifelsucht und schlecht verhehlter Mißgunst die anderen.

„Was ist schon mit dem Pfarrer von Ars“, sagte man verdrießlich. „Wir kennen ihn doch vom Seminar her. Ein Schwachkopf war er, bei dem es kaum zu den nötigen Examina reichte. Was hat er denn für Studien getrieben? Was weiß er denn von der Welt? Er soll ja nicht einmal eine Zeitung lesen.“

„Es ist klar, daß er als Original zu gelten sucht. Warum läuft er sonst in seiner schäbigen Soutane und seinen hundertmal geflickten Bauernschuhen herum? Muß denn ein Priester nicht auch im Äußeren auf seine Würde achten?"

„Was sind das auch für Leute, die Ars überlaufen! Einfältige Tröpfe, Skrupulanten, eigensinnige Personen, die stets einen anderen Seelenführer haben wollen, ungebildete Bauernlümmel und städtische Nichtstuer. Noch lange nicht alle, die in Ars waren, kommen bekehrt zurück."

„Ein Fanatiker ist er, ein engstirniger Zelot, ein Jansenist!"

Oh, es war eine böse Litanei, die in mancher Pfarrstube über den armen Priester von Ars zustande kam.

„Die Leute kommen nicht mehr zu uns beichten, sondern meinen, ihre Sünden nach Ars tragen zu müssen!" murrte der Pfarrer aus einem Nachbardorf.

„Als wenn seine Lossprechung mehr gelte als die unsere!"

„Man muß dem Bischof die Augen öffnen!" schlug ein anderer vor. „Er muß dem Unsinn ein Ende machen."

„Ja, die Behörde muß einschreiten!"

„Ich werde ihm selbst schreiben!" versicherte Johannes Ludwig Borjon, ein junger, ehrgeiziger Herr, der erst kürzlich zum Pfarrer von Ambérieux ernannt worden war.

„Jedenfalls kann das alles nicht so weitergehen."

„Es kommen aber doch sehr viele Leute von Ars zurück, die in unseren Gemeinden später als Vorbilder der Frömmigkeit gelten können!" dämpfte Pfarrer Blandon, ein wohlbeleibter, gutmütiger Herr, den zornigen Eifer der Mitbrüder.

„Dummodo glorificetur Christus!" nickte ein greiser Pfarrherr. „Wenn nur Christus verherrlicht wird, sagt der heilige Paulus."

„Zugegeben", sagte ein anderer, „im Pfarrer von Ars steckt ein Stück Heiligkeit, aber auch nicht mehr. Ein Gelehrter ist er nicht!"

„Mein lieber Freund", antwortete ein angesehener Professor der Philosophie, der dem Disput bisher schweigend zugehört hatte, „es steckt auch viel Weisheit in ihm. Das bricht aus seinen Gesprächen bei vielfältigen Gelegenheiten durch. Er sieht die Dinge im Lichte des Heiligen Geistes."

„Trotzdem kennt er sich in der Theologie nicht aus!" beharrte Borjon. „Den Brief, den ich ihm schreiben werde, kann er sich hinter den Spiegel stecken."

Wenige Tage später trat der greise Bürgermeister Mandy ins Pfarrhaus und fand Vianney, der gerade einen Brief in Händen hielt, in dem er, still vor sich hinlächelnd, las.

„Sie scheinen eine gute Nachricht erhalten zu haben."

„O ja, eine Nachricht, für die ich sehr dankbar bin!" nickte der Priester. „Hören Sie zu! Da schreibt mir einer, dessen Namen ich nicht nennen will: ‚Sie werden als Heiliger herumgeredet, und doch kommen nicht alle Leute, die Sie aufsuchen, bekehrt zurück. Sie täten gut, Ihren übelberatenen Eifer etwas zu mäßigen. Andernfalls sehen wir uns zu unserem Bedauern gezwungen, uns in dieser Angelegenheit an den Bischof zu wenden. Wer so wenig Theologie im Kopf hat, sollte keinen Beichtstuhl betreten.'"

„Der Brief stammt zweifellos von einer ungezogenen Person", antwortete der Bürgermeister stirnrunzelnd. „Werfen Sie ihn in den Ofen! Er ist der Beachtung nicht wert."

„Oh, zweifellos verdient er alle Beachtung. Er kommt von einem gebildeten Mann. Zudem hat er recht. Es ist wahr, was er schreibt."

„Es ist wahr?" stammelte der Bürgermeister.

„Ja, freilich! In jeder Familie gibt es ein minderbegabtes Kind. Ich war daheim dieses Kind."

„Herr Pfarrer!" empörte sich Mandy. „Professoren und Gelehrte waren unter den Pilgern und gingen hocherbaut wieder heim."

„Sie taten unrecht. Was wollen Sie, ich habe ja keine ordentlichen Studien absolviert! Der gute Pfarrer Balley hat sich fünf bis sechs Jahre mit mir herumgeschlagen, um mir etwas beizubringen. Aber er hat sein Latein umsonst an mir versucht und nicht in meinen schlechten Kopf einhämmern können. Meine Mitbrüder im Amt sind alle viel gescheiter als ich. Unter ihnen bin ich wie Brodin, der Dorfnarr von Ars."

„Sie sind ungerecht gegen sich selbst, und Sie wissen, daß Sie es sind!" grollte der Bürgermeister.

„Nein, es ist so, wie ich sage!"

„Geben Sie dem Schreiber die gehörige Antwort!"

„Sie sehen, daß ich mir Feder und Papier schon zurechtgelegt habe! Aber was führt Sie zu mir?"

„Ja, das ist ein heikles Ding!" zögerte der Bürgermeister. „Sie wissen, daß wir im Dorf kein Wirtshaus mehr haben. Hie und da hat, wie Ihnen bekannt ist, ein Ortsfremder eine neue Schenke eröffnet, mußte aber bald wieder schließen."

„Darüber bin ich froh!“ nickte der Pfarrer.

„Alles schön und gut! Nur haben wir keine Bleibe für die Pilger, die in immer größeren Scharen herkommen. Manche von ihnen können die Rückreise nicht am gleichen Tag machen. Wir müssen sie aber unterbringen. Viele haben ja Aufnahme in Privathäusern gefunden, aber andere mußten im Freien nächtigen. Man bräuchte wirklich ein Gasthaus, ein Hotel, sozusagen!“

„Ein Hotel? Ein Hotel in Ars?“

„Ja, so sagte ich, und so meine ich es auch. Der alte Pertinand möchte in seinem geschlossenen Gasthaus wohl eines eröffnen, wenn Sie einverstanden sind. Natürlich müßte er gewisse Garantien geben.“

„Ein Hotel in Ars!“ schüttelte der Pfarrer den Kopf. „Aber vielleicht haben Sie recht. Man kann die Pilger nicht im Freien nächtigen lassen.“

„Sehen Sie, darum handelt es sich!“

„Der Heiland selbst spricht in einem Gleichnis von einer Herberge, in die der barmherzige Samaritan den Todwunden gebracht hat. ‚Zum Barmherzigen Samaritan‘, das wäre kein übler Name für ein Hotel in Ars.“

„Der Pertinand war nie einer von den schlimmsten Schankwirten!“ erinnerte Mandy. „Zudem hat er fünfzehn Kinder, und trotz seiner Posthalterei hat er Sorge genug, sie alle zu sättigen.“

„Prächtige Buben hat der Pertinand!“ nickte Vianney lächelnd. „Nun gut, Sie sprachen von Garantien. Auf denen muß ich freilich bestehen.“

„Was verlangen Sie?“

„Das ist schnell gesagt: Kein Tanz, keine Karten, kein Branntwein! Der Ausschank muß während des Morgengottesdienstes an den Sonn- und Festtagen geschlossen bleiben und abends beizeiten zugesperrt werden. Auf Zucht und gute Sitte muß der Wirt auch bei seinen Quartiergästen achten.“

„Damit wird Herr Pertinand gewiß einverstanden sein!“

„Gut denn, so segne ich das Hotel ‚Zum Barmherzigen Samaritan‘! – Etwas anderes freilich liegt mir noch mehr am Herzen als das Hotel.“

„Und das wäre?“

„Eine Knabenschule! Für die Mädchen ist gesorgt, aber die Jungen bleiben weit hinter ihnen zurück.“

„Wir haben den Unterricht im Winter.“

„Aber die Jungen lernen kaum mehr, als ihren Namen schreiben. Nein, nein, sie brauchen eine gründliche Schule, damit sie es einmal nicht so schwer haben wie ihr Pfarrer. Viel hat uns der gute Meister Dumas nicht beigebracht, und nachher hat es dann an allen Ecken gehapert. Immer war ich der Allerletzte, in den Lateinstunden wie in der Philosophie und Theologie."

„Und wer soll Schulmeister werden?"

„Oh, einen Lehrer finden wir schon. Da Sie doch zu Pertinands gehen, schicken Sie doch den Johannes einmal zu mir, ich habe mit ihm zu reden!"

„Den Johannes?"

„Ja, den Johannes! Das ist ein tüchtiger und pfiffiger Bursche, wie geschaffen für einen künftigen Schulmeister!" nickte Vianney lächelnd und griff nach Papier und Feder.

„Ihr Plan ist wohl gar nicht so dumm", sagte der Bürgermeister, sich verabschiedend. „Den jungen Pertinand werde ich schicken. Aber dem da", fügte er, mit einer Handbewegung auf den Schmähbrief weisend, hinzu, „dem geben Sie es gründlich!"

„Ganz gründlich!" lächelte der Pfarrer.

Wenige Tage später hielt der Pfarrer von Ambérieux ein Schreiben aus Ars in Händen, das er eilig öffnete. Dann begann er zu lesen:

„Mein inniggeliebter und sehr verehrter Mitbruder!
Wieviel Grund habe ich, Sie zu lieben! Sie sind der einzige, der mich wirklich kennt. Da Sie so gut und lieb sind, sich wirklich meiner armen Seele anzunehmen, so helfen Sie mir doch, eine schon längst erflehte Gabe zu erwirken: Ich möchte nämlich von meinem Posten, dessen ich infolge meiner Unwürdigkeit nicht wert bin, versetzt werden und mich in einen stillen Winkel zurückziehen, um dort mein armes Leben zu beweinen. Wieviel Buße habe ich zu tun, wieviel Tränen zu vergießen!

Aufrichtig danke ich Ihnen für die gütigen Ratschläge, die Sie mir zuteil werden ließen. Ich gebe meine Dummheit und mein Unvermögen zu. Daß Leute aus den Nachbarpfarreien, die bei mir die Sakramente empfangen haben, nicht umgewandelt heimkehrten, tut mir natürlich sehr leid. Wenden Sie sich ruhig an den Bischof, der, wie ich hoffe, die Güte haben und mich von hier versetzen wird. Sehr geehrter Herr Pfarrer, beten Sie, bitte, zu Gott, daß ich weniger Böses und mehr Gutes wirke!

Ihr stets dankbarer
Johannes Maria Vianney,
armer Pfarrer von Ars."

Am gleichen Tag noch suchte Herr Borjon seinen Nachbarpfarrer, einen älteren, wohlmeinenden Geistlichen auf und zeigte ihm den Brief.

„Bitte, sagen Sie mir, es ist doch Hohn, was er da schreibt?" fragte er aufgeregt.

„Nein, nein, mein Freund!" erwiderte der alte Herr ernst, nachdem er das Schreiben gelesen hatte. „Das ist weder Hohn noch falsche Demut. Der Pfarrer von Ars hat geschrieben, was er wirklich denkt, und jedes Wort kommt ihm aus ehrlichem Herzen. Mir scheint, mein Lieber, Sie haben unserem heiligmäßigen Mitbruder etwas abzubitten, und ich würde keinen Tag damit zögern."

Erschüttert kehrte Herr Borjon heim. Am anderen Morgen schon machte er sich auf den Weg nach Ars, wo er sich dem Pfarrer zu Füßen warf und ihn unter Tränen um Verzeihung bat.

„Aber lieber Freund" , antwortete Vianney, den Mitbruder emporhebend und ihn voll Liebe umarmend, „Sie haben gar keinen Grund, mir etwas abzubitten. Ich bin Ihnen wirklich dankbar, daß Sie mir die Augen geöffnet haben!"

„Nein, nein, Ihr Brief hat mir die Augen aufgetan!" stammelte der von so viel Güte Beschämte. „Ich sehe, wie sehr ich durch Neid und Eigenliebe gefehlt habe. Möge Gott mir verzeihen!"

Im Lauf des Gespräches fragte er Vianney, ob es denn wirklich sein Wille sei, die Pfarrei zu verlassen und in die Einsamkeit zu gehen.

„Eigentlich habe ich mein ganzes Leben nichts anderes ersehnt, als Gott in der Stille zu dienen. Schon als ich im Amselliedgrund bei meinem Heimatdorf die Schafe hütete, erträumte ich mir nichts Lieberes. Daß Gott mir einmal doch noch meinen innigsten Herzenswunsch erfülle, das ist mein tägliches Gebet."

„Herr Pfarrer, die ganz Kirche ist voll von Leuten, die Sie sehen und Ihnen beichten wollen!" stürmte ein kleiner Meßdiener ins Zimmer. „Darf ich ihnen sagen, daß Sie kommen?"

„Ja, ich werde kommen!" seufzte Vianney. „Wenn Sie wüßten, wie sehr mich der Zulauf so vieler Menschen erschreckt, wie sehr die Verantwortung für sie mein Gewissen ängstigt!" wandte er sich an den Mitbruder. „Ich bitte Sie herzlich, beten Sie für mich!"

„Beten Sie für mich, daß Gott mir ein wenig von Ihrem Eifer und der Größe Ihres Herzens schenke!" antwortete Johannes Borjon bewegt.

Von jener Stunde an erlaubte der Pfarrer Borjon weder sich noch anderen, ein Wort gegen den heiligen Mitbruder zu sagen.

Indessen häuften sich auf dem Schreibtisch des Bischofs Devie Briefe, die sich in aller Schärfe gegen den Pfarrer von Ars wandten, aber sie alle blieben ohne Antwort.

Gelegentlich einer Missionsschlußfeier zu Trévoux, an der auch der Oberhirte von Belley teilnahm, behandelte der Bischof den armen Pfarrer mit ganz besonderer Aufmerksamkeit. Er wies ihm den Platz an seiner Seite an.

„Er zeichnet ihn sichtlich aus!" flüsterten einige der Geistlichen.

„Dabei trägt der Pfarrer von Ars nicht einmal ein Zingulum", sagte ein anderer so vernehmlich, daß auch der Bischof es hörte. Seine Stirn umwölkte sich mit einem Schatten des Unwillens.

„Der Pfarrer von Ars ohne Zingulum ist immerhin soviel wert wie ein anderer mit seinem Zingulum!" antwortete der greise Dechant.

„Sehr gut gegeben!" nickte der Bischof nachdrücklich. Später nahm er den Spötter beiseite und verwies ihm seine taktlose Bemerkung.

„Aber er ist doch ein sehr ungebildeter Mann", verteidigte sich der Geistliche verlegen.

„Ob er gebildet ist, weiß ich nicht", antwortete der Oberhirt, „aber eines weiß ich, der Heilige Geist selber hat es übernommen, ihn zu erleuchten. Ich weiß, daß man ihn einen Narren heißt, aber ich wünsche allen meinen Priestern meines Bistums ein Körnchen von seiner Narrheit."

Sprach's und ließ den Spötter stehen.

DIE GROSSE VERSUCHUNG

1839–1840

Unaussprechlich litt Vianney darunter, wenn man ihm nicht die nötige Zeit ließ für ein einsames Gebet vor dem Tabernakel. Wenige Stunden nach Mitternacht erhob er sich von seinem Lager, weil ihn die Sehnsucht nach dem Altar nicht schlafen ließ, aber wie oft warteten auch dann schon seine Beichtkinder in der Kirche! Wie glücklich war er, wenn er endlich doch an den steinernen Stufen niederknien und seinen Heiland aus ganzem Herzen anbeten konnte! Regungslos verharrte er dann, die gefalteten Hände erhoben, den Blick unablässig auf den Tabernakel gerichtet, trotz eisiger Kälte, ganz verloren in Gottes Liebe, versunken in das Meer seiner Gnade, bis man ihn schließlich wieder daran zu mahnen wagte, daß seine Beichtkinder in der Johanneskapelle auf ihn warteten.

Pilger zum Frieden waren die vielen Menschen, die von nah und fern den Weg nach Ars nahmen, aber ihm, dem Priester, gönnten sie die Stille des Herzens nicht, die er aus tiefster Seele suchte.

Den ganzen Tag über bedrängten sie ihn, und meist kehrte er erst lange nach dem gemeinsamen Nachtgebet erschöpft ins Pfarrhaus zurück, wo er auf sein elendes Lager niedersank, oft genug, ohne den so notwendigen Schlaf zu finden. Dennoch klagte er nie über das Übermaß seiner Last, über die endlosen Stunden, die er im Beichtstuhl zubrachte, über die schlummerlosen Nächte. All das ertrug er mit heldenmütigem Gleichmut. Nicht die Mühsal unerhörter Arbeit, nicht die Opfer und Entsagungen, mit denen er sich täglich von neuem kreuzigte, drückten ihn nieder, ihn quälte nur die wachsende Sehnsucht nach gotteinsamer Stille.

Das Frühjahr brachte einen unerhörten Zuwachs an Pilgern. Von weit her, aus allen Gegenden Frankreichs, kamen die Fremden, den heiligen Pfarrer zu sehen und ihm ihre Sünden zu beichten. Je mehr Frieden aber Vianney schenkte, um so friedloser wurde sein eigenes Herz, um so größer seine Sehnsucht nach Stille und Einsamkeit. Der Hunger nach Gott zerquälte seine ruhelosen Tage, raubte seinen Nächten den notwendigen Schlaf. Verzweifelt rang er um Klarheit und Licht, flehte alle

Heiligen an, ihm in seiner Not zu helfen, ihm zu sagen, was er tun solle.

Immer wieder nahm er in schlummerlosen Nächten seine Zuflucht zu einem Buch über die großen Einsiedler der thebäischen Wüste. Wie beneidete er sie um ihr Glück! Wie köstlich erschien ihm der verlassenste Winkel der Welt, in dem er hätte Zuflucht finden können, zu beten und „sein armes Leben zu beweinen", wie er immer wieder versicherte. Irgendwo mußte es doch auch für ihn eine Stätte der heiligen Stille geben.

In jenen Nächten kam ihm zum erstenmal ein Gedanke, der ihn zunächst erschreckte, dann aber immer mächtiger lockte, der Gedanke, aus Ars zu fliehen.

Aber wurde er dann nicht der Mietling, der seine Herde verriet? War er nicht fahnenflüchtig in den Augen seiner Gemeinde, in den Augen des Bischofs, ja in den Augen Gottes?

Woher kam denn der Gedanke an Flucht? Kam er wirklich von Gott, oder war es der Böse, der ihn so verheißungsvoll vor die Seele zu stellen wußte? Vergebens zerquälte Vianney seine Nächte, den Willen Gottes zu erfahren. Vergebens flehte er zu seinen Lieblingsheiligen, vergebens rang er sich die Hände wund vor dem lieben Bild der heiligen Filomena, der er all seines Herzens Kummer offenbarte.

Immer blasser und hagerer wurde sein Gesicht. Die Pilger wunderten sich über seine seltsame Zerstreutheit, wenn er zuweilen im Beichtstuhl gestehen mußte, daß er beim Bekenntnis ihrer Sünden gar nicht zugehört hatte und beschämt um eine Wiederholung bat.

Besorgt beobachteten ihn der treue Lehrer Johannes Pertinand, die fromme Katharina Lassagne, der alte Bürgermeister Mandy. Allen schien er auf seltsame, unbegreifliche Weise verändert. Selbst den Kindern fiel die Verwandlung in seinem Wesen auf, sie vermißten seine stille Heiterkeit, mit der er ihnen sonst begegnete, und oft bettelten sie jetzt vergebens um eine Erzählung.

Es geschah aber, daß Vianney, so sehr er sich auch dagegen wehrte, dennoch der großen Versuchung erlag. Als er sich eines Nachts gegen zwei Uhr erhob, um seiner Gewohnheit gemäß in die Kirche zu gehen, wanderte er, seine Laterne in der Hand, aus dem Dorf und schlug den Weg nach Villefranche ein.

Wie ein Träumender schritt er durch die Nacht. Mit einem letzten Aufflackern erlosch das Licht in der Laterne. Schier undurchdringliche Finsternis war um ihn her, von keinem Stern erhellt.

Dennoch hastete er vorwärts, Schritt um Schritt, wie einer, der seinem Gefängnis entflieht. So langte er schließlich bei einem großen Wegkreuz an. Noch nie war er an dem heiligen Zeichen vorübergegangen, ohne den Herrn in seinen Schmerzen zu grüßen. So kniete er auch in dieser Nacht vor ihm nieder und drückte seine Stirn wider den Marterstein.

Da überkam den Ruhelosen plötzlich eine seltsame Stille, und in der Stille hörte er die Stimme der ewigen Liebe: „Wohin gehst du, Johannes Vianney?"

„Ich suche dich in der Einsamkeit, o Herr!" stammelte der Priester. „Ich bitte dich, laß mich gehen!"

Aber er vernahm vom Kreuz, das in der Finsternis unsichtbar blieb, die Antwort des Herrn: „Nicht in der Einsamkeit suche mich, Johannes Vianney, sondern in den Seelen, die mein Erbarmen zu dir führt! Eine einzige Seele wiegt mehr als alle Gebete, die du in der Einsamkeit verrichten könntest. Geh zurück, Johannes Vianney! Geh in deine Kirche! Ihre Wunden warten auf den barmherzigen Samaritan!"

Da erhob sich der Priester und legte den Weg zurück, den er gekommen war. Vor dem Tabernakel kniete er nieder und dankte Gott für das Licht, das er ihm geschenkt hatte im Dunkel der Nacht.

ZWISCHEN HIMMEL UND HÖLLE

DAS WUNDER DER KLEINEN HEILIGEN

1843

Am 3. Mai 1843, dem Fest der Auffindung des heiligen Kreuzes, zeigte die Welt ihr schönstes Feiertagsgesicht. Im Schulsaal drängten sich die Mädchen und warteten auf den Pfarrer, der bald kommen mußte, um, wie allmorgendlich zu dieser Stunde, seinen Katechismusunterricht zu halten. Jedes Plätzchen, das noch frei geblieben war, besetzten die Pilger. Auf den restlichen Bänken hockten die Fremden, standen an den Wänden entlang, drängten sich vor den offenen Fenstern, Bauern und Bürger, Advokaten, Professoren, Journalisten und Priester, Männer und Frauen. Sie alle wollten den heiligen Pfarrer sehen und seinen Worten lauschen.

Länger als sonst ließ Vianney die Ungeduldigen warten, hatte er sich des Andrangs der vielen Beichtkinder doch kaum erwehren können. Endlich ging die Tür auf. Alle Augen richteten sich nach dem Priester, der freundlich lächelnd die buntgemischte Gesellschaft überschaute.

Wie bleich er heute wieder aussah! Wie müde seine Stimme klang! Gewiß hatte er eine schlaflose Nacht hinter sich, dachte Katharina Lassagne bekümmert. Wenn er sich doch nur ein wenig mehr schonen wollte! Als er zu sprechen begann, überkam ihn ein schwerer Hustenanfall, der gar nicht enden wollte. Erst als Maria Filliat ihm einen Schluck Milch gebracht hatte, vermochte er den Unterricht zu beginnen.

Vom heiligen Kreuz in Jerusalem sprach Vianney, das die fromme Kaiserin Helena auf dem Kalvarienberg gefunden hatte, vom Kreuz, das auch uns armen Menschen immer wieder begegnet, das wir mit Schmerzen aufnehmen, und das doch so viel Frieden und Seligkeit für uns hat. Wie seltsam brannte das blaue Feuer seiner Augen, als er jetzt, sich ein wenig zu seinen Zuhörern vorneigend, sprach: „Es ist so hart, sagt ihr, leiden zu müssen. O nein, es ist nicht hart, das Kreuz ist voll süßen Trostes und heiliger Glückseligkeit. Nur muß man lieben, wenn man leidet. Seht, meine Kinder, auf dem Weg des Kreuzes fällt nur der erste Schritt schwer. Die Furcht vor dem Kreuz ist unser schwerstes Kreuz . . .

Durch das Kreuz kommt man in den Himmel. Die Krankheiten, die Versuchungen, die Leiden sind lauter Kreuze, die zum Himmel führen.

Das alles wird bald vorüber sein. Unser Herr ist unser Vorbild. Nehmen wir unser Kreuz und folgen ihm nach!"

Mit ganz leiser, kaum noch vernehmbarer Stimme fügte der Pfarrer hinzu: „Ich habe es erfahren in vielen, vielen Jahren. Ich bin verleumdet, verfolgt und herumgestoßen worden. Oh, ich hatte Kreuze! Ich hatte fast mehr, als ich tragen konnte. Ich habe recht ernstlich um die Liebe zu den Kreuzen gebetet. Da fühlte ich mich glücklich, und wie glücklich!

Ich sagte zu mir: Wahrhaftig, es gibt nur eine Glückseligkeit, das Kreuz! Man braucht nie danach zu fragen, woher die Kreuze kommen. Sie kommen doch alle von Gott. Immer ist es Gott, der uns in ihnen die Mittel gibt, ihm unsere Liebe zu beweisen . . ."

Die vielen Menschen, von denen gar manche die äußerste Not nach Ars geführt hatte, sahen ihre Kreuze plötzlich in ganz anderem Licht, überstrahlt von heiligem Osterglanz.

„Man muß lieben, wenn man leidet!" so klang es in allen Herzen wieder.

In tiefem Schweigen verließen die Pilger den Raum.

„Eigentlich hat er gar nichts Besonderes gesagt", flüsterte ein Geistlicher dem Kanonikus Champenois heimlich zu. „Dergleichen predigt ein jeder von uns. Und doch! Wie er's sagt, wie sein ganzes Wesen bei jedem Wort mitspricht, das ist wohl das Wunderbare am Pfarrer von Ars."

„Wir wollen schweigen, Freund!" antwortete der Amtsbruder. „Gott hat zu uns in diesem Priester gesprochen."

Als Vianney das Schulzimmer verließ, fröstelte es ihn trotz des warmen Frühlingstages. Besorgt schaute Katharina Lassagne ihm nach, als er die „Vorsehung" verließ und sich, schwer auf seinen Stock gestützt, zur Kirche zurückschleppte. Das Übermaß der Leiden und Entbehrungen hatte ihn vor der Zeit altern lassen. Er zählte erst siebenundfünfzig Jahre, und doch wallte ihm das lange, strähnige Haar schneeweiß bis auf die Schultern herab.

Den ganzen Tag über ließ ihn der Beichtstuhl nicht los. Am Abend erst erhob er sich, die Andacht zu Ehren der Maienkönigin zu halten.

Bis in den letzten Winkel füllten die Andächtigen das Gotteshaus. Alle schauten sie zu dem Pfarrer auf, der sich so schweren und müden Schrittes zur Kanzel schleppte und die Stufen emporstieg.

Mit kaum vernehmlicher Stimme sprach er die Lesung aus dem Hohen Lied. Dann erhob er sich von den Knien, eine Predigt über die Herrlichkeit Mariens zu beginnen. Doch schon nach dem Vorspruch überkam ihn ein furchtbarer Hustenanfall. Das bleiche Gesicht rötete sich in der furchtbaren Atemnot, die ihn zu ersticken drohte. Die Hände umkrampften die Kanzelbrüstung, dennoch schwankte er wie ein Baum, den die Axt getroffen hat. Während die Gemeinde, von lähmendem Entsetzen gepackt, wie erstarrt zuschaute, eilte der Lehrer Pertinand die Kanzelstufen empor und kam gerade rechtzeitig, den jählings Zusammenbrechenden aufzufangen.

Schwer auf die Schulter seines einstigen Schülers gestützt, schleppte Vianney sich ins Pfarrhaus. Er zitterte, von Frost und Glut geschüttelt. Man tat ihn aus seinen Kleidern, legte ihn auf den armseligen Strohsack und rief in aller Eile den Arzt. Als Dr. Saunier ans Krankenbett trat, hatte der in wildem Fieber Liegende das Bewußtsein verloren.

„Wie steht's um ihn?“ fragte Johannes Pertinand mit zuckenden Lippen.

„Es handelt sich wohl um eine schwere Lungenentzündung“, antwortete Saunier kopfschüttelnd. „Er braucht gute Pflege und darf keinen Augenblick allein gelassen werden.“

„Halten Sie seinen Zustand für bedenklich?“ fragte der Lehrer.

„Für äußerst bedenklich!“ nickte der Arzt. „Das Herz droht zu versagen. Er ist ja völlig entkräftet. Sorgen Sie vor allem auch für ein besseres Lager!“

Am gleichen Tage noch ließ Graf Klaudius von Garets eine gute Matratze ins Pfarrhaus schaffen, auf die man den ausgezehrten Leib des armen Priesters bettete. Der Arzt hatte herzstärkende Mittel verordnet, die man ihm eingab.

In der ersten Nacht hielt Johannes Pertinand die Wache. Der Kranke lag besinnungslos, vom Fieber geschüttelt.

Keinen Blick verwandte der Wächter von dem geliebten Priester. Er lauschte auf die unregelmäßigen Atemzüge, kühlte mit nassen Tüchern die brennende Stirn, netzte die zerrissenen Lippen, die zusammenhanglose Worte stammelten und dann wieder aufschrieen in wildem Schmerz.

Der alte Mandy trat zu später Stunde in das Krankenzimmer, erbot sich, den Wachenden abzulösen, aber Johannes Pertinand schüttelte den Kopf. „Solange meine Kraft ausreicht, werde ich ihn nicht verlassen!“ antwortete er entschieden.

„Mit ihm wird Gott unser Dorf verlassen!“ seufzte der Bürgermeister bekümmert.

„Wir müßten wohl einen Priester rufen", sagte Pertinand. „Es könnte schneller zu Ende gehen, als wir annehmen. Ich wäre Ihnen dankbar, wenn Sie das übernehmen würden."

„Es ist recht!" nickte der alte Mann und verließ die Stube.

Gegen Morgen mäßigte sich das heftige Fieber. Vianney erwachte aus unruhigem Schlummer, schaute den Lehrer mit großen Augen erstaunt an und sagte mühsam: „Mein Gott, es wird ja schon hell. Ich muß in die Kirche. Sie warten vor meinem Beichtstuhl."

„Sie sind krank, Herr Pfarrer!" hielt Pertinand den Priester zurück, der sich zu erheben versuchte, dann aber mit einem Wehlaut zurücksank.

„Ach ja, der arme Leib will nicht mehr!" lächelte Vianney schmerzlich.

Pfarrer Valentin aus Jassans, der Beichtvater des Pfarrers, trat ins Zimmer.

„O, Sie kommen zur rechten Zeit!" keuchte Vianney. „Laß uns allein. Ich will beichten."

Indessen wurde die Kirche nicht leer von Betern. An allen Altären brannten die Opferkerzen. Vor allen Heiligenbildern knieten Pilger und Ortsbewohner und beteten unter Tränen für den so schwer Leidenden. Priester kamen aus den Nachbardörfern; Renard und Lacote, die beide aus Ars gebürtig waren und an der Seite Vianneys ihr erstes heiliges Opfer im Heimatdorf gefeiert hatten, der Pfarrer Raymond aus Savigneux, ein junger tatkräftiger Herr, der Pfarrer Dubois aus Fareins, der Dechant aus Trévoux, der Pfarrer aus Misérieux. An allen Altären brachten sie das heilige Opfer dar.

„Man betet unablässig für Sie!" versicherte Katharina Lassagne, die voller Angst aus der „Vorsehung" herbeigeeilt war, dem Kranken. „Die Kinder bringen die größten Opfer für Sie. Eines der Mädchen hat Gott seine liebste Puppe versprochen, wenn er Sie wieder gesund macht."

„O mein Gott, so viel Lärm um einen armen, alten Pfarrer!" lächelte Vianney in allen Schmerzen. „Aber es ist gut, daß sie beten. Ich möchte noch ein paar Jahre leben. Sonst käme ich ja mit leeren Händen vor meinen Richter. Ich habe so wenig Gutes getan."

„Aber Sie kämen gewiß mit übervollen Händen!" widersprach Herr Valentin, des Kranken Beichtvater.

„Könnte ich mich nur an Ihrer Soutane festhalten, Vianney", seufzte der Pfarrer Blandon, „dann käme ich gewiß auch in den Himmel."

„Tun Sie das nicht!" lächelte Vianney, den wohlbeleibten Mitbruder anschauend, „meine Soutane ist schon ziemlich schlecht, und der Eingang zum Himmel ist eng. Wir würden beide in der Tür hängen bleiben!"

Graf Klaudius von Garets, nach seiner Tante Tod der Schloßherr von Ars, sorgte sich in großer Angst um den kranken Seelsorger. Er hetzte seine Pferde fast zuschanden, um aus Lyon noch drei tüchtige Ärzte herbeizuholen. Aber auch sie hielten wenige Tage später des Priesters Zustand für hoffnungslos.

Immer wieder fiel Vianney in tiefe Bewußtlosigkeit. Als er am 8. Mai, seinem Geburtstag, zu klarer Besinnung erwachte und Dr. Saunier mit den drei städtischen Kapazitäten an seinem Lager sah, sagte er lächelnd: „Ich habe im Augenblick einen schweren Kampf zu bestehen."

„Gegen wen denn, Herr Pfarrer?" fragte der Graf.

„Gegen vier Ärzte!" schmunzelte Vianney. „Kommt noch ein fünfter hinzu, bin ich erledigt."

„Es scheint Ihnen besser zu gehen, da Sie wieder scherzen können!" sagte der Schloßherr erleichtert. Aber gerade an diesem Tag verschlimmerte sich sein Zustand so sehr, daß die Ärzte alle Hoffnung verloren.

Voller Qual waren die Nächte. Graf Klaudius, der im Nebenzimmer sein Lager eingerichtet hatte, und der treue Johannes Pertinand teilten sich in die Wache am Krankenbett. Vianney wälzte sich, offensichtlich von grausamen Schreckgesichtern gequält, auf seinem Lager.

„Heute nacht hörte ich das Triumphgeheul der Dämonen", sagte er eines Morgens, als er aus seinem Fieber zu sich kam, „wir haben ihn, wir haben ihn! Jetzt gehört er uns! schrien sie mir in die Ohren."

Unablässig drängten sich die guten Leute aus Ars und Hunderte von Pilgern zur Tür des Pfarrhauses, um nach dem Befinden des Kranken zu fragen oder ihn von der Schwelle des Zimmers zu sehen, und oft gelang es den Wächtern nicht, die Ungestümen zurückzuhalten, sodaß zuweilen die ganze Stube voller Menschen war.

„Laßt sie nur!" bat Vianney, wenn man sie abweisen wollte. „Laßt doch die Kinder zu ihrem Vater!"

Verstörten Gesichtes kamen des Pfarrers Lieblinge, seine Ministranten, und standen wortlos, die jungen Augen voller Tränen, vor dem Krankenbett. Der fünfzehnjährige Bernhard Matin kniete laut schluchzend vor ihm nieder.

Vianney legte die bebende Hand auf den Scheitel des armen Jungen, den er gerade um all des Leides willen, das er seinetwegen ertragen, ganz besonders in sein Herz geschlossen hatte.

Pilger kamen und wollten dem fast schon Sterbenden ihre Sünden beichten. Vianney verwies sie an den Pfarrer Lacote, der ihn in der Gemeinde vertrat, aber es blieb einsam um den Beichtstuhl in der Johanneskapelle.

„Lassen Sie mich nur an der Schwelle seines Zimmers niederknien", bat eine Dame aus Lyon den Priester Renard, „damit er mich sieht und mir seinen Segen gibt. Das wird meiner Seele ein wenig Frieden schenken!"

Und immer wieder hob der Kranke in Augenblicken klaren Bewußtseins seine Hand, Segensworte kamen von seinen wunden Lippen. Ganze Körbe voll Medaillen und Rosenkränzen schleppte man ins Zimmer, damit der Priester sie weihe, wollte man doch wenigstens ein segenbringendes Andenken an den heiligen Pfarrer.

Klaudine Raymond-Corcevay, die durch ihr schweres Halsleiden der Stimme beraubt war, weigerte sich, Ars zu verlassen, bevor Gott über das Leben seines Dieners entschieden hatte. Im Haus der Mutter Favier hatte sie Aufnahme gefunden, und gerne gestattete ihr die fromme Frau, zu bleiben.

Am Morgen des 11. Mai gelang es ihr, in die Krankenstube vorzudringen und dem soeben wieder einmal zum Bewußtsein Erwachten ihre Schiefertafel zuzuschieben.

„Lies mir vor, Johannes!" bat Vianney. „Meine Augen sind so schwach geworden." Als der Lehrer die mit einem Griffel geschriebenen Zeilen vorgelesen hatte, richtete der Priester sich ein wenig auf, winkte die Stumme zu sich heran und flüsterte ihr zu: „Mein Kind, die Arznei der Ärzte nützt Ihnen nichts mehr. Man hat Ihnen schon zuviel davon gegeben. Aber der liebe Gott will Sie gesund machen. Wenden Sie sich an die heilige Filomena! Legen Sie die Schiefertafel auf den Altar. Sagen Sie ihr, wenn sie Ihnen Ihre Stimme nicht wiedergebe, müsse sie Ihnen die eigene überlassen! Sagen Sie ihr, ich, als ihr Pfarrer, habe es befohlen!"

Ohne Zögern begab sich die Stumme ins Gotteshaus, drängte sich durch die Menge der Betenden bis zur Kapelle der kleinen Heiligen vor. Als sie aber das Weinen und Flehen der vielen Menschen um sie herum bemerkte, zögerte sie einen Augenblick, den Rat des Pfarrers auszuführen. Dann wischte sie, einer plötzlichen Eingebung folgend, ihre Tafel aus, suchte hastig in ihrem Handtäschchen nach dem Griffel und schrieb auf den Schiefer die Worte: „Heilige Filomena, mach den Pfarrer wieder gesund!" Dann legte Sie die Tafel auf den Altar. In der Inbrunst ihrer Bitte versuchte sie zu sprechen, unhörbar lallte ihr stummer Mund ein paar Worte, dann aber kam plötzlich ein Schrei über ihre Lippen, und mit lauter Stimme rief sie: „Vergiß mich! Aber den Pfarrer mach wieder gesund!" Das Wunder war geschehen. Die Frau war geheilt.

„Ein Wunder!" rief Mutter Favier, die sie begleitet hatte.

„Ein Wunder!" stimmten zwei, drei der Umstehenden mit ein, die um das Leiden der Geheilten wußten.

„Ein Wunder!" raunte es durch die Kirche, wurde zu einem mächtigen Brausen, das aus den Toren des Heiligtums ins Freie drang. Die heilige Filomena hatte ein Wunder getan.

Ein paar Männer eilten zu den Glockenseilen, und bald verkündete festliches Geläut das wunderbare Geschehen.

„Ich danke dir, du liebe Heilige!" lächelte Vianney in all seinen Schmerzen. „Bist ja doch mein gehorsames Kind!"

Indes flammte neue Hoffnung in allen Herzen auf. Wenn die Heilige die stumme Frau gerettet hatte, konnte sie dann nicht ihren treuesten Verehrer, den heiligen Pfarrer, wieder gesund machen. So verdoppelten sie denn ihre Gebete.

In den Abendstunden verbreitete sich in Ars die Nachricht, der Todeskampf habe schon eingesetzt.

Wirklich schien es zu Ende zu gehen. Das gequälte Herz rang sich nur noch schwache, stockende Schläge ab. Der Todesschweiß stand auf der Stirn des Kranken. Pfarrer Valentin, Vianneys Beichtvater, entschloß sich, ihm die Letzte Ölung zu geben. Doch glaubte er, die heilige Handlung vor den Pilgern und Pfarrkindern geheimhalten zu sollen.

„O nein!" widersprach Vianney mit matter Stimme. „Sie sollen alle für mich beten. Die Glocken soll man läuten "

So erscholl denn zum zweiten Male das Geläut in die schon sinkende Nacht.

„Der Pfarrer stirbt", raunte man von Mund zu Mund. In der Kirche weinten und beteten die Gläubigen. Auf den Gassen knieten die nieder, die keinen Platz im Gotteshaus gefunden hatten. Vor dem Bild der heiligen Filomena schwor der junge Matin, nicht fortzugehen, ehe sie den Priester gerettet habe.

Sieben Geistliche knieten an dem Krankenbett, daneben der Graf von

Garets, der alte Bürgermeister Mandy, der Lehrer Pertinand und Katharina Lassagne.

„Glauben Sie alle Wahrheiten, die die heilige Kirche zu glauben vorstellt?" erscholl die Stimme Pfarrer Valentins durch das Schweigen.

„Ich habe nie daran gezweifelt!" antwortete Vianney mit letzter Kraft.

Da salbte der Priester des Sterbenden Stirne mit heiligem Öl, seine Augen, die so treu über die kleine Herde gewacht, seine Ohren, die so viele Sünden gehört, seinen Mund, der soviel Trost gespendet, seine Hände, die das erhabenste Geheimnis vollzogen und soviel Gutes gewirkt hatten, seine Füße, die sich müde gewandert hatten, um das verlorene Schäflein zu finden und aus den Dornen zu lösen.

Immer noch riefen die Glocken im Turm um Gottes Erbarmen.

Der sterbende Pfarrer aber sprach ein letztes vertrauensvolles Gebet zu seiner kleinen Lieblingsheiligen und empfahl sich noch einmal in ihren Schutz.

Bald darauf schien er die Besinnung zu verlieren. Sein Herz setzte den Schlag aus. Wie ein fernes Brausen vernahm er die Gebete der Umstehenden, dazwischen das Wort des Arztes: „Es kann sich jetzt nur noch um Minuten handeln."

„Mein Gott", dachte Vianney, „so komme ich also mit leeren Händen zu dir!" Er versuchte zu sprechen und vermochte doch nicht einmal mehr die Lippen zu bewegen. „Heilige Filomena, wenn ich noch einigen Seelen dienen könnte, dann erbitte mir von Gott noch eine kurze Lebensfrist."

„Den Todespfeil, heilige Filomena!" bettelte der Junge vor dem Altar der kleinen Märtyrerin. „Halt ihn doch auf! Halt ihn auf!"

War es nicht, als hätte die Heilige ihr blumenumkränztes Köpflein ein ganz klein wenig gesenkt? Hatte ihr Gesicht nicht mit einem kleinen, fast unsichtbaren Lächeln Gewährung genickt, oder war es nur das Aufflackern der Opferkerzen, die es verändert erscheinen ließ?

„Das Herz hat ausgesetzt", sagte Dr. Saunier.

„Requiem aeternam", beteten die Priester.

Da aber schlug der Kranke mit einem Seufzer noch einmal die Augen auf. Fassungslos stellte der Arzt den erneuten Pulsschlag fest.

„Ich fühle mich leichter", sprach Vianney mit vernehmlicher Stimme. „Die heilige Filomena . . . " Ein Lächeln glitt über seine Züge, während sein Blick das Bild der Heiligen an der Wand suchte.

Drei Stunden lag er dann unbeweglich, die Hände über der Brust gefaltet. Dann raubte ihm ein neuer Fieberanfall die Besinnung.

Langsam verstrichen die Stunden der Nacht. Im Morgengrauen ging der Pfarrer Dubois in die Kirche, um am Altar der heiligen Filomena das heilige Opfer darzubringen. An den Stufen fand er einen Jungen, der vor Müdigkeit eingeschlafen war, sich nun aber aufrichtete und mit großen Augen fragte: „Wie geht es ihm?"

„Es ist seltsam", antwortete Dubois. „Sein Zustand hat sich wider aller Befürchtung gebessert. Doch liegt er im Augenblick wieder in schwerem Fieber."

Bernhard Matin diente dem Priester voll glühender Andacht bei der heiligen Messe, den Himmel und alle Heiligen mit seinen Bitten bestürmend.

Indessen schien es mit dem Kranken zur gleichen Stunde zu Ende zu gehen. Zwar atmete er noch, aber jeden Augenblick erwartete man seinen letzten Seufzer. Als aber der Priester am Altar das letzte Evangelium las, schlug Vianney abermals die Augen auf: Er schien etwas zu sehen, was den Augen der Umstehenden verborgen blieb. Über sein Gesicht ging der Schein einer großen Freude. Es war verändert, leuchtete in wunderbarer Verklärung. Ein-, zweimal hörte man von seinen Lippen den Namen seiner Lieblingsheiligen, die er zu sehen schien. Er hob seine Hand, winkte der Unsichtbaren zu. Dann richtete er den Blick auf Johannes Pertinand, der an seinem Lager kniete, und mit vernehmlicher Stimme sprach er: „Es ist eine wunderbare Wandlung in mir geschehen. Ich bin geheilt!"

Der Arzt, der in der Morgenfrühe wieder ins Zimmer trat, schüttelte fassungslos den Kopf, konnte aber nur die auffallende Besserung im Zustand seines schon verlorengegebenen Patienten feststellen.

„Es ist ganz unerklärlich!" stammelte er, starr vor Staunen.

„Sagen Sie wunderbar, Herr Doktor!" antwortete lächelnd der Pfarrer.

„Ja, wunderbar! Wunderbar!" nickte der Arzt. „Die Todesgefahr ist vorüber!"

Mit Windeseile verbreitete sich bis in den letzten Winkel des Dorfes die Nachricht von dem Wunder.

In der Kirche sangen die Gläubigen das Tedeum, während die Glokken von Ars läuteten.

Todmüde wankte der junge Bernhard Matin aus der Kirche, aber in seinen Augen leuchtete ein unbeschreiblicher Glanz. Er wußte, wem das Wunder dieser Nacht zu danken war.

Vor der kleinen heiligen Filomena türmte sich ein Wald von Blumen und blühenden Zweigen.

Das kleine Mädchen in der „Vorsehung" warf ohne Bedauern seine Lieblingspuppe ins Feuer, weil es nicht wußte, auf welche Weise es seine Kostbarkeit sonst dem lieben Gott schenken könnte. Was lag jetzt an einem Spielzeug, wo doch der liebe Gott den Pfarrer wieder gesund gemacht hatte!

„Ich glaube, er hat es wirklich wegen der Puppe getan!" vertraute sie heimlich Katharina Lassagne an. Aber es war nicht das einzige Gelöbnis, das sich in Ars in dieser Stunde erfüllte.

Am 20. Mai, dem Fest des heiligen Bernhard von Siena, sah Johannes Maria Vianney zum ersten Male den Tabernakel wieder. Zwei Uhr in der Nacht war es, als die Glocken von Ars zu läuten begannen, da der Pfarrer, der zelebrieren wollte, nicht länger nüchtern bleiben durfte. Trotz der frühen Stunde füllte sich das Gotteshaus bis in den letzten Winkel mit Betern. Von den Armen Johannes Pertinands gestützt, brachte Vianney am Altar seiner Lieblingsheiligen das Opfer dar. Bernhard Matin dankte von Herzen seinem Namenspatron, daß er gerade an seinem Festtag dem Wiedergenesenen bei der heiligen Feier dienen durfte.

Einen Blick voller Sehnsucht warf Vianney dem Beichtstuhl zu, der so lange leergestanden hatte. Aber noch war er zu geschwächt, um ihn wieder betreten zu können.

Erst nach ein paar Wochen setzte er gegen den Einspruch des Arztes seinen Willen durch und nahm das Werk der Barmherzigkeit wieder auf.

Widerstrebend schloß der Arzt die Augen vor dem Ungehorsam seines Patienten. In einem Punkt aber blieb er unerbittlich, er verlangte eine gründliche Änderung im Speisezettel. Zweimal am Tag müsse er fortan eine volle Mahlzeit nehmen, mittags solle er Fleisch essen und jedesmal ein Viertelglas guten alten Rotwein dazu trinken.

Der widerspenstige Rekonvaleszent hätte sich dennoch über die ärztlichen Vorschriften hinweggesetzt, wenn der Bischof ihm ihre Befolgung nicht zur Pflicht gemacht hätte.

Wenn Vianney sich jetzt aber an den reicher gedeckten Tisch im Hause der „Vorsehung" setzte, seufzte er: „Ich bin ein Feinschmecker geworden! Ach, ich werde nun nicht mehr so viele Gnaden erhalten!"

ZWEIFACHE FLUCHT

1843

Im letzten Licht des Tages hatte der Priester Anton Raymond die Nachtpsalmen zum Fest des heiligen Namens Mariä beendet. Nun schloß er das Brevier und überließ sich seinen Gedanken. Seit den Tagen der schweren Krankheit Vianneys weilte er fast ständig im Pfarrhaus zu Ars, während er seine eigene Gemeinde Savigneux einem anderen Geistlichen überließ. Vianney hatte ihn als willkommenen Helfer aufgenommen und gewährte ihm gern seine Gastfreundschaft.

Der im Nachbarort Fareins Geborene kannte den Pfarrer Vianney seit seinen Jugendjahren. Im Kleinen Seminar von Meximieux hatte der Superior Matthias Loras zu seinen Schülern stets mit großer Verehrung vom Arser Pfarrer gesprochen, und mit ehrfürchtiger Scheu blickten die jungen Rhetoriker und Philosophen zu dem Priester auf, der den ehemaligen Mitschüler von Zeit zu Zeit aufsuchte.

Lebhaft erinnerte sich Raymond des Tages, an dem der Superior ihn dem Pfarrer Vianney als einen seiner begabtesten Schüler vorstellte. Das Auge des heiligmäßigen Mannes ruhte lange auf ihm, und noch glaubte er seine Worte zu hören: „Begabung ist ein kostbares Himmelsgeschenk. Mir hat sie immer gefehlt, das weiß niemand besser als dein Superior. Danke Gott, daß er dir einen hellen Verstand gegeben hat, aber hüte dich vor dem Stolz!" Damals hatte er beschämt seine dunklen Augen zu Boden gesenkt. Als Vianney erfuhr, daß er armer Leute Kind sei, hatte er die Studienkosten für ihn übernommen.

Nun war Raymond schon seit vielen Jahren Priester, aber trotz seiner Begabung hatte er es nicht weiter gebracht als zum Pfarrer in Savigneux, einem elenden Nest ohne jede Bedeutung. Lange hatte der ehrgeizige Priester seinem Schicksal gegrollt, das ihn in die Öde eines Bauerndorfes verbannte, und mit heimlichem Neid hatte er stets nach Ars hinübergeschaut, das zu einem der besuchtesten Wallfahrtsorte Frankreichs geworden war. Jeden Tag zogen ganze Scharen von Pilgern nach Ars, und es fehlte unter ihnen nicht an Persönlichkeiten von Rang und Namen. Künstler und Wissenschaftler, hervorragende Schriftsteller und Journalisten, Bischöfe und Edelleute waren unter den Wallfahrern, und der Pfarrer eines solchen Gnadenortes stand wohl auf hohem Leuchter.

Raymond wagte es sich kaum einzugestehen, aber als Johannes Vianney auf dem Sterbebett lag, hatte er sich heimlich mit dem Gedanken vertraut gemacht, sein Nachfolger zu werden. O, er glaubte kein schlechter Erbe zu sein! Bewundernd würden die Pilger sich um seine Kanzel drängen; denn er dünkte sich mächtiger im Wort als der arme Pfarrer Vianney, der stets in aller Herzenseinfalt ohne jeden rhetorischen Schmuck sprach. Besser als der unbeholfene Vianney würde er mit den endlosen Scharen fertig werden und sie, die jetzt oft regel- und ordnungslos durcheinanderliefen, geschickt zu lenken wissen. Man würde an höchster Stelle dann schon auf ihn aufmerksam werden, und er sah die Zeit nicht mehr ferne, wo man ihn, den bisher so unbekannten Dorfpriester, zu den bevorzugtesten Ämtern berief, an eine der großen Kirchen von Belley, Lyon oder gar von Paris.

Raymond erhob sich und warf einen Blick in die Dorfstraße, in der sich die Menge der Pilger staute. Den ganzen Tag über saß Vianney heute wieder im Beichtstuhl. Es konnte nicht lange dauern, bis er am Ende seiner Kräfte war. Kein Zweifel, der Pfarrer hielt sich nur mit letzter Mühe aufrecht! Bald würde er zusammenbrechen und dann – –, dann – –!

Er wandte sich wieder dem Zimmer zu und entzündete die Lampe. Bald darauf hörte er den schweren Schritt des Pfarrers auf der Treppe.

Seit Wochen schon hatte Raymond in seinem Wesen eine merkwürdige Veränderung festgestellt, und besonders in den letzten Tagen schien eine seltsame Unruhe über ihn gekommen zu sein. Als Vianney ihn aus seinen in dunklen Schatten liegenden Augen lange schweigend ansah, fragte er mit unsicheren Worten, ob irgend etwas Besonderes vorgefallen sei.

„Nein, es ist nichts geschehen“, antwortete der Pfarrer nähertretend. „Aber es wird etwas geschehen. Wir wollen uns setzen, lieber Freund, ich habe Ihnen etwas anzuvertrauen.“

Schweigend beobachtete Raymond den greisen Priester, der sich ihm gegenüber niederließ und lange Zeit das hagere Gesicht in seine Hände barg. Endlich erhob Vianney den Blick, schaute den jüngeren Priester an und sagte: „Ich will fort von Ars!“

„Sie wollen fort?“ fuhr Raymond auf. Ein eigenartiges Licht glomm in seinen Augen auf.

„Ja, ich habe dem Bischof einen Brief geschrieben und ihn gebeten, mich zum Geistlichen an der Kapelle der Minimen in Montmerle zu machen. Ich würde dort nur die heilige Messe zu feiern haben – und könnte endlich die ersehnte Stille finden, mein armes Leben zu beweinen und mich auf den Tod vorzubereiten. Ich möchte Sie bitten, das Schreiben dem Bischof zu bringen und mir seine Antwort nach Dardilly zu übermitteln."

„Nach Dardilly?"

„Ja, ins Haus meines Bruders! Ich gehe heute nacht noch fort."

„Heute nacht noch?" stammelte der andere – mit schlecht verhehlter Freude.

„Ja! Ich habe alles vorbereitet. Mein Bruder weiß um mein Kommen."

„Haben Sie jemandem von Ihrem Plan erzählt?" fragte Raymond schnell.

„Niemandem als den Leiterinnen der ‚Vorsehung'. Ich habe es nicht übers Herz gebracht zu gehen, ohne den guten Seelen dort Lebewohl zu sagen."

„In der ‚Vorsehung' sind drei Frauen!" sagte der junge Priester stirnrunzelnd. „Werden sie schweigen?"

„Ich hoffe es!" seufzte Vianney.

„Wenn Ihre Pfarrkinder die leiseste Ahnung von Ihrer Absicht haben, werden sie sich ihr mit allen Mitteln widersetzen. Ich werde mich einmal ein wenig erkundigen."

Eilig verließ Raymond das Pfarrhaus, kam nach einer Weile zurück und sagte mürrisch: „Das kommt mir wirklich verdächtig vor. Ich sah mehrere Männer und Burschen, die sich in der Nähe des Pfarrhauses herumtreiben. Das will mir nicht gefallen."

„Es wird ein Zufall sein!" antwortete Vianney. „Ich will noch ein wenig schlafen. Lassen Sie sich selbst in der Nachtruhe nicht stören, wenn ich gehe."

Indessen standen rings um das Pfarrhaus und an den Ausgängen der Dorfgasse die Posten, die nicht zu Unrecht Raymonds Verdacht erregt hatten.

Ein Uhr schlug es vom Turm, als Bernhard Matin, der an einer Hausecke lehnte und das Pfarrhaus scharf im Auge behielt, auffuhr. Im bleichen Licht des Mondes sah er, wie die Hoftür ging, die zum Garten führte. Dann huschte eine schwarze Gestalt die Hecke entlang, zwängte sich durch eine Lücke ins Freie. Es war der Pfarrer, der, sein Brevier unter dem Arm, sich wie ein Dieb aus dem Haus stahl, einen Atemzug lang stehen blieb und Ausschau hielt. Dann eilte er, sich im Schatten der Kirchhofmauer haltend, die Gasse hinab.

„Herr Pfarrer!“ stürzte der Junge auf ihn zu. „Wohin wollen Sie denn noch so spät?“

„Kinder wie du gehören um diese Zeit ins Bett!“ antwortete Vianney ärgerlich. „Was treibst du dich denn noch so spät auf der Straße herum?“

„Ach, ich wollte nur einen Rosenkranz segnen lassen!“ stammelte der Junge. „Hier ist er!“

„Mitten in der Nacht kommst du damit?“ knurrte der Pfarrer. „Das hat Zeit bis morgen!“

„Sie wollen doch gewiß zur Kirche? Darf ich das Brevier tragen?“ Der Junge versuchte dem Priester das Buch abzunehmen, aber Vianney klemmte es fester unter seinen Arm.

„Halt mich nicht auf! Ich habe es eilig!“ Damit machte er sich los und ging, so schnell er vermochte, davon.

Bernhard lief zu dem Posten, der bei der Kirchhofsmauer Wache halten sollte.

„Weg ist er!“ rief er ihm keuchend zu.

„Und du hast ihn nicht festgehalten?“ schalt Anton Cinier, der auf einem Mauervorsprung hockte und ein wenig eingenickt war.

„Ich glaube, er hätte mir bald eine geklebt, so ungehalten war er!“

„Na, wir werden ihn ja einholen.“

Im Laufschritt machten die beiden sich an die Verfolgung. Da aber gerade eine Wolkenbank das Mondlicht verdüsterte, war nicht viel zu sehen. Außerdem hielt der Flüchtling sich höchstwahrscheinlich irgendwo verborgen.

„Wir wollen es dem Lehrer sagen!“ entschied Cinier. Leider hatte man versäumt, den Schulmeister über den Fluchtplan in Kenntnis zu setzen, und eine ganze Weile dauerte es, bis man ihn endlich herausgeklopft hatte.

„Ich hatte so etwas geahnt!“ sagte Johannes Pertinand. Dann aber nahm er sich nicht einmal die Zeit, seinen Hut zu holen, sondern eilte, so schnell er konnte, hinter dem Flüchtigen her.

„Ich bringe ihn zurück!“ versicherte er den beiden Posten und stürmte davon.

Indessen war Vianney auf engem Fußsteig über den Fontblin gegangen, beschritt dann aber, etwaigen Verfolgern zu entkommen, nicht die

Straße nach Villefranche, sondern versuchte auf Feldwegen sein Ziel zu erreichen, verirrte sich jedoch bald in der Dunkelheit.

Mehr als eine Stunde währte es, bis der Lehrer ihn auf einem abgeernteten Weizenacker aufspürte.

„Herr Pfarrer", rief er atemlos, als er ihn eingeholt hatte, „warum wollen Sie uns so verlassen?"

„Johannes!" antwortete Vianney keuchend und griff nach dem Arm seines Lieblingsschülers. „Ich bitte dich, halte mich nicht auf! Laß mich gehen!"

„Aber wohin wollen Sie denn?"

„In mein Elternhaus! Ich habe den Bischof gebeten, mich zurückziehen zu dürfen, und will seine Antwort in Dardilly abwarten."

„Und wenn der Bischof die Erlaubnis verweigert?"

„Dann komme ich nach Ars zurück!" seufzte der Priester.

„Dann werde ich Sie nach Dardilly begleiten."

„Und deine Schüler?"

„Die werden vor Trauer, daß der Unterricht ausfällt, nicht gleich sterben!"

„Ich danke dir, Johannes!" erwiderte Vianney aufatmend.

Der Morgen graute schon, als die beiden bei der Brücke von Trévoux anlangten. Der Wächter saß bei seiner geschlossenen Schranke und schlief. Pertinand machte Miene ihn aufzuwecken, aber Vianney fiel ihm in den Arm und sagte: „Lassen wir den armen Mann schlafen! Wir machen eben einen kleinen Umweg und gehen bei Neuville über die Saone."

Der Brückenwächter von Neuville schien auch eingenickt zu sein, räkelte sich aber hoch, als er den Schritt der frühen Wanderer hörte und begehrte den Brückenzoll. Da zeigte es sich, daß der Pfarrer in der Eile des Aufbruchs kein Geld mitgenommen hatte, und auch der Lehrer fand keinen Sou in der Tasche. Vianney bot seine Taschenuhr als Pfand, aber der Zöllner wehrte lachend ab: „Ihr zahlt eben später einmal, und wenn nicht, ist mir's auch gleich!" Damit drehte er die Schranke hoch und gab den beiden die Brücke frei.

Nach abermals vier Stunden mühseliger Wanderung erreichten sie endlich Dardilly. Todmüde schleppte Vianney sich über die Schwelle seines Elternhauses.

Mit großer Freude hieß der Bauer und seine Familie den Heimkehrer willkommen. Die Schwägerin wollte in aller Eile ein Frühstück bereiten, aber Johannes wehrte müde ab und ließ sich in ein Schlafzimmer führen, wo er erschöpft niedersank.

Inzwischen herrschte in Ars die größte Aufregung. In allen Häusern und Gassen besprach man das Unfaßbare. Überall sah man verweinte Augen. Ratlos waren die vielen hundert Pilger, die nun vergebens gekommen waren. Zwar suchte Herr Raymond zu trösten, wo er nur konnte, und versicherte, man brauche sich nicht zu sorgen. Wenn Vianney nicht wiederkäme, würde er in Ars bleiben. Auf jeden Fall würde es an einem Seelsorger nicht fehlen.

Doch sah er zu seinem Erstaunen, daß man allgemein über seine Worte nur die Achsel zuckte und des Weges ging. Die meisten Pilger reisten wieder ab, und manche von denen, die gerade erst aus der Postkutsche gestiegen waren, kehrten gleich wieder um.

„Aber die heilige Filomena wartet doch auf Sie!“ mahnte Herr Raymond ganz bestürzt. „Warum wollen Sie Ihre Wallfahrt denn abbrechen, wenn Sie am Ziele sind?“

„Wir sind gekommen, den heiligen Pfarrer zu sehen!“ wurde ihm geantwortet. Gewiß, der kleinen Märtyrerin hätte man auch einen Anstandsbesuch gemacht, aber das eigentliche Ziel der Pilgerfahrt sei doch kein anderer als der große Priester Johannes Vianney gewesen.

Vergebens setzte Herr Raymond sich in den Beichtstuhl. Es kamen nur ein paar alte Weiblein. Die anderen, die den Beichtstuhl der Johanneskapelle umdrängten, wollten nur bei dem heiligen Pfarrer beichten. Dafür hatten sie ja die weite Reise gemacht.

Graf Klaudius von Garets, seit kurzem Bürgermeister von Ars, erschien im Pfarrhaus und fragte Herrn Raymond, ob er wisse, wo Vianney sei.

„Gewiß, er wird in Dardilly sein!“ antwortete der Priester. „Aber er hat mich zu seinem Stellvertreter bestimmt. Ich werde mich um den Gottesdienst und die Wallfahrt nach Kräften bemühen.“

„Bemühen Sie sich lieber darum, daß der Pfarrer zurückkommt!“ knurrte der Edelmann. „Ohne Herrn Vianney ist Ars nicht mehr Ars, und von Wallfahrten kann dann gar keine Rede mehr sein.“

„Sie glauben nicht, daß die Pilgerfahrten zur heiligen Filomena ihren Fortgang nehmen werden?“ sagte Raymond unsicher.

„Sollten Sie wirklich noch nicht gemerkt haben, daß die Leute nur unseres Pfarrers wegen kommen?“ fragte der Graf verblüfft. Sehr nachdenklich blieb der junge Priester zurück, nachdem der Bürgermeister das Pfarrhaus verlassen hatte.

Wenn das wirklich zutraf, daß Ars allein um seines Pfarrers willen das ersehnte Ziel der Wallfahrer war, was nützte ihm dann die Nachfolgerschaft? Ohne die Pilger würde Ars ja wieder zur Bedeutungslosigkeit herabsinken, würde wieder das weltverlorene Nest sein, noch geringer als Savigneux. Raymond entschloß sich, zunächst einmal nach Belley zu fahren, um dem Bischof den Brief Vianneys zu übergeben und sich Rat zu holen.

Nach zwei Tagen bangen Wartens kehrte der Lehrer Pertinand nach Ars zurück und brachte die Nachricht, der Pfarrer werde fürs erste in Dardilly bleiben. Da machte sich der Bürgermeister ohne Zögern auf den Weg und langte mit seiner Kutsche nach wenigen Stunden vor dem Elternhaus des Heiligen an.

Franz Vianney machte ein mürrisches Gesicht, als der Graf nach seinem Bruder fragte. Er verweigerte jede Auskunft, erlaubte dem erlauchten Gast aber, daß er in die Stube eintrete, um einen Brief zu schreiben.

In aller Eile warf Klaudius von Garets ein paar Zeilen aufs Papier, und bald darauf rollte die gräfliche Equipage wieder davon.

„Soll mich wundern, ob er wiederkommt!“ lachte Anton, der sechzehnjährige, kräftige Sohn des Bauern.

„Hoffentlich lassen sie den armen Onkel endlich mal in Ruhe!“ seufzte Franz Vianney.

„Wenn du willst, stell ich mich mit der Mistgabel ins Haustor. Dann kommt gewiß keiner herein!“ grinste der Bursche.

Gegen Mittag brachte der Postbote zwei Briefe ins Haus, die Franz mit dem Schreiben des Bürgermeisters dem Bruder überreichte. Johannes Vianney hatte die ganze Zeit in einer im Obergeschoß liegenden Stube betend verbracht und gar nichts vom Besuch des Grafen Klaudius gemerkt.

„Hat der Bischof geschrieben?“ fragte er lebhaft, als der Bauer eintrat.

„Ich glaube nicht!“ antwortete Franz. „Aber du weißt ja, daß ich nicht lesen kann.“

Seufzend öffnete der Priester die Briefe, las zuerst das Schreiben des Bürgermeisters.

„Mein lieber, sehr verehrter Herr Pfarrer!

Wir alle sind tief erschüttert über Ihr so unerwartetes Scheiden und hören nicht auf, Gott zu bitten, daß er Sie wieder zu uns führt. Entscheiden Sie einstweilen noch nichts! Sie haben die Ruhe nötig, ich weiß das besser als irgendein anderer Mensch. Vergessen Sie aber nicht Ihre arme Pfarrei Ars.

Denken Sie auch an all die Seelen, denen Sie den Weg zum Himmel gezeigt, an all jene, die sich davon entfernt haben und durch Sie zurückgeführt werden sollen! Denken Sie vor allem an Ihre ‚Vorsehung', deren Seele und Stütze Sie sind, und die nur durch Sie weiterbestehen kann.

Denken Sie endlich an die Sache der Religion! Gott hat Sie berufen, den Glauben zu erhalten und zu verherrlichen . . ."

Nachdenklich ließ Vianney das Schreiben sinken, griff dann zum nächsten, in dem Katharina Lassagne ihn beschwor, doch um Gottes willen zurückzukehren, da ohne ihn alles zusammenbrechen würde und man im Haus nicht mehr aus noch ein wüßte.

Wie er noch, in seine Gedanken versunken, dasaß, ratlos, was nun eigentlich geschehen müsse, stürmte sein Neffe Anton ins Zimmer und rief: „Schau aus dem Fenster, Onkel! Da kommt eine ganze Karawane! Du lieber Gott, da muß ich Verstärkung holen."

Vianney eilte ans Fenster und sah einen endlosen Zug von Menschen, der die Dorfgasse heraufkam.

„Die Pilger von Ars!" stöhnte er.

„Soll ich sie fortschicken?" rief der Bursche. „Ich werd' es schon schaffen. Wenn's sein muß, verrammeln wir die Tür mit ein paar Eichenbalken."

„Nein, nein, ich komme schon!" antwortete der Priester. „Sie dürfen den weiten Weg nicht umsonst gemacht haben."

„Kommt mit in die Kirche!" bat er die Pilger. Er schritt ihnen voraus, setzte sich in den Beichtstuhl und kam vor Ablauf vieler Stunden nicht wieder los.

Immer wieder erschienen Fremde, die nach dem Priester fragten.

„Wenn's so weitergeht, muß ich Hilfe holen!" seufzte der Bauer. „Ich bin nicht mehr Herr im eigenen Haus."

Am Samstag, dem 16. September, schritt ein fremder Priester auf den Hof zu, dem die Leibwächter zögernd Platz machten. Mit ausgebreiteten Armen eilte Vianney Herrn Raymond entgegen.

„Bringen Sie die Antwort vom Bischof?" fragte er erregt. Der junge Priester reichte ihm ein versiegeltes Schreiben, das der Pfarrer hastig öffnete. Der Oberhirt von Belley versagte ihm zwar die begehrte Stelle in Montmerle und schlug ihm die Kaplanei Unserer Lieben Frau im Gnadenort Beaumont vor, doch bat er ihn mit herzlichen Worten zu überlegen, ob er nicht besser täte, nach Ars zurückzukehren.

Inzwischen wurden die Burschen von Dardilly unruhig über den lange verweilenden Besuch.

„Er kommt auch von Ars und will den Onkel zurückholen!" flüsterte Anton Vianney ihnen zu, und als Herr Raymond den Hof verließ, trafen ihn unwillige und mißtrauische Blicke.

Am Schluß der Nachmittagsandacht rief der Pfarrer von Dardilly Herrn Raymond: „Ich bitte Sie, verlassen Sie das Dorf so schnell wie möglich! Man ahnt, warum Sie gekommen sind! Lassen Sie Vianney in Ruhe, sonst wird man Ihnen übel mitspielen!"

„Ich bin hier im Auftrag des Bischofs!" antwortete Raymond unbewegt.

„Man sieht ihn nicht gern im Ort", wandte der Hirt von Dardilly sich an Pfarrer Vianney. „Ich fürchte, es geht nicht gut aus."

„O, um den machen Sie sich keine Sorge", lächelte Vianney. „Raymond ist nicht so leicht zu erschrecken. Der macht sich nichts aus dem Getümmel."

Am Abend erschien der Bürgermeister von Dardilly mit einigen Gemeinderäten im Bauernhaus.

„Ziehen Sie sich ruhig in Ihr Elternhaus zurück, und bleiben Sie hier!" schlug der Ortsvorsteher dem Priester vor. „Wir werden in Belley schon die Erlaubnis dazu erwirken."

„O meine Freunde, wenn ihr das fertig brächtet, das wäre mir recht!" antwortete der Pfarrer von Ars erfreut.

Durch diese Antwort ließen die guten Leute von Dardilly sich täuschen, und da die Arser sich bei Einbruch der Nacht wieder auf den Heimweg machten, rückte auch die Leibgarde ab.

Indessen beriet der Pfarrer mit Herrn Raymond einen Fluchtplan; denn es sah wirklich danach aus, daß die Leute von Dardilly ihn mit Gewalt zurückhalten würden, wenn sie seine Abreise bemerkten. Raymond wanderte noch am gleichen Abend nach Albigny, wo er auf Vianney warten wollte.

Lange vor Sonnenaufgang tat sich das Hoftor auf. Der Bauer Vianney führte ein Pferd aus dem Stall, ließ seinen Bruder aufsitzen, während er selbst die Zügel führte.

Als Albigny in Sicht kam, verabschiedete sich Johannes mit Worten herzlichen Dankes von seinem Bruder und schritt zu Fuß auf das Dorf zu.

In der Kirche von Albigny feierte er das heilige Opfer und machte sich dann mit dem Priester Raymond auf den Weg nach Beaumont. Weit war der Weg bis zu dem zwischen den Dombes-Seen gelegenen Gnadenort.

Nach fünf Stunden langten sie in Saint Marcel an, wo der Bürgermeister den Pfarrer von Ars erkannte und ihn höflich bat, in seinem Haus ein wenig zu rasten. Schnell verbreitete sich in dem Weiler die Nachricht von der Anwesenheit des heiligen Pfarrers, und eine große Volksmenge drängte sich um das Bürgermeisterhaus. Vianney wurde in die Kirche geführt, wo er eine Predigt über die Vergänglichkeit aller Erdendinge und das Glück des Himmels hielt.

Dann erst gab man ihn frei. Ein Fuhrmann brachte sie nach Marlieux, der Pfarrei, zu der die Kapelle von Beaumont gehörte. Es war schon Nacht, als man am Ziel anlangte.

Am anderen Morgen zelebrierte Vianney in der Gnadenkapelle.

„Was haben Sie beschlossen?“ fragte Raymond den Pfarrer, als er vom Altar in die Sakristei zurückkehrte.

„Noch nichts!“ antwortete Vianney. „Ich werde aber weiter um Erleuchtung beten, während ich Ihnen beim heiligen Opfer ministriere.“

Noch während Herr Raymond die Meßgewänder ablegte, sagte der Pfarrer tiefbekümmert: „Gott will nicht, daß ich hier bleibe!“

„Wohin wollen Sie also gehen?“ fragte Raymond.

„Kehren wir nach Ars zurück!“ antwortete Vianney.

Unverzüglich machten sie sich auf die Heimreise. Ein Wagen brachte sie durch das endlose Seengebiet nach Ambérieux-en Dombes. Vianney erklärte, er vertrage das Wagenfahren nicht gut und wolle die restlichen Kilometer bis Ars zu Fuß zurücklegen. Nur wolle er ein wenig in der Kirche rasten und das Allerheiligste anbeten.

Während der Pfarrer, in tiefe Andacht versunken, vor dem Tabernakel kniete, schickte Raymond einen Laufboten nach Ars mit der Nachricht, Vianney kehre zurück und würde in einer Stunde da sein.

Als der so lang Ersehnte gegen fünf Uhr nachmittags endlich, auf einen Stock gestützt, staubbedeckt seinen Pfarrort erreichte, dröhnte ihm Glockengeläut entgegen. Das halbe Dorf war ihm entgegengeeilt und führte ihn im Triumphzug zum Kirchplatz, wo jung und alt ihn mit Jubel empfing. Auch die Pilger nahmen teil an der grenzenlosen Freude. Menschen, die einander nicht kannten, umarmten sich unter Tränen.

Selbst die Drescher ließen ihre Tenne im Stich und eilten in ihren Arbeitskitteln herzu. Vianney vermochte sich der ungestüm Drängenden kaum zu erwehren.

„Nun, war alles verloren?" sagte er lächelnd. „So ist jetzt alles wiedergefunden. Ich werde euch nie mehr verlassen, meine Kinder! Ich werde euch nie mehr verlassen!"

Ein Jubelschrei hallte über den Platz. Die Buben von Ars tanzten und sprangen um ihren Pfarrer herum. Pilger drängten sich heran. Eine Frau schnitt heimlich ein Stück vom Saum seiner Soutane ab und barg es als Reliquie.

„Macht Platz!" schrie der junge Matin. Der Pfarrer erhob seine zitternde Rechte, und während alle ehrfürchtig in die Knie sanken, segnete er sie.

Dann schritt er, tief bewegt, ins Haus der „Vorsehung", wo ihn die Leiterinnen mit ihren Kindern, vor Freude weinend, begrüßten. Der Pfarrer aber bat um ein wenig Geduld und sank müde auf einen Stuhl nieder.

Früher als sonst läutete an diesem Tag die Glocke zum Abendgebet, und mit der ganzen Gemeinde empfahl sich Vianney dem Schutz Gottes.

„Nun hat er es erfahren, daß Gott ihn zu uns zurückgeführt hat!" sagte der Bürgermeister von Garets am Abend dieses Tages zum Lehrer Pertinand.

„Er weiß jetzt, daß er nirgendwo Ruhe findet, weil ihn die Not der Menschen suchen wird, wo immer er ist!" antwortete der Schulmeister ernst. „Aber ich weiß auch, wie sehr er sich nach der Einsamkeit sehnt. Gott tröste unseren Pfarrer!"

UNTER DEM KREUZ

1846–1849

Pfarrer Vianney schritt nachdenklich durch die menschengefüllte Gasse, von allen Seiten ehrfürchtig gegrüßt. An einer Bude kam er vorüber, in der ein junger Mann seine Ware ausrief.

„Das Bild des heiligen Pfarrers!“ schrie der mit lauter Stimme. „Kauft den Pfarrer Vianney!“

„Um Gottes willen, Bernhard, was schreist du denn, als wenn du am Messer stecktest?“ Kopfschüttelnd trat Vianney an den Stand und nahm eines der Bilder in die Hand, die der Bursche feilbot. „Was kostet denn der Pfarrer von Ars?“

„Zwei Sous!“ antwortete Bernhard Matin grinsend.

„Das ist teuer genug für diesen elenden Karneval! Das soll also der Pfarrer von Ars sein! Schau nur, wie dumm er aussieht, dumm wie eine Gans!“

„Die Leute kaufen rasend!“ strahlte der junge Händler.

„Dann sind sie auch nicht viel klüger!“ knurrte der Pfarrer, warf das Bild auf den Ladentisch und stapfte davon.

„Zwei Sous, der Pfarrer von Ars!“ hallte ihm die Stimme des Verkäufers nach.

Verdrießlich setzte Vianney seinen Weg fort. Lange hatte er dagegen gekämpft, daß sein Bild in den Läden und Krambuden feilgeboten wurde.

Erst als die Händler ihn immer wieder inständig baten, ihnen doch das lohnende Geschäft nicht zu verderben, hatte er stillschweigend nachgegeben. Aber ärgerlich blieb ihm der Handel doch.

Im übrigen drückten ihn in jenen Herbsttagen des Jahres 1846 genug andere Sorgen. Es ging um sein Lieblingswerk, die „Vorsehung“. Vor einigen Wochen hatte der Unterpräfekt von Trévoux eine Prüfung des Unterrichtes vorgenommen und dabei zwar festgestellt, daß die Kinder gut erzogen waren und gewiß mit den für den Haushalt nötigen Kenntnissen vertraut gemacht wurden, aber die übrigen Leistungen ließen doch sehr zu wünschen übrig.

„Sehen Sie, Herr Pfarrer“, hatte der hohe Herr beim Abschluß der Revision gesagt, „die Mädchen lernen ganz ordentlich spinnen, nähen und stricken, aber mit der Rechtschreibung sieht es übel aus. Denken Sie nur, sie schreiben Scheune mit äu!"

„Entsetzlich!" knurrte Vianney, einen Augenblick lang überlegend, ob das äu wirklich falsch sei.

„Und das Schlimmste ist, die Lehrerin hat es selbst nicht richtig gewußt. Sie gab zu, es die Kinder nicht anders gelehrt zu haben."

„Halten Sie das wirklich für so wichtig, daß die künftigen Mägde und Bäuerinnen von Ars die Scheune richtig schreiben können? Ich halte spinnen und stricken jedenfalls für wichtiger!" wandte Vianney ein.

„Aber ich bitte Sie doch, lieber Herr Pfarrer!" entrüstete sich der Unterpräfekt. „Was soll denn eine Schule, in der nicht einmal die Lehrerin die Orthographie beherrscht?"

„Ach, die gute Katharina Lassagne hatte nicht viel Zeit, sich auszubilden. Ich konnte sie nur wenige Monate schulen lassen."

„Nun, es muß da eine Änderung geschaffen werden!" entschied der Beamte. „Eine Lehrerin, die Scheune mit äu schreibt, können wir nicht dulden!"

Nachher hatte Vianney Herrn Raymond, der seit einem Jahr zu seinem ständigen Kaplan ernannt worden war, sein Leid geklagt.

„Nehmen Sie doch Lehrschwestern!" riet ihm Raymond. „Die Josefsschwestern werden gewiß gerne nach Ars kommen."

„Wenn's nur darum ginge, könnte ich die Leiterinnen der ‚Vorsehung' gleich einkleiden lassen. Man braucht ihre Kleidung nur schwarz zu färben, und die Nonnen sind fertig."

„Und dann schreiben sie ‚Scheune' immer noch falsch! Nein, was Sie brauchen, sind richtige, ausgebildete Lehrschwestern. Die werden dann schon einen Unterricht geben, an dem der Unterpräfekt nichts auszusetzen hat."

„Ich will mir das überlegen!" hatte Vianney das Gespräch beendet.

Daran mußte er denken, als er jetzt seiner Kirche zuschritt. Der Gedanke, den Unterricht Ordensschwestern anzuvertrauen, war nicht von der Hand zu weisen. Aber was sollte dann aus den guten Seelen werden, die bisher mit solch großer Treue die „Vorsehung" geleitet und zahllose Opfer für sie gebracht hatten?

Recht bekümmert schritt Vianney durch das offene Kirchtor, kniete sich vor dem Tabernakel nieder und bat Gott um Erleuchtung. Dann begab er sich in die Sakristei, wo er seit einigen Jahren die Beichten der Männer hörte.

Als er zu später Stunde nach Hause kam, wartete ein Geistlicher auf ihn. Es war der Regens des Priesterseminars von Belley, Kanonikus Perrodin, der ihn im Auftrag des Bischofs aufsuchte.

„Es handelt sich um Ihre ‚Vorsehung'", begann der Priester, ein Mann von großer Bildung des Geistes und des Herzens. „Der Unterpräfekt von Trévoux hat sich an den Bischof gewandt und eine Änderung der bestehenden Zustände verlangt."

„Ich weiß schon, wegen der Scheune mit äu!" lächelte Vianney.

„Nun, so unrecht hat der Herr nicht. Man kann den Unterricht schließlich nicht Personen überlassen, die selbst nicht richtig zu schreiben verstehen."

„Die Arser Bauern brauchen keine gelehrten Frauen!" knurrte der Pfarrer.

„Aber eine Schule braucht fertige Lehrerinnen!" entgegnete der Kanonikus ungerührt. „Ich selbst habe als Pfarrer in Bourg vor Zeiten eine Schule gegründet, die sich unter der Leitung der Josefsschwestern sehr glücklich entwickelt hat. Machen Sie es auch so!"

„Und die treuen Mädchen, die bisher das Haus leiteten?"

„Die Schwestern werden sich ihrer Hilfe gewiß gerne bedienen. Und wenn nicht, wird sich auch eine andere passende Tätigkeit für sie finden."

„Man braucht wohl nicht länger darüber zu disputieren", mischte sich Raymond ins Gespräch. „Es bleibt dabei, wir nehmen Ordensschwestern für die ‚Vorsehung'. Man müßte ein Narr sein, wenn man die Vorteile einer solchen Änderung nicht einsehen wollte."

Herr Raymond hatte mit solcher Schärfe gesprochen, daß der Kanonikus, peinlich berührt, den jungen Priester und dann den greisen Pfarrer anschaute.

„Nun, wir müssen selbstverständlich Herrn Vianney die Zeit lassen, sich die Sache gründlich zu überlegen und dann nach seinem Gutdünken zu entscheiden. Denn die Entscheidung liegt, wenn der Bischof kein Machtwort spricht, gewiß bei ihm als dem Gründer und Leiter der ‚Vorsehung'."

Raymond nahm die offensichtliche Zurechtweisung unbewegt hin und antwortete in scharfem Ton: „Die Angelegenheit ist entschieden. Wir brauchen nicht mehr darüber zu reden." Dann wandte er sich um und verließ das Zimmer.

„Sie haben aber einen sehr selbstbewußten Kaplan!" sagte der Regens.

„O ja, er weiß, was er will, und ich bin dem Bischof recht dankbar, daß er dem dummen Pfarrer von Ars einen solch fähigen und klugen Helfer geschickt hat!“ erwiderte Vianney lächelnd.

Nachdenklich schaute der Kanonikus vor sich hin. Ob er wohl ahnte, wieviel Leid sich hinter dem Lächeln Vianneys verbarg?

Herr Raymond war gewiß ein eifriger und tüchtiger Priester, aber seine schroffe und rechthaberische Art war doch für den greisen Pfarrer ein beständiges Kreuz, zumal der um zwanzig Jahre Jüngere es an Takt entschieden fehlen ließ. Gleich bei seinem Einzug hatte er ohne weiteres das Zimmer des Pfarrers im Oberstock für sich beansprucht, und Vianney war ergeben in ein muffiges und feuchtes Kämmerchen im Erdgeschoß umgezogen. Die Gemeinde hatte daran schweres Ärgernis genommen, und schließlich hatte der Bürgermeister von Garets den selbstbewußten Herrn in seine Schranken verwiesen und ihn veranlaßt, dem Pfarrer sofort das gewohnte Zimmer wieder einzuräumen. Raymond selbst hatte verärgert das Pfarrhaus verlassen und eine andere Unterkunft gesucht.

Indessen zeigte er sich von Tag zu Tag rücksichtsloser gegen den Pfarrer, fühlte sich immer mehr als der Herr der Gemeinde und brachte es sogar fertig, dem greisen Priester auf der Kanzel zu widersprechen und seine Anordnungen öffentlich umzustoßen.

Die Leute von Ars aber stellten sich entschlossen auf die Seite ihres Pfarrers und hätten gerne eine Versetzung des Kaplans erzwungen, wenn Vianney ihn nicht immer wieder in Schutz genommen hätte. „Wenn Sie ihm Schwierigkeiten machen, werde ich mit ihm Ars verlassen!“ wehrte er die ernsten Vorstellungen des Bürgermeisters ab. „Ich habe ihm viel zu verdanken. Er deckt mir meine Fehler auf, und ohne ihn müßte ich Sorge haben zu wissen, ob ich Gott ein bißchen liebhabe.“

Vianney liebte den Mitbruder, wie er jedes Kreuz liebte, das Gott ihm schickte.

Mit zunehmendem Alter hatte Vianney viel von seiner früheren Strenge verloren. Zu sehr hatte er die menschliche Armseligkeit kennengelernt, aber auch das Fünklein guten Willens, das unter der Asche brannte, um nicht ein tiefes Mitleid mit dem Sünder zu empfinden. Nur in den äußersten Fällen versagte er jetzt die Lossprechung. Im übrigen zeigte er sich als der gute Hirt, der das verlorene Schäflein aus den Dornen löst und es samt der Buße, die es schuldig war, auf seine eigenen Schultern nahm.

1848 brach der längst erwartete Sturm los. Abermals floß Blut in den Straßen der französischen Hauptstadt. Der Zorn des ausgeplünderten und halbverhungerten Proletariats fegte das Königtum hinweg. Auf den Barrikaden empfing der Pariser Erzbischof d'Affre, der gekommen war, die Kämpfenden zu versöhnen, die Todeswunde. König Louis Philipp sah sich gezwungen, der Krone zu entsagen. Die neue Republik wählte Louis Napoleon zu ihrem Präsidenten.

Auch durch die Straßen der Ewigen Stadt tobte der Aufruhr. Der Kanzler des Kirchenstaates, Pellegrino Rossi, wurde auf offener Straße durch einen Dolchstoß getötet. Der Pöbel feierte den feigen Mord als Heldentat und zog bewaffnet gegen den päpstlichen Palast, griff die Schweizer Garde an und schoß in die Fenster der Quirinals. Dem Blutvergießen ein Ende zu machen, entfloh Pius IX. verkleidet ins Neapolitanische nach Gaeta.

In jenen stürmischen Tagen war es, als fünf Schwestern von der Genossenschaft des heiligen Josef ins Haus der „Vorsehung" einzogen und die Schule übernahmen. Zu Vianneys großem Schmerz sahen sie sich gezwungen, das Waisenhaus aufzugeben, da der vorhandene Raum nicht mehr ausreichte.

Johanna Chanay zog sich zu ihrer Schwester ins Dorf zurück. Für Katharina Lassagne und Maria Filliat mietete der Pfarrer zwei kleine Zimmer. Sie übernahmen die Reinigung des Gotteshauses, den Schmuck der Altäre und die Kirchenwäsche und führten dem Pfarrer den Haushalt. In der freien Zeit spannen und webten sie für die Armen und pflegten die Kranken.

Wohl sah Vianney, wie sehr vor allem Katharina Lassagne unter der Trennung von dem so liebgewordenen Werke litt, und glaubte sie trösten zu müssen: „Ich habe mir den Entschluß, die ‚Vorsehung' den Ordensfrauen zu übergeben, schweren Herzens abgerungen, das kannst du mir glauben. Aber es ist die Zeit, da Gott Opfer von uns verlangt."

Im folgenden Jahr gab Vianney auch die Knabenschule in die Hände von Ordensleuten. Drei Brüder von der Heiligen Familie aus Belley übernahmen Unterricht und Erziehung der Arser Buben und gründeten bald darauf auch ein Internat für auswärtige Schüler. Zuvor aber besorgte der Pfarrer seinem treuen Johannes Pertinand eine Anstellung als Lehrer an einer Schule in einem größeren Nachbarort.

Und die Schwestern und Brüder wurden des vielgeplagten Pfarrers treueste Helfer.

DER SEHERBUB VON LA SALETTE

1850–1852

Als Johannes Vianney am Abend des 24. September 1850 seinen Beichtstuhl verließ und erschöpft ins Pfarrhaus zurückkehrte, traf er Herrn Raymond an, der mit allen Zeichen der Erregung auf ihn wartete.

„Er ist hier, Herr Pfarrer!" rief er ihm schon an der Türschwelle zu. „Heute abend ist er in der Postkutsche angekommen."

„Aber wer denn?"

„Maximin Giraud, der kleine Schwindler von La Salette! Er wollte zu Ihnen. Da Sie aber nicht zu erreichen waren, hat man ihn zu mir gebracht. Nun, ich habe ihm meine Meinung nicht vorenthalten."

„Ich weiß, daß Sie nicht an die Erscheinung glauben", antwortete Vianney traurig.

„Weil die ganze sogenannte Erscheinung Betrug ist!" erwiderte der Kaplan heftig. „Ich habe Ihnen das immer gesagt und Sie gewarnt, von La Salette zu sprechen. Aber Sie wollten ja nicht hören, haben sogar Medaillen aus jenem Wallfahrtsort geweiht. Sie haben Bilder von dort mit Ihrer Unterschrift versehen und den Kranken Wasser aus der Quelle von La Salette gegeben!"

„Wie begründen Sie eigentlich Ihr hartes Urteil?"

„Ich war, wie Sie wissen, selber dort, um mir ein Bild von der Sache zu machen. Auf dem sogenannten Erscheinungshügel hab ich den Maximin Giraud getroffen und ihn gefragt, was er gesehen habe. Aber der Junge hat ganz mürrisch geantwortet: ‚Das weiß alle Welt, was ich gesehen habe, und wenn Sie es nicht glauben wollen, lassen Sie es bleiben! Meinetwegen nehmen Sie an, ich lüge und habe nichts gesehen!' Nun frage ich Sie, Herr Pfarrer, ist das die rechte Antwort, die ein angeblich so begnadetes Kind einem Geistlichen zu geben hat? Der Bengel hat einfach die Leute an der Nase herumgeführt!"

„Wo ist er denn jetzt?"

„Er wohnt mit seiner Schwester und ein paar Leuten aus seinem Dorf im ‚Barmherzigen Samaritan'. Morgen früh wird er in der Sakristei auf Sie warten."

In dieser Nacht fand Vianney keine Ruhe. Vergebens suchte er auf seinem armen Strohsack den Schlaf. Bald erhob er sich wieder, zündete die Lampe an und schritt unruhig auf und ab. An der Wand hing ein Bild von La Salette, vor dem er lange stehenblieb.

Wenn der Kaplan nun recht hatte und alles Täuschung war! Der Erzbischof von Grenoble, zu dessen Diözese La Salette gehörte, hatte noch kein Urteil gesprochen, und auch der Oberhirt von Belley verhielt sich abwartend. Aber hatten die furchtbaren Heimsuchungen der vergangenen Jahre die Wahrheit nicht bestätigt? War nicht alles das eingetroffen, was die heilige Jungfrau angekündigt hatte?

Und doch! Und doch! Alles beruhte schließlich auf der Aussage zweier Kinder, und Vianney selber wußte, wie leicht junge Hirten in der Einsamkeit ihrer Weide ins Träumen kommen.

Er versuchte zu beten, vermochte aber seine Gedanken nicht zu sammeln. Jedenfalls entschloß er sich, den Knaben, der sich ihm am anderen Morgen stellen würde, eingehend zu prüfen.

Kurz nach Mitternacht begab er sich, ohne noch einmal sein Lager aufgesucht zu haben, zur Kirche und läutete die Glocke zum Zeichen, daß er den Beichtkindern wieder zur Verfügung stehe. Dann kniete er länger als sonst auf den Steinstufen des Altars und bat Gott von ganzem Herzen um Erleuchtung.

Endlos erschienen ihm heute die Stunden im Beichtstuhl der Johanneskapelle, wo er die Bekenntnisse der Frauen entgegennahm. Um sechs Uhr erhob er sich und brachte das heilige Opfer dar. Nach der Danksagung hörte er abermals Beichte, und erst, als es acht vom Kirchturm schlug, ging er mit raschen Schritten in die Sakristei, an deren Eingang sich schon die Männer drängten.

Im Ankleideraum wartete ein fünfzehnjähriger Junge auf ihn.

„Ich bin Maximin Giraud", sagte er ein wenig befangen. Lange betrachtete der Priester den schmächtigen, von der Sonne gebräunten Hirtenknaben, der aus seinen großen, leuchtenden Augen zu ihm aufblickte.

„Mein liebes Kind!" redete Vianney den Jungen an, und seine Stimme klang so ernst und schwer, daß Maximins Verwirrung sich nur noch steigerte. „Ist es wahr, daß du die allerseligste Jungfrau gesehen hast?"

„Ich weiß nicht, ob es die allerheiligste Jungfrau war!" stammelte er. „Ich habe immer nur gesagt, daß es eine schöne Dame war, die ich sah. Aber wenn Sie wissen, daß es die heilige Jungfrau war, dann müssen Sie es allen Pilgern sagen, damit sie daran glauben und nach La Salette wallfahren!"

„Hast du schon einmal gelogen, mein Kind?“ fragte Vianney und schaute den Jungen aus seinen geheimnisvoll flammenden Augen an.

„Ja, ich habe mehrmals gelogen!“ bekannte Maximin, den Blick senkend.

„So, du hast also gelogen!“ nickte der Pfarrer, sich auf dem Sitz seines Beichtstuhls niederlassend. „Bei welcher Gelegenheit war das?“

„Ich habe den Pfarrer daheim ein paarmal angelogen, aber es handelte sich um ganz geringfügige Dinge!“ Der Junge geriet immer mehr ins Stottern, und eine tiefe Röte zog über sein Gesicht.

„Dann mußt du widerrufen, was du gesagt hast!“ antwortete Vianney.

„Es ist schon so lange her, ich kann es nicht zurücknehmen, es ist eine zu alte Geschichte!“ Der Trotz stieg in dem Jungen auf, da er die wachsenden Bedenken des heiligen Pfarrers spürte. Zu sehr hatte man ihn mit Mißtrauen gequält. Der Bürgermeister hatte ihn einen Lügner genannt, ihm sogar mit dem Gefängnis gedroht. Die bischöflichen Kommissare hatten ihn endlos verhört und in Widersprüche zu verwickeln gesucht. Und nun gar der Heilige! Selbst der zweifelte an ihm, nur weil er das bißchen Bubenschwindel bekannt hatte. Vor Zorn stiegen dem Jungen die Tränen in die Augen. Er biß die Zähne aufeinander, entschlossen, keine Frage mehr zu beantworten. Verstockt schwieg er daher, als Vianney nun wieder die Rede auf die Erscheinung brachte und ihn beschwor, die Wahrheit zu sagen.

Der Pfarrer von Ars, übermüdet von schlafloser Nacht und von Zweifeln zerquält, nahm das Schweigen des Jungen als Zeichen eines schlechten Gewissens und ließ traurig den Kopf hängen.

„Möchtest du beichten?“ fragte er ihn dann. Maximin schüttelte den Kopf, ohne zu antworten, und wandte sich zur Tür. Noch einmal nahm Vianney die Hände des Buben in die seinen und hielt sie lange fest.

„Höre, mein Kind!“ sagte er, und eine tiefe Qual leuchtete aus seinen Augen. „Wenn dir die Muttergottes nicht erschien, mußt du es sagen!“

Der Junge schwieg.

„Du hast selbst zugegeben, daß du zu wiederholten Malen gelogen hast. Wie soll ich dir glauben, wenn du jetzt nicht sprichst?“

Heiß flammte es in dem Jungen auf. Ein paarmal setzte er an, um etwas zu sagen, seine Unschuld zu beteuern, dann aber schlossen ihm Scham und verletzter Bubenstolz dennoch den Mund.

„Ich habe nichts mehr zu sagen!“ würgte er endlich hervor. „Darf ich jetzt gehen?“

Müde nickte der Pfarrer vor sich hin. Maximin stammelte einen Gruß und ging davon. Am selben Tag noch verließ er Ars in der Postkutsche.

Als Johannes Vianney zur Mittagsstunde ins Pfarrhaus trat, schritt er mit stummem Gruß an dem Kaplan vorbei, der ungeduldig auf ihn wartete, nahm das Bild von La Salette von der Wand seines Schlafzimmers und verschloß es in einer Lade der Kommode.

„Nun, Herr Pfarrer, sind Sie kuriert?" fragte Raymond, als Vianney sich mit einem Seufzer niederließ.

„Sie können zufrieden sein!" antwortete der Pfarrer müde. „Ich werde keine Medaillen aus La Salette mehr weihen."

„Vielleicht sehen Sie jetzt ein, daß Sie mehr auf mich hören sollten!" triumphierte der Kaplan. „Ich habe es ja immer gesagt."

„Ja, Sie haben es immer gesagt!" nickte der Pfarrer. Dann schlug er die Hände vor sein Gesicht und weinte.

Raymond hatte nichts Eiligeres zu tun, als die Sinnesänderung des Pfarrers bekanntzugeben. Es fehlte ja nicht an Journalisten in Ars, denen er mit wichtiger Miene Unterredungen gewährte und versicherte, der Heilige habe die sogenannte Erscheinung von La Salette als Schwindel erkannt.

Die Zeitungen berichteten davon in großer Aufmachung, und auch in Ars war die Aufregung groß unter den Dörflern und Pilgern.

„Herr Pfarrer!" fragte der fünfzehnjährige Ministrant Peter Cinier, als Vianney nach der Messe die heiligen Gewänder ablegte. „Ist das wahr, was in der Zeitung steht, ist das mit der Erscheinung Schwindel?" Angstvoll schauten die blanken Bubenaugen zum Pfarrer auf.

„Ich vermag nicht mehr daran zu glauben!" antwortete der Priester traurig.

„Aber Sie haben doch selbst davon erzählt! Wissen Sie noch, damals, als ich krank war."

„Damals wußte ich noch nicht, was ich heute weiß!"

„Und wissen Sie ganz gewiß, daß der Junge gelogen hat?" beschwor Peter den Priester. „Wissen Sie das ganz sicher?"

„Er hat mir zuletzt gar keine Antwort mehr auf meine Fragen gegeben!"

„Oh, vielleicht haben ihn schon zu viele Leute mit der Fragerei gequält!" gab der Ministrant zu bedenken. „Wenn man mich immer wieder dasselbe fragt und mir nicht glauben will, werde ich auch bockig!"

Überrascht starrte Vianney den Jungen an. Wenn das so wäre? Vielleicht verstand Peter seinen Altersgenossen besser als er, der Vierundsechzigjährige.

„Ich weiß es nicht!" schüttelte er den Kopf.

„Darf man daran glauben, oder darf man nicht?" begehrte Peter zu wissen.

„Gewiß darf man glauben, solange die Kirche ihre Entscheidung noch nicht gefällt hat!" antwortete Vianney.

„So glaube ich daran! Und auch Sie werden eines Tages wieder an La Salette glauben!" sagte der Meßbub entschieden.

Dennoch fand Vianney den Glauben an die Erscheinung lange Zeit nicht wieder, doch sagte er von da an kein Wort für oder gegen La Salette.

Es war im September des nächsten Jahres, als Peter Cinier ins Pfarrhaus stürmte und Herrn Vianney eine Zeitung auf den Tisch legte.

„Da lesen Sie!" rief er triumphierend.

„Der Erzbischof von Grenoble erkennt das Wunder von La Salette an!" stand da in riesiger Schlagzeile. „Nachdem Erzbischof Philibert den Bericht der von ihm bestellten Kommissionen eingehend geprüft hat, erklärte er, der Bericht über die Erscheinung trage alle Merkmale der Wahrheit an sich. Offensichtlich seien die Kinder nicht getäuscht worden und hätten sich nicht geirrt. An ihrer Wahrheitsliebe sei nicht zu zweifeln. Man dürfe an die Erscheinung der allerseligsten Jungfrau glauben."

„Was sagen Sie jetzt?" fragte Peter, den Pfarrer fest anblickend.

„Man darf daran glauben!" erwiderte Vianney, die Zeitung aus der Hand legend.

„Und Sie? Glauben Sie?"

„Ich weiß es nicht!" seufzte der Priester.

Nicht lange ließ die Bestätigung des Heiligen Vaters auf sich warten. „Hier herrscht die Einfalt und Aufrichtigkeit eines Kindes!" erklärte Pius IX., als er den schriftlichen Bericht Maximins in Händen hielt. Er gab den jungen Sehern seinen Segen, verlieh der Wallfahrtsstätte verschiedene Ablässe und gestattete die Jahresfeier der Erscheinung für alle Kirchen des Erzbistums Grenoble. Ja, er forderte die Gläubigen auf, am Ort der Erscheinung eine Kirche zu Ehren der heiligen Jungfrau zu errichten.

Auch die Erklärung Roms hatte Vianneys letzten Zweifel nicht beseitigt, sie erlaubte ja nur den Glauben an die Erscheinung, ohne dazu im Gewissen zu verpflichten.

Die ganze Angelegenheit sollte ihn noch über Jahre hin beunruhigen, bis die Muttergottes ihn selbst wunderbar erleuchtete.

Indessen trug Vianney geduldig das Kreuz, das seine nächste Umgebung für ihn bedeutete. Das Verhalten des Kaplans wurde immer unleidlicher. Der ehrgeizige Mann wehrte sich verbissen gegen die Bedeutungslosigkeit, zu der er an der Seite des Heiligen herabsank. Er grollte dem Pfarrer darum und scheute sich nicht, ihn öffentlich herabzusetzen.

Die Gemeinde nahm immer größeren Anstoß an dem herrschsüchtigen Priester, der den Heiligen offensichtlich verdrängen wollte, und oft erschienen wohlmeinende Leute im Pfarrhaus mit der Bitte, doch die Versetzung des rücksichtslosen Herrn zu beantragen.

Es war während der Karwoche des Jahres 1852, als Bruder Athanasius, der Leiter der Knabenschule, dem Pfarrer erneute Beschwerden über Herrn Raymond vortrug und ihn aufforderte, dem Bischof endlich einmal die Augen zu öffnen. Geduldig hörte Vianney den Bruder an, den er als klugen, besonnenen Menschen seit langem schätzte.

„Ich kann nichts gegen meinen Mitbruder tun“, sagte er endlich.

„Dann werde ich schreiben!“ erklärte der Ordensmann. „Die Angelegenheit ist allmählich zu einem öffentlichen Ärgernis geworden. Auch um der Kinder willen, die Herr Raymond durch sein törichtes Gerede verwirrt, muß eine Änderung geschaffen werden.“

„Dann schreiben Sie in Gottes Namen!“ antwortete Vianney müde. „Aber mäßigen Sie sich in Ihren Ausdrücken! Betonen Sie, daß der Kaplan ein würdiger und eifriger Priester sei und es verdiene, Pfarrer einer schönen und großen Gemeinde zu werden!“

Zögernd versprach Bruder Athanasius, so rücksichtsvoll wie möglich zu schreiben.

„Und zeigen Sie mir dann Ihren Brief!“ entschied der Pfarrer.

Es war um die Mittagsstunde des Karfreitags. Vianney hatte seinen arg umlagerten Beichtstuhl verlassen, um eine kleine Stärkung zu sich zu nehmen, als Bruder Athanasius ihm den Brief an den Bischof zeigte. Der Pfarrer überflog eilig das Schreiben, dann zerriß er es.

„Verzeihen Sie mir, Bruder“, sagte er lächelnd. „Der Heiland hat sein Kreuz gerade zu dieser Stunde auf sich genommen. Warum sollte ich, sein Priester, es von mir werfen?“

EIN ROTES MÄNTELCHEN

1852–1853

Am 25. Oktober 1852 hockte Peter Cinier im Turm der Arser Pfarrkirche und spähte angestrengt über das weite, im herbstlichen Glanz prangende Land nach Westen. Das ganze Dorf war mit Blumen und Girlanden festlich geschmückt; an dem bekränzten Kirchtor standen aufgeregt die Ministranten und riefen dem aus der Luke schauenden Wächter immer wieder zu, ob denn noch gar nichts zu sehen sei.

„Sicher kommt er vierspännig!" vermutete einer der rotberockten Lausbuben, des Dorfschusters Tournassoud jüngster Sproß.

„Es sind auch schon Bischöfe mit der Postkutsche gekommen", versicherte Robert Pertinand, der es ja wissen mußte. „Neulich kam einer aus England in unserem Wagen. Der hat mir einen dicken Taler Trinkgeld gegeben. Ich wollte, es kämen alle Tage englische Bischöfe her."

„Laßt das Geschwätz!" schalt Kaplan Raymond, der mit ihnen wartete, streng. „Gebt lieber acht, daß die Weihrauchkohle nicht ausgeht!"

„Wenn's noch lange dauert, müssen wir eine neue auflegen!" antwortete der Rauchfaßschwenker gleichmütig.

„Eigentlich müßte doch der Pfarrer den Bischof empfangen", meinte der junge Pertinand, der den Kaplan nicht leiden konnte.

„Dazu hat der gar keine Zeit!" antwortete der Schusterbub. „Mindestens noch fünfzig Leute stehen an seinem Beichtstuhl."

In diesem Augenblick schrie Peter Cinier aufgeregt aus dem Turmfenster.

„Er kommt! Er kommt! Gerade fährt er am Combeskreuz vorbei. Ist ein Zweispänner."

„Läuten! Sofort läuten!" gebot der Kaplan.

„Sollte man nicht doch den Herrn Pfarrer benachrichtigen, damit er den Bischof empfängt?" fragte der Bürgermeister Graf von Garets, der, seinen Zylinder in der Hand, neben dem Kaplan stand.

„Lassen Sie ihn ruhig da!" antwortete Raymond geringschätzig. „Er ist so ungeschickt und könnte alles verderben."

„Nun, dann darf er ja froh sein, einen so tüchtigen Stellvertreter zu haben!" sagte der Graf.

Raymond warf ihm einen zornigen Blick zu und schimpfte wieder mit den Ministranten herum, weil das Weihwasser vergessen worden war. Eilig wurde es zur Stelle gebracht.

Endlich nahte der Ersehnte. Die Equipage hielt vor der Kirchentür. Dörfler und Pilger sanken in die Knie, als Bischof Chalandon, der seinem Vorgänger Devie vor wenigen Wochen als Oberhirt der Diözese Belley gefolgt war, mit seinem Kaplan und dem Generalvikar Poncet aus dem Wagen stieg.

Raymond küßte devot des Bischofs Ring und wollte mit der wohlvorbereiteten Begrüßungsansprache beginnen, als Pfarrer Vianney sich in seinem zerknitterten Chorrock durch die Menge drängte und vor dem Oberhirten sein Knie beugte.

Chalandon neigte sich zu dem alten Mann nieder und half ihm mit gütigen Worten auf.

„Ich bin glücklich, Sie als einen der ersten Pfarrer meines Bistums aufzusuchen", sagte er mit herzlicher Freundlichkeit. Dann winkte er seinen Kaplan heran, der ihm ein hermelinumsäumtes Mäntelchen aus roter Seide überreichte.

„Ich ernenne Sie zum Ehrendomherrn der Kathedrale von Belley", verkündete er, dem Pfarrer das Mäntelchen um die Schultern legend.

„Aber nein, nein!" rief Vianney verstört. „Oh bitte, tun Sie das nicht! Geben Sie das meinem lieben Kaplan! Es steht ihm besser als mir!"

Vergebens sträubte er sich gegen die seidene Herrlichkeit und zerrte daran herum, um es wieder abzureißen.

„Aber nicht doch!" flüsterte der Generalvikar ihm zu. „Sie beleidigen den Bischof."

Mit Mühe gelang es Chalandon, das Mäntelchen festzuhaken. Immer noch wehrte sich der unglückliche Pfarrer dagegen, so daß es schließlich ganz schief über seiner Schulter hing.

Indessen stimmte der Bischof das Veni Creator an und zog in die Kirche ein. So bestürzt war das Gesicht des neuernannten Kanonikus, daß die Schloßherrin von Ars ihrem Gatten heimlich zuflüsterte: „Der arme Pfarrer! Er macht ein Gesicht, als trüge er einen Strick um den Hals, an dem er zum Galgen geführt werden soll."

Kaum im Chor angelangt, entwischte Vianney in die Sakristei. Der Bürgermeister, der ihm folgte, fand ihn damit beschäftigt, das Mäntelchen abzulegen.

„Aber, Herr Pfarrer, Sie müssen es doch wenigstens heute tragen, wenn Sie den Bischof nicht kränken wollen."

„Es ist ein Spott!“ jammerte der Unglückliche. „Wie hat mir der Bischof das nur antun können! Sein Vorgänger hätte mir das gewiß erspart. Der kannte mich besser!“

„Kommen Sie in den Chor! Sie dürfen den Bischof nicht warten lassen“, mahnte Graf Klaudius.

Nach kurzer Anbetung vor dem Sanktissimum bestieg der Bischof die Kanzel und verkündete der Gemeinde die hohe Auszeichnung, die ihrem Pfarrer zuteil geworden war.

Vianney stand in der Tür zwischen Sakristei und Chor. Er scheute sich offensichtlich, sich in seiner neuen Würde zu zeigen.

Wie auf glühenden Kohlen fühlte sich der alte Mann, als Bischof Chalandon erklärte, daß er mit dieser Auszeichnung den ehrwürdigsten und heiligmäßigsten Priester seiner Diözese habe ehren wollen.

„Das hätte mir Bischof Devie nicht angetan!“ jammerte Vianney untröstlich und machte wiederholt den Versuch, ganz in die Sakristei zu verschwinden. Aber Bruder Hieronymus, der Sakristan, hatte sich hinter ihn gestellt und ließ ihn nicht durch.

In seiner Verlegenheit zerrte der neue Ehrendomherr an seinem Mäntelchen, das immer mehr verrutschte und schließlich einen recht seltsamen Anblick bot.

Endlich, endlich war die Feier vorüber.

„Ich weiß, daß ich Ihnen danken müßte“, stammelte Vianney, als er sich von dem Oberhirten verabschiedete. „Aber helf mir Gott, ich kann es nicht!“

„Tragen Sie es zur Ehre Gottes und zur Freude Ihrer Gemeinde!“ antwortete Chalandon lächelnd.

„Ach Gott, der Bischof hat mich zu einem rechten Harlekin gemacht!“ seufzte Vianney, als er mit Raymond zum Pfarrhaus schritt.

„Sie haben sich auch ganz danach benommen!“ erwiderte der Kaplan mit scharfem Spott. „Ganz ungehörig haben Sie sich betragen.“

„Ich weiß, daß ich nie etwas recht mache!“ antwortete der Pfarrer zerknirscht. „Aber was meinen Sie, ob ich das Mäntelchen nicht verkaufen könnte?“

„Machen Sie damit, was Sie wollen!“ Der Kaplan, der noch verstimmt war, weil er seine Ansprache nicht hatte halten können, wandte dem Pfarrer den Rücken.

Graf von Garets hatte die Gelegenheit wahrgenommen, den Bischof um die Versetzung des Hilfspriesters zu bitten, und nachdem er seine

Gründe vorgebracht hatte, versprach Chalandon, Raymond bei der nächsten Gelegenheit abzuberufen.

Indessen sann Vianney darüber nach, wie er das Mäntelchen, das ihn wie Feuer brannte, loswerden könnte.

Am nächsten Tag erschien Pfarrer Borjon aus Ambérieux in seinem Haus, um ihm zu der hohen Auszeichnung Glück zu wünschen.

„Wissen Sie nicht, wo ich den Tand gut verkaufen könnte?“ fragte Vianney. „Ich könnte wohl etwas Geld für eine arme Familie brauchen. Der Schuster Tournassoud hat neun Kinder und muß sich arg plagen ums tägliche Brot.“

„Sie wollen das Mäntelchen verkaufen?“ fragte Herr Borjon verdutzt. „Das ist doch wohl nicht Ihr Ernst?“

„Aber gewiß ist das mein Ernst! Ich wüßte wirklich nicht, wozu es mir sonst nützen könnte. Wollen Sie es nicht haben?“

„Es wäre mir gewiß zeitlebens ein teures Andenken“, lächelte der Seelsorger von Ambérieux, „wenn ich es natürlich auch nicht tragen kann.“

„Also, was bieten Sie?“

„Ich bin nur ein armer Dorfpfarrer, und leider kommen keine wohlhabenden Pilger in mein Dorf. Aber zwölf Franken gebe ich gerne.“

„Nun, ich will sehen, ob ich nicht mehr dafür herausschlage!“ antwortete Vianney mit schalkhaftem Schmunzeln. „Der Schuster ist wirklich ein armer Mann, und mit zwölf Franken ist ihm wenig gedient.“

„Hab nicht gedacht, daß ein Heiliger solch ein Geschäftemacher sein kann!“ lachte Borjon.

„Heiliger ist Unsinn! Geschäftemacher stimmt!“

Kaum hatte der Geistliche den Pfarrhof verlassen, als Maria Ricotier, ein wohlhabendes Fräulein, das des Pfarrers wegen nach Ars gezogen war, eintrat, um irgendeine Bestellung zu machen.

„Sie kommen mir gerade recht!“ sagte Vianney lebhaft. „Ich will mein Mäntelchen verkaufen. Der Pfarrer von Ambérieux hat mir zwölf Franken geboten. Sie werden mir sicher fünfzehn geben?“

„Aber es ist doch viel mehr wert!“ versicherte die Frau, die ihr Staunen kaum verbergen konnte.

„Also zwanzig?“

„Fünfundzwanzig gebe ich Ihnen!“ Sie zählte dem glücklichen Pfarrer das Geld auf den Tisch. „Ich werde mich nach dem wahren Wert erkundigen. Wenn’s mehr kostet, zahle ich drauf.“

Nach einigen Tagen berichtete sie dem Pfarrer, sie habe sich in einem Lyoner Paramentengeschäft erkundigt. Fünfzig Franken sei das Mäntelchen wert. Damit überreichte sie Vianney abermals fünfundzwanzig Franken.

„Oh, das ist ausgezeichnet!" lächelte der Pfarrer fröhlich. „Ob ich den Bischof nicht bitten kann, mir noch ein zweites zu schicken? Ich würde es vielleicht auch verkaufen können."

„Das wird wohl nicht gehen", meinte das Fräulein. „Also, das kostbare Stück gehört jetzt mir."

„Natürlich! Nehmen Sie es mit! Ich mag es nicht mehr im Haus haben."

„Ich überlasse Ihnen das Gebrauchsrecht für Lebenszeit."

Der Schuster wußte nicht, wie ihm geschah, als ihm der Pfarrer bare fünfzig Franken auf den Werktisch legte. Zum erstenmal seit langer Zeit rannte sein Sohn, der kleine Ministrant, in den Metzgerladen und kehrte reich beladen heim.

Vianney aber setzte sich an seinen Tisch und schrieb dem Bischof einen Brief:

„Bischöfliche Gnaden!

Ich muß mich nun doch bei Ihnen von Herzen bedanken. Das Mäntelchen, das Sie mir in Ihrer großen Güte geschenkt haben, hat mir große Freude gemacht. Da es mir gerade jetzt unmöglich war, einem dringenden Notstand abzuhelfen, habe ich es um fünfzig Franken verkauft. Mit dem Erlös war ich sehr zufrieden."

Gewiß war der Oberhirt von Belley über das Schreiben des Heiligen nicht wenig erstaunt, doch entzog er ihm keineswegs seine Gunst.

Im folgenden Jahr erfüllte er auch den Wunsch, den der Bürgermeister von Ars ihm vorgetragen hatte, und ernannte Kaplan Raymond zum Pfarrer der Gemeinde Polliat.

Zu seiner Einführung erhielt Raymond einen Brief seines ehemaligen Pfarrers, und mit einiger Beschämung las er:

„Sie sind mir so nützlich gewesen und haben mir so viele Dienste erwiesen, daß Sie mein Herz gefesselt haben."

Der Brief des Heiligen bewirkte eine wahre Umkehr des Priesters.

In Ars aber hielt ein neuer Kaplan seinen Einzug; es war der Missionar Toccanier, ein Mann von robuster, mächtiger Erscheinung, der aber in seiner frommen, offenherzigen und bescheidenen Art gut zu seinem Pfarrer paßte und sich bald die Zuneigung der Gemeinde erwarb.

SPIELBALL ZWISCHEN HIMMEL UND HÖLLE

1853–1854

Müde schloß Vianney das heilige Buch, dann schraubte er mit zitternder Hand den Docht der Lampe herab, weil ihr helles Licht seinen Augen schmerzte. Es war das Buch des großen Dulders Job, in dem er immer las, wenn ihn der Schlaf floh und die Gedanken des arme Hirn zermarterten.

Das also ist der Mensch, sann der Priester vor sich hin, ein Spielball zwischen Himmel und Hölle, von Gott dem Teufel zugeworfen, vom Teufel herumgestoßen, unter die Füße getreten, in den Schmutz geworfen, bis er ihn endlich, des Treibens müde, auf stinkendem Düngerhaufen liegen läßt. Und Gott schaut lächelnd dem Spiele zu, denn er weiß, daß der Teufel das Spiel verliert, und schon hat er seinen Engel ausgesandt, das arme zerfetzte Spielzeug aufzulesen und es ihm wieder zuzutragen.

War nicht auch er, Johannes Vianney, solch ein Spielball zwischen Himmel und Hölle? Wie hatte der Teufel auch ihn gequält, gehetzt, gejagt, herumgestoßen und zerfetzt, so daß er nichts mehr war als ein armseliges, zerzaustes Bündel, an dem selbst der Teufel seine Lust verlor!

„Wann, oh mein Gott, wann schickst du deinen Engel, dein armes Spielzeug aus dem Staube aufzulesen?" flüsterte der Pfarrer in die Stille hinein.

An all seinen Wegen hatte das Kreuz gestanden. Nie war er frei von Leid und Schmerzen, von den Qualen, die seinen Körper heimsuchten, und den tausendmal ärgeren, die seine Seele verbrannten. Der Rheumatismus, der seinem Vater so zugesetzt hatte, marterte auch ihn mit zunehmendem Alter, riß und zerrte und bohrte in seinen Gliedern. Jeder Schritt, jede Bewegung bereitete ihm Schmerzen. Atemnot, die ihn schweißgebadet von seinem Elendslager auffahren ließ, und Husten raubten ihm den Schlaf. Der kranke Magen versagte seinen Dienst, selbst das wenige an Nahrung, das er zu sich nahm, quälte ihn.

Aber was waren die Leiden des Körpers gegen die der Seele! Jene Jahre standen vor ihm auf, da man ihn verleumdet und zum Gespött des Pöbels gemacht hatte, da Satan seinen Spielball in die Gosse warf. Nun aber blutete sein armes Herz unter der Stachelkrone marktschreierischen Ruhmes. Der demütige Mann verging fast vor Scham, wenn sein Weg an den Händlerbuden vorbeiführte, die seine Bilder zum Kauf feilboten. Für dreißig Silberlinge hatte Judas seinen Herrn verschachert. Den Pfarrer von Ars verhandelten die geschäftstüchtigen Krämer um zwei Sous. Und dann das Büchlein, das Bruder Gabriel, der Obere der Brüder von der Heiligen Familie, verfaßt hatte! „Der Geleitengel der Arspilger" hieß es und wäre gar trefflich gewesen ohne das Vorwort, das den armen Johannes Vianney als Heiligen darstellte und so viel Rühmens machte von seinem elenden, törichten Leben. Viel Geld hatte der Pfarrer dem Verfasser geboten, wenn er es aus dem Handel zurückziehen und verbrennen würde, aber auf den ausdrücklichen Befehl des Bischofs wurde es weiter verkauft.

Solch billiger Ruhm quälte den Heiligen ärger als die schrecklichste Schmach, die verleumderische Zungen ihm angetan. Es war schon ein teuflisches Spiel, das Grappin mit ihm trieb!

Und Tag um Tag das unerträgliche Treiben der Pilger, die vor ihm niederknieten wie vor einem himmlischen Wesen, die Fetzen aus seiner schäbigen Soutane schnitten, Blätter aus seinem lieben Brevier rissen, ihm selbst die Haare vom Kopf zu stehlen versuchten, um sie gleich einer Reliquie zu verehren! Keine Ruhe gönnten sie ihm bei Tag und Nacht. Sechzehn Stunden verbrachte er jetzt täglich im Beichtstuhl, und die Sünden der Menschen überströmten gleich einem Meer sein gequältes Herz, das schon vor dem kleinsten Fehler zurückschauderte. Er nahm das Leid in seine Hände, das Leid und die Qual von Tausenden, die im Frieden von ihm schieden, aber ihre Hölle in seine Seele warfen.

Heimweh quälte des Heiligen Herz, die große Sehnsucht, die ihn nie, nie losließ, die Sehnsucht, dem immer lauter werdenden Getümmel zu entfliehen, die Sehnsucht nach Stille und Gotteinsamkeit.

Zehn Jahre waren vergangen, seit Vianney in jener dunklen Septembernacht Ars verlassen hatte. Beschämt war er zurückgekehrt und hatte seinen Kindern versprochen, nie mehr von ihnen zu gehen.

Wieder war er seit so vielen Jahren der Spielball des Teufels geworden und immer mehr auch der Spielball der Sünder. Er hatte die Qual ertragen, ohne zu murren, geduldig Tag für Tag sein Kreuz auf seine Schulter nehmend.

Und doch, und doch! Einmal mußte Gott seinen Engel schicken und das arme Spielzeug in die Stille tragen.

In jenen Nächten stand lockend ein Bild vor seiner Seele, das ihn nicht mehr losließ. Es war das neugegründete Trappistenkloster in La Neylière, in dem die Mönche, abgeschieden von aller Welt, einzig dem Gebet und den Werken der Buße lebten.

Heimlich hatte er mit Pater Colin, dem Leiter des Hauses, gesprochen, der ihm nach langem Zaudern eine Zelle in seinem Kloster zugesichert hatte. Alles stand für ihn bereit. Bis Lyon mußte er wandern, wo sein Schwager Melin mit einem Gefährt auf ihn wartete, ihn in die ersehnte Stille zu bringen. Einmal hinter den schützenden Mauern, würde auch der Bischof ihn nicht in den Lärm der Welt zurückzwingen.

In jener dunklen, ganz verzagten Stunde entschloß sich Vianney, die Hand zu ergreifen, die sich ihm bot, und sich von ihr in die Einsamkeit führen zu lassen, die er sein Leben lang ersehnt hatte.

Am anderen Tag – man schrieb den 1. September 1853 – erklärte Vianney der treuen Katharina Lassagne, die ihm das kärgliche Mahl auftrug, daß er Ars nunmehr endgültig verlassen werde. „Diesmal muß ich gehen, es ist der Wille Gottes. Montag nacht werde ich mich auf den Weg machen."

Ganz verstört beschwor das arme Mädchen den Pfarrer, doch von seinem Plan abzustehen. Gewiß sei er ihm nicht von Gott eingegeben, sondern stamme ohne Zweifel vom Teufel, der all das Gute, was in Ars geschah, zu verhindern suchte.

„Nein, nein, es ist nicht so!" wehrte Vianney sich verzweifelt. „Gott will mich nicht für immer diesem Elend überlassen. Er hat doch auch seinem Sohn die Stille der Wüste gegönnt. Warum sollte er sie mir versagen?"

„Er hat seinen Sohn aus der Wüste zu den Menschen geführt und zuletzt nach Kalvaria", antwortete Katharina. „Niemand weiß mehr als ich, daß Ars Ihr Kalvaria ist. Wollen Sie ihm entfliehen?"

„Denke von mir, was du willst!" verteidigte sich der Priester. „Ich war stets ein armer, unnützer Mensch und hab nichts Gutes getan. Laßt mich in die Stille gehen, mein törichtes Leben zu beweinen!"

Traurig ging Katharina davon. Am Sonntagnachmittag machte sie einen letzten Versuch, den Pfarrer umzustimmen. Sie hatte Maria Filliat den Plan anvertraut, und unter Tränen beschworen die beiden den Priester, doch bei ihnen zu bleiben. Vianney verharrte bei seinem Entschluß, und soviel Not schrie aus seinen Augen, daß die guten Seelen sich entschlossen, ihm zu helfen.

„Aber was sollen wir tun?“ seufzte Katharina, als sie mit ihrer Gefährtin das Pfarrhaus verließ. „Unmöglich kann er zu Fuß nach Lyon. Man müßte einen Wagen beschaffen.“

„Kein Mensch in Ars würde sich dazu hergeben, den Pfarrer zu entführen!“ antwortete Maria Filliat kopfschüttelnd.

„Dann weiß ich wirklich nicht, wie es gehen soll!“

In diesem Augenblick kam Bruder Hieronymus, der Sakristan, am Pfarrhaus vorüber.

„Er könnte uns vielleicht raten“, meinte Maria. Eine Minute später wußte der Bruder alles.

„Daraus wird nichts!“ sagte er entschieden, ließ die Mädchen stehen und eilte zur „Vorsehung“, wo er Bruder Athanasius einweihte. Durch die beiden Ordensleute erfuhr Kaplan Toccanier von der beabsichtigten Flucht.

„Beobachtet das Pfarrhaus, und sollte Herr Vianney wirklich die Flucht versuchen, so benachrichtigt mich!“ antwortete der schnell entschlossene Mann.

Es war Mitternacht, als er von heftigem Pochen an seiner Tür erwachte. In aller Hast kleidete er sich an, als ihm die Brüder mitteilten, im Pfarrhaus sei Licht, Vianney bereite zweifellos seine Flucht vor, auch ständen die beiden ehemaligen Leiterinnen der „Vorsehung“ auf der Straße und warteten offensichtlich auf ihn.

„Wir wollen keine Zeit verlieren!“ mahnte der Geistliche und eilte mit den Brüdern zum Pfarrhaus. Als sie dort anlangten, verließ Vianney gerade heimlich seine Wohnung, nach seiner Gewohnheit seinen alten Dreimaster unter dem Arm tragend, Brevier und Regenschirm in den Händen.

„Seid ihr fertig?“ fragte er flüsternd die Mädchen, die mit Eßkorb und Laterne bereitstanden. „Also gut, ziehen wir los!“

Kaum aber hatte er die Schwelle seines Hauses hinter sich, als ihm Bruder Athanasius entgegentrat.

„Wohin gehen Sie, Herr Pfarrer?“ fragte er mit schlecht gespielter Überraschung.

„Du hast mich verkauft!“ wandte der Pfarrer sich an Katharina und warf ihr einen vorwurfsvollen Blick zu. Das arme Mädchen wußte keine Antwort und brach in Tränen aus.

„Wir werden Sturm läuten, wenn Sie gehen!“ versicherte Athanasius.

Tatsächlich hatte die Sturmglocke das ganze Dorf alarmiert. Im Glauben, es handelte sich um einen Brandruf, waren die Männer und Burschen aus allen Häusern mit Eimern, Äxten und Gabeln herbeigeeilt. Sie drängten sich um den Pfarrhof und versperrten den Ausgang.

„Laßt mich doch durch! Ich bitte euch, laßt mich durch!" bat Vianney inständig. Verzweifelt blickte er die Männer an, die mit ihrem Werkzeug in den Händen ihn umdrängten.

Das wilde Stimmengewirr verstummte, als der Pfarrer auf der Schwelle seines Hauses erschien.

„Wie gegen einen Räuber seid ihr ausgezogen mit Laternen, Schwertern und Knüppeln!" sagte Vianney mit trauriger Stimme. „Wollt ihr euren Pfarrer denn festnehmen, wie einst die Rotte der Häscher im Garten Gethsemane unseren Herrn? Ich bitte euch, laßt mich gehen!"

Immer noch schien Vianney entschlossen, seine Flucht fortzusetzen. Da drängte sich Herr Toccanier heran und rief mit lauter Stimme: „Wie? Sie, Herr Pfarrer, der Sie das Leben der Heiligen so gut kennen, Sie vergessen den Eifer des heiligen Martinus, der, die Hand schon nach der Himmelskrone ausstreckend, betet: ‚Herr, wenn ich deinem Volke noch notwendig bin, weigere ich mich der Mühe nicht!' Und Sie wollen das Kampffeld verlassen? Wissen Sie nicht mehr, was der heilige Philippus Neri sagte: ‚Wenn ich auf der Schwelle des Paradieses stünde, und ein Sünder verlangte nach meiner priesterlichen Hilfe, ich würde gerne den himmlischen Hof verlassen und diesen Menschen anhören!' Und Sie, Herr Pfarrer, weigern sich, den Pilgern, die weite Reisen hinter sich haben und die halbe Nacht durchwachten, das Sakrament der Vergebung zu spenden?"

„Kommen Sie in die Sakristei!" flüsterte Graf Klaudius von Garets dem Pfarrer zu. „Ich habe Ihnen etwas mitzuteilen."

„Gehen wir in die Kirche!" nickte Vianney. Er selber schritt der nachdrängenden Menge voraus, kniete vor dem Tabernakel nieder und hielt kurze Zwiesprache mit seinem Herrn. Dann schritt er in die Sakristei. Der Bürgermeister wollte etwas sagen, aber der Pfarrer winkte lächelnd ab. Dann legte er Chorrock und Stola an und begab sich, von der Volksmenge halb getragen, in den Beichtstuhl.

Am Morgen las er wie gewöhnlich seine Messe um sieben Uhr.

„Nicht wahr, der Generalvikar ist da?" wandte er sich an Toccanier, als er in die Sakristei zurückkehrte.

„Ja, er möchte Sie sprechen!"

„Ah, das ist gut!" nickte Vianney. Nach der Danksagung ging er, als wäre nichts vorgefallen, Herrn Poncet entgegen und begrüßte ihn herzlich.

„Es ist der ausdrückliche Wunsch des Bischofs, daß Sie in seiner Diözese bleiben!“ sagte der Generalvikar.

Auch Pfarrer Beau aus Jassans, Vianneys Beichtvater, war inzwischen eingetroffen und sprach ein paar mahnende Worte. Vianney aber unterbrach ihn.

„Sagen Sie nichts mehr, mein lieber Bruder! Ich weiß, daß ich gefehlt habe. Ich hab das Kind gespielt heute nacht!“

Allmählich erst erholten sich die Dörfler und Pilger von ihrem Schrekken. Bernhard Matin aber sagte lächelnd: „Der Pfarrer ist allen in dieser Nacht noch teurer geworden. Ich kann jetzt auch mit dem Preis aufschlagen. Von heute an kostet er drei Sous!“

„Sie haben eigentlich wie ein rechter Judas an mir gehandelt!“ warf Vianney seinem Kaplan vor. Aber der wackere Toccanier steckte den nicht ernst gemeinten Tadel ruhig ein und antwortete lächelnd: „Auch Judas hat durch seinen Verrat nur den letzten Zielen Gottes gedient. Damit tröste ich mich.“

Tagaus, tagein trug Vianney von nun an wieder seine übergroße Last. Die Versuchung, zu fliehen, kam ihn nicht mehr an. Endlich hatte er erkannt, daß der Gedanke daran der letzte große Trick Grappins in seinem Teufelsspiel war. So machte er sich allmählich damit vertraut, daß erst der Tod ihn in die große Stille heimholen würde.

Noch einmal schickte Grappin seine Boten. In einer Sommernacht des Jahres 1854 fuhr beim Pfarrhaus von Ars ein mit zwei schwarzen Pferden bespannter Wagen vor. Ein paar Fremde stiegen aus, weckten den Pfarrer und raunten ihm zu: „Wenn Sie Ars verlassen wollen, brauchen Sie nur einzusteigen!“

Einen Augenblick lang stutzte Vianney. Dann schüttelte er energisch den Kopf und sagte: „Ich habe keine Erlaubnis dazu von meinem Bischof!“ Eilig, als müsse er einer großen Gefahr entfliehen, machte er sich los und schritt der Kirche zu.

DIE KRONE DER MADONNA UND DAS KREUZ DES PFARRERS

1854–1855

Die Glocken der Welt sangen ihr Jubellied. Von Turm zu Turm schwang sich der jauchzende Ton, Freude bringend aller Kreatur. Ein neues Zeichen stand an den Himmeln, das Bild der makellosen, sternenumkränzten Frau, in deren Krone ein neues Juwel erstrahlte. Der Heilige Vater in Rom verkündete am 8. Dezember 1854 dem Erdkreis kraft apostolischer Autorität das Dogma von der Unbefleckten Empfängnis Mariens. In den klingenden Chor der Welt mischten die Glocken der Arser Pfarrkirche ihre silbernen Stimmen und trugen die Freudenbotschaft weit über das verschneite Land.

Trost und Hoffnung den Sterblichen! Freude, Freude dem greisen Priester, der selig vor dem Tabernakel seiner Kirche kniete und das Nunc dimittis sang: „Nun läßt du, Herr, deinen Knecht, wie du gesagt hast, in Frieden scheiden. Denn meine Augen haben das Heil gesehen, das du vor allen Völkern bereitet hast, ein Licht, das die Heiden erleuchtet, und Herrlichkeit für dein Volk Israel."

Nach der heiligen Feier zog der Pfarrer mit dem Volk zum Haus der „Vorsehung", wo sich zwischen den verschneiten Bäumen des Gartens ein Bildnis der unbefleckt Empfangenen erhob, dem Vianney in dieser Stunde die Weihe gab.

Der Abend kam. Das letzte Licht der Tages erstarb, und die weiße Winternacht schmückte sich mit dem Kranz der Sterne.

Ein heller Glanz durchstrahlte bald die dunklen Dorfgassen. Lichter brannten um den Kirchturm von Ars, Kerzen und Lampen strahlten aus jedem Haus. Mit Laternen und Fackeln zog die Jugend von Ars, zog die endlose Schar der Pilger um das Gotteshaus, aus dessen weitgeöffnetem Tor das Licht der Altäre brach. Der Himmel hatte sich auf die Erde gesenkt, und der Glanz der Ewigkeit umstrahlte das Dorf.

Über das Meer der Lichter aber schwang sich der Klang der Marienglocke, und niemand anders war der Glöckner als Johannes Vianney. Seine alten Hände umklammerten das Seil, als wollten sie es nie wieder loslassen. Der Priester, der sein Leben lang Unsere Liebe Frau in seinem Herzen getragen hatte, läutete zu ihren Ehren, läutete die Freude, von der seine Seele brannte, läutete sein großes Heimweh zur Mutter aller Gnaden.

Das letzte Licht erlosch in den Gassen von Ars. Hoch standen die Sterne über dem Dorf. Ein letzter jauchzender Klang, dann schwieg die Glocke der Madonna, und Vianney schritt, wankend vor Schwäche, gestützt von den starken Armen seines Kaplans, dem Pfarrhaus zu.

„Oh Freund!" sagte der Priester, und in seinen Augen leuchtete unendliches Glück. „Das ist der schönste Tag meines Lebens! Nur der Himmel kann höhere Freuden haben!"

„Sie haben sich überanstrengt!" mahnte Toccanier besorgt. „Ihre Stirn steht voll Schweiß. Die Nacht ist kalt."

„Nein, mein Freund!" antwortete Vianney strahlend. „Die Nacht ist warm von der Liebe der Muttergottes. Wo ihr Blick die Erde trifft, blühen die Blumen im Winterschnee."

Mühselig erstieg er die Treppe, die zu seinem Zimmer führte.

„Das Dogma von der Unbefleckten Empfängnis Mariens!" sagte er, als er vom Mitbruder gestützt sich niederließ. „Immer habe ich gedacht, dieser Strahl fehle im Lichtkranz der katholischen Glaubenswahrheiten. Nein, diese Leere durfte nicht bleiben. Nun ist sie endlich erfüllt. Daß ich diesen Tag noch schauen durfte! Dafür werde ich Gott die ganze Ewigkeit hindurch dankbar sein."

Katharina Lassagne trat ins Zimmer und reichte dem Pfarrer ein Glas heißen Rotwein.

„Ich bitte Sie, trinken Sie das!" mahnte die gute Seele. „Sie sind erhitzt, und es ist nicht warm im Zimmer. Sie könnten sich erkälten!"

Lächelnd nahm Vianney den wärmenden Trank.

„Wißt ihr, um was ich heute morgen in der heiligen Messe gebetet habe?" begann er wieder, nachdem er gehorsam einen Schluck getan. „Einen Augenblick lang bedrängte mich die Vorstellung, Gott könnte sich von mir abwenden um meiner Sünden willen. Da habe ich gebetet: Oh Herr, wenn Du von mir gehst, dann laß mir wenigstens Deine liebe Mutter!"

„Sie müssen nun schlafengehen!" mahnte Katharina Lassagne.

„Die Freude wird mich nicht schlafen lassen!" antwortete der Pfarrer. „Was ist das ein seliger Advent, den uns der Himmel geschenkt hat! Nein, es kann nicht mehr weit sein zum Weihnachtsfest!"

Wirklich war dem Herzen des Priesters in dieser Nacht keine Ruhe vergönnt. Unverwandt schaute er das Bild der Muttergottes an, das sein

Zimmer schmückte. Bald nach Mitternacht erhob er sich und ging mit seiner alten Laterne zur Kirche, noch einmal aus ganzem Herzen die himmlische Mutter zu grüßen.

Weihnachten kam, aber das Fest der Freude brachte dem Pfarrer tiefes Leid.

Der Postbote reichte ihm einen Brief von daheim, den Vianney, von banger Vorahnung erfüllt, öffnete. Er wußte, daß er etwas anderes enthalten würde als den üblichen Festgruß. Seine Schwester Margarete teilte ihm mit, ihr Bruder Franz läge schwer erkrankt danieder und bäte ihn, zu kommen.

Bestürzt ließ Vianney das Schreiben sinken. Franz war ihm stets der liebste unter den Geschwistern gewesen. Aber wie konnte er am heiligen Fest nach Dardilly reisen? Ein paar Tage Aufschub mußte der Bruder ihm schon gewähren. Unverzüglich aber setzte Johannes sich hin und schrieb an den Kranken einen Brief voll brüderlicher Sorge und Liebe:

„Mein lieber, armer Bruder! Ich habe Nachrichten über deine Erkrankung erhalten, die man mir bisher verheimlicht hat. Ich bin sehr betrübt darüber. Ich bitte dich, mir genau mitzuteilen, wie es dir geht. Ich wäre schon abgereist, wenn es nicht die Oktav von Weihnachten wäre.

Ich bitte dich, gib mir sofort Nachricht, um mir das Weh der Ungewißheit zu nehmen! Leb wohl, mein lieber Bruder, ich hoffe, dich bald aufsuchen zu können. Herzliche Grüße sage ich auch meiner Schwester, die sich gewiß großen Kummer macht."

Indessen schien sich der Zustand des Bruders gebessert zu haben; denn Wochen hindurch wartete Johannes vergebens auf eine Nachricht von daheim. Am 26. Jänner aber erschien sein Neffe Anton in Ars und bat den Onkel, unverzüglich nach Dardilly zu kommen, da es mit dem Vater zu Ende gehe.

In aller Hast bereitete der Pfarrer sich auf die Reise vor. Franz Pertinand stellte seinen Wagen, in den außer Vianney und seinem Neffen auch Herr Toccanier einstieg.

„Bring ihn wieder!" riefen die Dörfler und Pilger dem Kutscher nach, als das Gefährt davonfuhr.

„Darauf könnt ihr euch verlassen!" nickte Pertinand.

Die Fahrt wurde dem Pfarrer zur Qual. In Parcieux, drei Wegstunden hinter Ars, sagte er: „Ich kann nicht mehr weiter. Es wird mir schwindlig."

Er wollte den Weg zu Fuß fortsetzen, vermochte sich aber über die tiefverschneite Straße kaum weiterzuschleppen. Einem Mann, der mit Rebpfählen vorbeikam, kaufte er einen um zwei Franken ab, um ihn als Wanderstecken zu benützen. Aber die Knie zitterten ihm so sehr, daß er es endlich aufgeben mußte.

Schweren Herzens sah er sich zur Umkehr gezwungen. Weinend trug er dem Neffen die letzten Grüße an den Bruder auf und versicherte ihn seiner Gebete. Dann bestieg er abermals das Gefährt und kam schließlich völlig erschöpft wieder in Ars an.

Toccanier und Anton Vianney setzten den Weg zu Fuß fort, mieteten in Neuville einen anderen Wagen und trafen bei einbrechender Nacht in Dardilly ein, gerade als der dortige Priester dem Kranken die Letzte Ölung spendete.

Groß war dessen Schmerz, als sein Sohn ohne den geliebten Bruder heimkehrte. Doch nahm der fromme Mann auch diese letzte Enttäuschung seines Lebens hin. Es währte noch bis zum heiligen Karfreitag, daß Gott seine treue Seele in den Himmel heimholte.

Johannes Vianney aber sollte seine irdische Heimat nie wiedersehen.

Es war am Abend des 15. August 1855, dem Fest der Himmelfahrt Mariens, als Toccanier dem aus dem Beichtstuhl heimkehrenden Pfarrer mit heimlichem Lächeln sagte: „Die liebe Muttergottes hat Ihnen zu Ihrem 40jährigen Priesterjubiläum eine ganz besondere Freude zugedacht."

Toccanier zog eine Zeitung aus der Tasche und legte sie vor Vianney auf den Tisch.

„Lesen Sie!"

„Mich hat nie interessiert, was die Zeitungsschreiber zusammenschmieren, besonders, seitdem sie es für nötig halten, sich mit dem armen Pfarrer von Ars zu befassen."

„Aber das wird Sie interessieren!" beharrte der Kaplan.

„Dann sagen Sie mir, was drin steht! Meine Augen sind müde."

„So hören Sie! ‚Kaiser Louis Napoleon hat allergnädigst geruht, den hochwürdigen Herrn Kanonikus Johannes Vianney, Pfarrer von Ars, zum Ritter der Ehrenlegion zu ernennen und ihm das Kreuz eben dieser Ehrenlegion zu verleihen. Damit wird dem verdienten Geistlichen die höchste Auszeichnung Frankreichs zuteil.' Was sagen Sie nun?"

„Ich wünschte, der Kaiser hätte allergnädigst geruht, mich in Ruhe zu lassen!" knurrte Vianney. „Treibt denn die ganze Welt ihren Spott mit mir?"

Am gleichen Abend noch erschien der Bürgermeister Graf von Garets und überreichte Vianney die Ernennungsurkunde.

„Welch ein Possenspiel treibt man mit mir armem Mann!" seufzte der Pfarrer. Plötzlich aber kam ihm ein Gedanke, der sein Gesicht erhellte. „Ist eine Rente mit dem Kreuz verbunden? Bekomme ich Geld für meine Armen?"

„Nein, es ist nur eine ehrenvolle Auszeichnung" antwortete der Bürgermeister.

„Schön, da nichts für meine Armen dabei herausschaut, sagen Sie dem Kaiser, daß ich nichts davon wissen will!"

„Das ist ganz unmöglich!" lächelte der Graf.

„Herr Pfarrer", meinte Toccanier, „alle Welt dekoriert Sie, nach dem Bischof nun gar der Kaiser. Wie wird der liebe Gott im Himmel Sie erst auszeichnen!"

„Das ist ja mein ganzer Kummer!" begehrte der Pfarrer auf. „Kommt der Tod, und ich stelle mich mit all diesen Nichtigkeiten beim lieben Gott vor, wird er gewiß sagen: ‚Scher dich weg! Du hast deinen Lohn schon dahin!'"

Einige Tage später schlug Vianney, als er bei der gemeinsamen Mahlzeit die Post durchsah, empört auf den Tisch und rief: „Also, das ist doch die Höhe! Da schickt mir die Staatskanzlei eine Rechnung. Ich soll zwölf Franken für das Ehrenkreuz bezahlen. Ich habe doch abgelehnt. Lieber werfe ich die zwölf Franken dem nächsten Bettler in den Hut."

Im Oktober erschien Herr von Coëtlogon, der Präfekt des Ain-Departements, in Ars, um dem Pfarrer seine Glückwünsche auszusprechen.

„Ich bitte Sie, Herr Präfekt, bringen Sie das Kreuz einem Würdigeren! Ich hätte lieber gesehen, wenn mir der Kaiser etwas für meine Armen geschenkt hätte!" antwortete der Pfarrer.

„Aber der Kaiser hat nicht Sie durch die Auszeichnung ehren wollen!" antwortete der hohe Beamte.

„Ja, wen denn?"

„Die Ehrenlegion!"

„Die wird sich für diese Ehre bedanken!" knurrte Vianney.

Der Präfekt wollte in seinen Komplimenten fortfahren, aber der Pfarrer fiel ihm ins Wort und sagte: „Herr Präfekt, ich werde den lieben

Gott bitten, er möge Sie noch lange dem Ain-Departement erhalten, damit Sie hier Gutes wirken können durch Ihr gutes Beispiel. Und nun entschuldigen Sie mich bitte, ich muß in den Beichtstuhl!"

Einige Wochen später wurde Kaplan Toccanier zum Bischof von Belley gerufen, der ihn beauftragte, dem Pfarrer das Kreuz der Ehrenlegion, das man ihm zugesandt hatte, zu überreichen.

„Wäre es nicht angebracht, wenn Euer bischöfliche Gnaden es selbst tun würden?"

„Nein, nein, das machen Sie nur!" lächelte Chalandon. „Nach den Erfahrungen, die ich mit dem Kanonikusmäntelchen gemacht habe, traue ich mich nicht, ihm die Auszeichnung des Kaisers zu bringen. Ich würde ja riskieren, daß er sie mir vor die Füße wirft!"

So kam es, daß der Kaplan eines Abends beim Pfarrer erschien und ihm ein mit rotem Siegel verschlossenes Kästchen überreichte. Die Brüder aus der „Vorsehung", Katharina Lassagne und Johanna Chanay traten hinter ihm ins Zimmer, der feierlichen Handlung beizuwohnen.

„Was ist denn jetzt wieder los?" fragte Vianney, das Kästchen mißtrauisch betrachtend.

„Vielleicht sind es Reliquien, die man Ihnen schickt!" meinte der Kaplan.

„Das wäre freilich eine große Freude!" Vianney löste mit zitternden Händen das Siegel, öffnete den Behälter und entnahm ihm das Kreuz der Ehrenlegion.

„Nur das?" sagte er enttäuscht.

„Aber die Auszeichnung ist mit einem richtigen Kreuz gekrönt!" mahnte Toccanier, der fürchtete, Vianney möchte es ihm wirklich vor die Füße werfen. „Segnen Sie es!" Der Pfarrer schlug das Segenszeichen über den Orden.

Dann nahm er das Kreuz, reichte es seinem Kaplan und sagte: „Hier mein Freund! Nehmen Sie es mit der gleichen Freude an, mit der ich es Ihnen schenke!"

Wenige Tage darauf führte man einen berühmten Maler zum Pfarrer, der sich tief vor ihm verneigte und sagte: „Ich habe den Auftrag einer hohen Persönlichkeit, den Herrn Kanonikus Vianney, Ritter der Ehrenlegion, zu malen. Ich bitte, mir einige Sitzungen zu gewähren!"

„Ja, ja, malen Sie mich nur mit dem roten Mäntelchen und mit dem Kreuz, und schreiben Sie darunter: Nichtigkeit, Stolz!" antwortete grimmig der Pfarrer.

„Wann können wir also mit den Sitzungen beginnen? Ich kann leider nicht lange in Ars bleiben; denn meine Zeit ist bemessen."

„Sehen Sie, die meine auch, lieber Herr!" lächelte Vianney. „Die einzigen Sitzungen, die ich gewähren kann, sind die im Beichtstuhl!"

„Da kann ich Sie aber nicht malen!"

„Um so besser! Lassen Sie es bleiben!" nickte der Pfarrer und ließ den Maler stehen. Ein anderer Künstler machte sich gar im Beichtstuhl an den Pfarrer heran. Er tat so, als wolle er seine Sünden bekennen. Als aber Vianney schon die Hand zum Segen erhob, sagte er: „Ich bin der Bildhauer Aemilian Cabuchet und komme im Auftrag des Bischofs, von Ihnen ein Standbild zu schaffen. Hier ist das Empfehlungsschreiben Ihres Oberhirten."

„Nein, nein, dafür gebe ich mich nicht her!" antwortete Vianney und öffnete die Sakristeitür.

So schnell aber ließ der Künstler sich nicht abfertigen. Er suchte einen geeigneten Platz in der Kirche und begann, mit dem Wachs, das er in seinem großen Schlapphut verbarg, den Pfarrer zu modellieren, während der den Pilgern seinen allmorgendlichen Katechismusunterricht gab.

Ein paar Tage ging es gut, schließlich aber merkte Vianney, was hinter dem breitrandigen Hut getrieben wurde. Er unterbrach seinen Vortrag und rief: „Sie, dahinten! Wann hören Sie endlich auf, mich und andere zu stören?"

Der Bildhauer lächelte verschmitzt. Er hatte gerade die letzten notwendigen Handgriffe getan, um nach seinem Modell die Büste zu formen.

Als er das vollendete Kunstwerk dem Pfarrer in Gegenwart der Brüder und des Kaplans zeigte, rief Vianney überrascht: „Ja, das! Das ist kein Karneval!" Dann aber schaute er den Künstler streng an und sagte: „Sie haben mir also nicht gehorcht, mein Herr! Soll ich Ihnen verzeihen?" setzte er in milderem Ton hinzu.

„Ja, verzeihen Sie ihm!" bat Toccanier lächelnd. „Er hat es ja im Auftrag des Bischofs getan."

„Nun gut, lieber Herr!" wandte der Pfarrer sich halb versöhnt an Herrn Cabuchet. „Ich will Ihnen vergeben, wenn Sie mir versprechen, das Bildnis nicht vor meinem Tod an die Öffentlichkeit gelangen zu lassen.

„Ich verspreche es Ihnen!" gelobte der Künstler.

„Dann gehen Sie in Frieden!" nickte Johannes Vianney.

ZEHN IN EINEM ABTEIL

1856

Der Personenzug Paris–Lyon ratterte durch die sommerlich leuchtende Bourgogne. Die Höhen der Cote d'Or entschwanden im weichen Dunst, und das liebliche Tal der Saone tat sich auf.

„Der 56er wird ein guter Jahrgang", sagte der Weinhändler Chenille, ein etwas beleibter Herr mit angegrauten Schläfen. „Die Sonne meint es gut mit den Winzern!"

„Wäre zu wünschen!" nickte sein Gegenüber, der Journalist Segourier und faltete die Zeitung zusammen, hinter die er sich verschanzt hatte. „Seit zehn Jahren haben wir nichts Gutes mehr gehabt."

„Da haben Sie recht!" stimmte der Händler lebhaft zu und begann, froh, einen Gesprächspartner gefunden zu haben, sich so eingehend über die Spitzenlagen der Cote d'Or und des Charollait zu verbreiten, über Riesling, Sylvaner und Traminer, Edelfäule und Trockenbeeren, Sauerwurm, Reblaus und Schimmelpilz, daß einstweilen das Ende seines Vortrages nicht abzusehen war.

Herr Segourier, der eine Weile zuhörte, verlor allmählich das Interesse und hätte sich gern wieder seiner Zeitung gewidmet; doch scheute er solch offensichtliche Unhöflichkeit und begann, während der andere weiterredete, seine Mitreisenden im Abteil zu beobachten.

Da war ein Geistlicher, ein älterer, würdiger Herr im langen Rock des Abbé, der sein Brevier betete, ihm gegenüber eine vornehm aussehende Dame in Trauerkleidern, die mit seltsam starrem Blick unentwegt durchs Fenster schaute, obschon sie der Landschaft ebensowenig Aufmerksamkeit zu schenken schien wie ihrer Umgebung. Offizierswitwe, schätzte der Journalist. Vielleicht hatte sie ihren Gatten im Krimkrieg verloren. Ein Gespräch mit ihr hätte ihn wesentlich mehr interessiert als das unentwegte Geschwätz des Weinhändlers.

Dann war da eine hübsche Frau im Reifrock und zierlicher Mantille, die ihre beiden lebhaften Buben von etwa sechs und zehn Jahren kaum zur Ruhe kommen ließen. Ein Fräulein mittleren Alters hüstelte beständig vor sich hin, und in ihrem Spitzentuch, das sie vor den Mund preßte, entdeckte Segourier kleine rote Flecke. Zweifellos war das arme Wesen schwer lungenkrank.

Schließlich war da noch eine ländlich gekleidete Frau, die mit ihrer Tochter, einem blinden Mädchen, reiste und ihr von Zeit zu Zeit ein paar tröstende Worte zuflüsterte.

Soeben schloß der Geistliche, sich bekreuzigend, sein Buch und schaute auf seine Uhr.

„Sie verzeihen, Hochwürden", redete die Dame im Trauerkleid ihn an. „Sind wir bald in Lyon?"

„Das wird noch eine gute Stunde dauern", antwortete der Priester. „Wir sind dicht vor Maçon, wo wir einigen Aufenthalt haben. Danach fährt der Zug durch bis Villefranche, von dort ist es nicht mehr weit bis Lyon."

„Ich kenne mich nicht aus in Lyon", fuhr die Dame zögernd fort. „Ich habe mich im Hotel d'Angleterre angemeldet. Ob wohl ein Träger am Bahnhof ist?"

„Zweifellos, gnädige Frau!" erwiderte der Geistliche höflich. „Ich selbst steige schon in Villefranche aus."

„Ich kenne das Hotel d'Angleterre", versicherte Herr Segourier diensteifrig. „Es liegt auf der Place Carnot, ganz in der Nähe des Bahnhofs. Ich könnte Sie hinführen, wenn Sie gestatten, da ich das gleiche Reiseziel habe."

„Nun, wenn das Haus beim Bahnhof liegt, werde ich es schon finden", antwortete die Dame, ein wenig abweisend. „Aber wie kommt es, daß der Schnellzug in Villefranche hält? Das ist doch wohl nur ein unbedeutender Ort?"

„Ein guter Platz für den Weinhandel!" rühmte der Wohlbeleibte, glücklich einen Grund zur Fortsetzung seines Monologs zu finden.

„Von Villefranche gehen Postwagen nach Ars ab!" erklärte der Priester.

„Ars?" zuckte die Dame die Schulter. „Was ist das für ein Ort?"

„Sollten Sie wirklich noch nichts von Ars und seinem heiligen Pfarrer gehört haben?" staunte der Journalist. „Ars ist doch zum besuchtesten Wallfahrtsort Frankreichs geworden. Es ist unfaßlich, was der Aberglaube von diesem Dorf zu erzählen weiß."

„Der Aberglaube?" runzelte der Geistliche die Stirn.

„Nun, ich will Ihnen nicht zu nahe treten, Hochwürden", antwortete der Zeitungsmann lächelnd. „Aber Sie werden als gebildeter Mensch doch nicht behaupten wollen, daß die Wundergeschichten, die man über Ars in Umlauf bringt, auf Tatsachen beruhen."

„Ich habe selbst mit angesehen, wie ein Krüppel plötzlich geheilt wurde und mit seinen Krücken herumtanzte und wie ein Tauber sein Gehör wieder erhielt und eine Blinde ihr Augenlicht."

„Nun, man könnte solche angeblichen Wunder auch inszenieren!" lächelte der Journalist. „Natürlich möchte ich die Ehrenhaftigkeit des Pfarrers, dem der Kaiser das Kreuz der Ehrenlegion verliehen hat, nicht in Zweifel ziehen. Immerhin könnten unverantwortliche Elemente, die sich zum Schein krank stellten, ihr Possenspiel mit dem alten Mann getrieben haben."

„Ich kenne sogar einen Fall, wo so etwas geschah", erwiderte Herr Guillaumet, der Obere der Unbefleckten Empfängnis von Saint Dizier, gelassen. „Aber Vianney durchschaute den Betrüger, der sich als Krüppel ausgab, sofort und wies ihn zurecht. Die Fälle jedoch, von denen ich sprach, sind von Ärzten genau auf ihre Richtigkeit untersucht worden. Hier und in vielen anderen Fällen handelt es sich zweifellos um Wunder."

Der Journalist antwortete nur mit einem Achselzucken.

„Sie haben wirklich erlebt, daß Kranke geheilt worden sind?" fragte die Mutter des blinden Mädchens in großer Erregung, und auch die Schwindsüchtige horchte auf.

„Ja, ich sah es selber mit eigenen Augen."

„Dann wäre ja auch Hoffnung für mein armes Kind? Sie müssen nämlich wissen, daß meine Tochter infolge einer Gehirnhautentzündung ihr Augenlicht völlig verloren hat."

„Haben Sie Vertrauen, ein recht großes Vertrauen!" erwiderte der Abbé mit tiefem Ernst.

„Oh mein Kind, hast du's gehört?" liebkoste die Frau ihre kleine Tochter. „Hast du gehört? Es ist ein Geistlicher, der das soeben gesagt hat. Wenn du wieder sehend würdest! Mein Gott! Mein Gott!"

„Halten Sie es nicht für grausam, der armen Frau Hoffnungen zu machen, die sich gewiß nicht erfüllen werden?" raunte Herr Segourier dem Priester zu.

„Woher wissen Sie das so genau, daß sie sich nicht erfüllen?" fragte der Geistliche. „Ich weiß nicht, was Sie für Geschäfte in Lyon haben, mein Herr, aber wenn es Ihre Zeit erlaubt, rate ich Ihnen, einen Abstecher nach Ars zu machen. Es ist nicht weit aus dem Weg. Vielleicht finden Sie zu dieser Stunde noch Platz in einem der Hotels."

„Nach allem, was Sie sagen, Hochwürden, möchte ich mir Ars und seinen Pfarrer auch einmal ansehen", sagte die Dame in Schwarz. „Ich reise zu meiner Entspannung und bin eigentlich ohne festes Ziel. Vielleicht lohnt sich der Umweg."

„Wie viele Hotels gibt es in Ars?" fragte der Weinhändler.

„Ich glaube fünf", antwortete Herr Guillaumet. „Allein in den letzten Jahren sind drei neue Häuser eröffnet worden."

„Das ist auch für mich ein Grund, nach Ars zu reisen!" schmunzelte der Kaufmann.

„Wir fahren auch nach Ars!" prahlte der sechsjährige Bub.

„Kinder müssen den Mund halten, wenn Erwachsene reden!" tadelte die Mutter lächelnd den kleinen Wichtigtuer.

„Aber es ist doch wahr!"

„Ja, wahr ist es", nickte die Frau. „Ich hörte, der Pfarrer Vianney wüßte in schwierigen Anliegen wohl zu raten."

„Da haben Sie recht!" nickte der Priester. „Es ist ganz eigenartig, wie er in die Herzen schaut, und manchmal tut er einen Blick in die Zukunft."

„Das wird ja immer romantischer!" lächelte der Journalist. „Also gut, ich fahre mit nach Ars."

So geschah es, daß alle Reisenden dieses Abteils den Zug in Villefranche verließen und in die Postkutsche stiegen, die am Bahnhof hielt. Außer dem kanariengelben Wagen, auf dem Robert Pertinand lustig ins Horn blies, wartete noch eine Reihe anderer Gefährte, Kutschen und Leiterwagen auf die Passagiere, die trotzdem nicht alle mitkamen.

Unterwegs überholte die Postkutsche eine Menge von Pilgern, die sich zu Fuß auf den Weg gemacht hatten. Da humpelte ein Krüppel auf seinen Krücken daher. Neben ihm schob eine Frau einen Karren mit einem kleinen Jungen, der offenbar nicht gehen konnte. Je mehr man sich Ars näherte, um so größer wurde der Zug der Wallfahrer.

„Daß es so etwas im neunzehnten Jahrhundert noch gibt!" schüttelte Herr Segourier den Kopf.

Im Dorf selbst herrschte ein maßloses Gedränge, und der Postwagen hatte es schwer, bis zum „Barmherzigen Samaritan" zu gelangen, wo er haltmachte.

Es fügte sich, daß gerade an diesem Tag einige Pilger vorzeitig ihre Zimmer geräumt hatten, sodaß außer dem Pfarrer und der Dame in Trauerkleidern auch der Journalist und der Weinhändler noch Platz fanden. Das schwindsüchtige Fräulein erhielt bei Maria Ricotier Unterkunft, und die übrigen Passagiere wurden von Dörflern aufgenommen.

Der Weinhändler begehrte gleich, den Wirt zu sprechen, und wirklich bekam er von Franz Pertinand einen größeren Auftrag.

Der Journalist fühlte sich in seinem Element. Er gedachte, eine gute Reportage zu machen, und lief bald überall mit seinem Bleistift herum, seine Eindrücke aufzuzeichnen.

Frau Duprez, die Dame in Trauerkleidern, zog sich, von der Reise ermüdet, frühzeitig in ihr Zimmer zurück. Ein schweres Leid quälte sie und gönnte ihr keine Ruhe. Die Ärzte hatten ihr, sie von ihrem Kummer abzulenken, längere Reisen verordnet. Aber die marternden Gedanken ließen sie nicht los. Sie trat ans Fenster und schaute auf das Treiben drunten auf der Straße.

Was waren das für Menschen, die zu Hunderten nach Ars kamen? Gewiß mochten etliche darunter sein, die müßige Neugier hergeführt hatte. Aber die meisten waren mit schwerem Leid beladen: Krüppel an ihren Krücken, Blinde, Lahme, Trostsuchende, Verlassene, Menschen am Rand des Grabes und am Abgrund der Verzweiflung. Eine letzte Hoffnung hatte sie nach Ars geführt. Würde der arme, kleine Landpfarrer ihnen Licht bringen in der äußeren Stunde ihrer Not?

Sollte auch sie sich ihm anvertrauen in ihrer Verlassenheit? Wie konnte er sie den düsteren Fängen der Nacht entreißen, die immer erbarmungsloser nach ihrem Herzen griffen?

Lange währte es, bis es still wurde in den Gassen von Ars. Bis in die tiefe Nacht hinein drängten die Pilger durcheinander; viele suchten wohl immer noch nach einem Obdach. Sie würden im Freien oder in den Nachbarorten nächtigen müssen.

In der gleichen Stunde, es schlug eben elf vom Glockenturm, verließ Johannes Vianney seinen Beichtstuhl und schleppte sich zu seiner Lieblingsheiligen, ihr den letzten Abendgruß zu bringen.

Trotzdem er sich kaum aufrecht zu halten vermochte, kniete er, ohne sich zu stützen, auf den Steinfliesen nieder und betete lange. Er redete zu der kleinen Märtyrerin stets in einer ganz besonders vertrauten Weise, sprach zu ihr wie ein großer Bruder zu seiner kleinen Schwester, oder gar wie der Vater zu einem törichten Kind.

„Du hast es ein wenig arg getrieben in letzter Zeit, Filomena!" warf Vianney ihr vor. „Ich habe ja nichts dagegen, daß du die Kranken heilst. Aber wie oft habe ich dir schon gesagt, du sollst es anderswo tun, nicht hier in Ars! Das macht zuviel Aufsehen, und mich alten Mann schreit man als Wundertäter im Land herum. Beschränke dich in Ars auf die Wunder der Seele! Ich, als dein Pfarrer, befehle es dir!"

Es war schon spät am Morgen, als Frau Duprez, die die halbe Nacht schlaflos geblieben war, sich von ihrem Lager erhob. Im Speisezimmer traf sie Abbé Guillaumet.

„Ich möchte den Pfarrer Vianney sprechen", sagte die Dame. „Können Sie mir dazu behilflich sein?"

„Das wird recht schwierig sein zu dieser Stunde", antwortete der Geistliche kopfschüttelnd. „Der Pfarrer sitzt schon seit heute 1 Uhr nacht im Beichtstuhl. Um 6 Uhr hat er zelebriert, und danach hat er sich wieder den Pönitenten gewidmet. Um elf Uhr wird er seine Katechese halten. Ich weiß nicht, ob wir noch Platz in der Kirche finden werden. Immerhin können wir es versuchen. Punkt zwölf geht Herr Vianney dann nach Hause, um eine kleine Stärkung zu nehmen. Vielleicht gelingt es, ihn für einen Augenblick zu sprechen. Es wird aber schwer sein, so sehr umdrängen ihn die Pilger."

„Könnte man ihn denn im Beichtstuhl erreichen? Was ich ihm zu sagen habe, könnte auch dort geschehen."

„Ja, das ist nur möglich, wenn Sie sehr viel Zeit und sehr viel Geduld haben!" seufzte der Priester.

Auf dem Platz vor der Kirche stauten sich die Massen der Pilger, die alle versuchten, irgendwie noch in die Kirche zu gelangen, um der Katechese des Heiligen beizuwohnen.

Ein Krüppel stelzte auf seinen Krücken daher und bat, man möge ihn doch um Gottes willen durchlassen.

„Sie hoffen wohl auf ein Wunder?" fragte Herr Segourier, der Journalist, der mit seinem Notizbüchlein in der Hand herumlief.

„Es ist schon mancher in Ars geheilt worden!" antwortete der Krüppel zuversichtlich.

Die Mutter, die ihren gelähmten Jungen auf dem Karren schob, beschwor ebenfalls die Umstehenden, ihr Platz zu machen.

„Sehen Sie doch mein armes Kind! Es ist von der Hüfte ab gelähmt und kann keinen Schritt tun. Vielleicht . . .!"

„Mit ihrem Schubkarren können Sie bestimmt nicht in die Kirche", gab man ihr zur Antwort.

„Mutter!" rief der Achtjährige in seinem Gefährt. „Du hättest mir ein Paar Holzschuhe mitnehmen sollen. Wenn der Heilige mich gesund macht, muß ich auf den Strümpfen laufen."

„Können Sie ihn nicht tragen?" riet man ihr. „Den Wagen können Sie stehen lassen. In Ars stiehlt ihn gewiß niemand."

„Drängen Sie doch nicht so!" rief der dicke Weinhändler, den die Neugierde in die Nähe der Kirche geführt hatte. Er stand eingekeilt mitten im Pilgerschwarm und konnte weder vorwärts noch rückwärts.

„Es wird ein Gewitter geben", vermutete ein anderer. „Es ist sehr schwül." Wirklich zogen schwarze Wolken über den Himmel, aber niemand zeigte Lust, den Platz zu verlassen. Man hoffte, durch die offene Kirchentür den Heiligen wenigstens zu sehen, wenn man auch seine Worte nicht verstand.

„Wir wollen versuchen, ob wir durch die Sakristei in die Kirche gelangen können!" flüsterte Abbé Guillaumet der Frau in Trauerkleidern zu. Wirklich erreichte er es, daß Bruder Hieronymus, der Küster von Ars, ihn mit der Dame einließ. Die Mutter mit dem gelähmten Kind benutzte die Gelegenheit, sich ebenfalls in die Sakristei zu stehlen. Sie hatte ihren Sohn auf die Arme genommen, und der gute Bruder gab auch ihr den Weg durch die Hintertür frei und ließ den Jungen auf dem Brett des Beichtstuhles sich niedersetzen.

„Kommt der Pfarrer hier durch?" fragte die Frau.

„Ja, bevor er ins Pfarrhaus geht. Vielleicht können Sie ihn für einen Augenblick sprechen."

Indessen schlug es elf vom Turm der Pfarrkirche. Vianney verließ seinen Beichtstuhl in der Täuferkapelle, schritt die Stufen der kleinen Kanzel empor und setzte sich auf den etwas erhöhten Sitz. Mit raschem Blick überschaute er die Menge. Dann begann er mit seiner durch das Alter brüchig gewordenen Stimme zu reden. Der Heilige, der nur noch wenige Zähne besaß, vermochte sich nur mit Mühe verständlich zu machen, und für manchen, der ferner stand, blieben die Worte unverständlich, aber das Antlitz des Heiligen und seine aus tiefen Schatten flammenden Augen waren auch ihnen wie eine ergreifende Predigt.

Über die Liebe zu Gott, das Lieblingsthema seiner Greisenjahre, sprach der Pfarrer.

„Was ist schon unser armer Leib? Ein gebrechliches Gefäß, das zerspringt, wenn der Finger des Todes es berührt. Was ist das Licht unserer Augen? Schauen sie nicht mehr Leid als Glück auf Erden? Was bedeutet es, zu sehen, wenn die Seele finster bleibt? Wer nicht sieht, erkennt nicht, und wer nicht erkennt, der liebt nicht. Wer aber Gott nicht liebt, hängt sein Herz an irdische Dinge, die wie der Rauch vergehen.

Das Leben vergeht. Das Glück entschwindet. Die Gesundheit welkt dahin. Wir sind alle wie vom Wind dahergejagt, wie vom Sturm gehetzt. Nur eines bleibt und ist unvergänglich und verdient, aus ganzem Herzen geliebt zu werden: Gott der Herr."

Unter den Zuhörern stand neben seiner Mutter das blinde Mädchen aus dem Eisenbahnabteil des Pariser Zuges. Sie hatte die toten Augen erhoben, und doch lag es wie ein heller Schein auf dem lichtlosen Antlitz. Jetzt sah sie der Pfarrer, hielt ein wenig inne und sagte: „Betet, betet, meine Kinder, nicht um das Licht der Augen, sondern um das Licht der Seele! Ihr werdet Gott sehen und ihn lieben!"

Eine Unruhe, die von der Kirchentür herkam, unterbrach den Priester. Der Krüppel drängte sich, auf seine Krücken gestützt, durch die Menge, die ihm nur zögernd Platz machte.

Da verließ Vianney ohne ein Wort der Erklärung seine Kanzel, schob sich durch die vielhundertfache Schar seiner Zuhörer, ging auf den Krüppel zu und führte ihn durch die ganze Kirche bis zur Kanzel.

„Setzen Sie sich hierhin!" flüsterte er ihm zu. „Hier ist Platz für Sie!" Damit wies er ihm den Sitz auf dem Predigtstuhl an und fuhr stehend in seiner Unterweisung fort.

Beim Glockenschlag zwölf beendete er seinen Vortrag, betete den Angelus und bahnte sich den Weg zur Sakristei.

Bebend vor Erregung stand Frau Duprez bei der Tür und sank unwillkürlich in die Knie, als Vianney an ihr vorüberschritt. Einen Augenblick traf sie das blaue Licht seiner Augen.

„Herr Pfarrer!" stammelte sie. Der Heilige aber beugte sich zu ihr nieder und flüsterte ihr zu: „Er ist gerettet!" Fassungslos richtete sich die Angeredete auf.

„Was sagen Sie?"

„Ich sage Ihnen, er ist gerettet. Zwischen dem Brückengeländer und dem Wasser bereute er. Die Muttergottes hat ihm die Gnade erwirkt."

„Woher wissen Sie?" lallte die Frau.

„Ich weiß, meine Tochter! Ich weiß! Es war doch im Marienmonat Mai. Kurz zuvor hat er mit Ihnen vor dem Bild Unserer Lieben Frau ein Ave Maria gebetet. Erinnern Sie sich? Um dieses einen Ave willen hat Maria ihm die Gnade der Reue und das Erbarmen Gottes erwirkt. Aber beten Sie für ihn! Er wartet im Fegefeuer auf Ihre Hilfe."

Die Frau sank abermals in die Knie, barg ihr Gesicht in die Hände und weinte zum erstenmal seit jenem schrecklichen Tag.

Inzwischen wandte der Heilige sich der Mutter zu, die ihren gelähmten Sohn wieder auf ihre Arme genommen hatte.

„Aber der Knabe ist doch zu groß, um getragen zu werden!“ sagte er lächelnd.

„Er ist von der Hüfte abwärts völlig gelähmt!“ antwortete zitternd die Frau. „Seine Füße tragen ihn nicht. Er kann keinen Schritt tun.“

„Er wird es schon können. Haben Sie nur Vertrauen zur heiligen Filomena. Sie wird helfen. Wie heißt du, Kleiner?“ fragte der Pfarrer den Jungen.

„Johannes-Maria!“ antwortete der Gelähmte.

„Dann haben wir den gleichen Namen!“

„Johannes-Maria Dévoulet heißt er“, ergänzte die Mutter und ließ den Jungen aus den Armen. „Aber sehen Sie doch, er knickt zusammen. Er kann gar nicht stehen!“

„Nein, nehmen Sie ihn nicht wieder auf! Gehen Sie mit ihm zur Heiligen!“

Von der Mutter gestützt, schleppte sich der Kleine durch die Menschenmenge zum Altar der Märtyrerin, wo sie beide niederknieten. Der Junge kniete, ohne daß seine Mutter ihn zu halten brauchte. Lange verharrte er so, die Augen zu dem heiligen Bild erhoben. Die Mutter neben ihm weinte ohne Unterlaß und versuchte vergebens zu beten.

Indessen hatte der Krüppel sich zur Sakristei durchgedrängt. „Sie waren schon einige Male hier, nicht wahr, mein Freund?“ redete der Pfarrer ihn an.

„Freilich war ich hier, aber ich wurde nicht geheilt“, antwortete Karl Blazy, der seine Beine kraftlos hinter seinen Krücken herschleppte. „Aber diesmal, Herr Pfarrer! Darf ich diesmal meine Stelzen zur heiligen Filomena tragen? Sagen Sie es mir, ja oder nein?“

„Gehen Sie zu ihr!“ befahl der Pfarrer nach kurzem Zögern.

Da richtete der Krüppel sich auf, versuchte auf seinen Füßen zu stehen, machte wankend ein paar Schritte. Dann hob er die Krücken hoch auf und tat einen Schrei, der bis in den letzten Winkel der Kirche hallte.

„Ich bin geheilt! Ich bin geheilt!“ schrie er, mit seinen Krücken herumtanzend.

„Tanzen Sie nicht, beten Sie!“ mahnte der Pfarrer.

Der Geheilte brach weinend in die Knie und küßte die Hand des Heiligen.

„Danken Sie der heiligen Filomena!“ machte der Priester sich los.

Während Karl Blazy sich, die Krücken in den Händen tragend, durch die fassungslose Menge schob, verließ Johannes Vianney die Sakristei und schritt über den freien Platz seiner Wohnung zu.

Es hatte zu regnen begonnen, und viele Pilger waren schon abgewandert.

Franz Dorel, der Jäger aus Villefranche, pfiff, als der Pfarrer vorüberging, seinem Hund, den er von der Leine gelassen hatte.

„Mein Herr!" sagte Vianney ernst. „Sie haben einen schönen Hund."

„Will ich meinen!" nickte der Jäger stolz.

„Es wäre wünschenswert, wenn Ihre Seele ebenso schön wäre wie Ihr Hund!" setzte Vianney hinzu.

„Sie meinen?" stammelte Dorel.

„Daß Sie bei dem Wetter keine Enten schießen, sondern beichten sollten." Aufs äußerste betroffen, blieb der Jäger sprachlos stehen.

Als Johannes Vianney seinen Weg zum Pfarrhaus fortsetzen wollte, schob sich Frau Salomon, die ebenfalls im Abteil des Pariser Zuges gereist war, ihre beiden Buben vor den Pfarrer hin und bat, sie zu segnen.

„Du hast noch etwas auf dem Herzen?" wandte sich der Pfarrer an den Zehnjährigen, der ihn aus seinen hellen Augen erwartungsvoll anblickte.

„Herr Pfarrer, ich möchte wissen . . ." begann der Bub.

Aber Vianney unterbrach ihn lächelnd.

„Aus dir wird ein guter Priester!"

„Gerade das habe ich wissen wollen!" rief der Junge.

„Und du, mein Kleiner!" fragte Vianney den Sechsjährigen. „Hast du auch etwas auf dem Herzen?"

„Ja!" nickte der Junge zutraulich. „Ich möchte wissen, ob ich lernen oder spielen soll!"

„Spielen, mein liebes Kind! Das paßt für dein Alter."

„Hörst du's, Mama?" triumphierte der Kleine. „Ich soll spielen, hat der Herr Pfarrer gesagt!"

Endlich erreichte Vianney seine Wohnung, aber der Kaplan teilte ihm mit, daß jemand auf ihn warte. Es war die Frau mit dem blinden Kind. Lange schaute der Priester das Mädchen an, das da vor ihm stand, die erloschenen Augen zu ihm erhoben.

„Mein Kind!" sagte er endlich. „Du könntest zur heiligen Filomena gehen und sie bitten, dich zu heilen. Ich glaube sogar, sie würde es tun.

Aber ich weiß nicht, ob dir das irdische Licht in den Himmel hilft. Wenn du aber blind bleibst, kommst du gewiß in den Himmel, und ich garantiere dir sogar noch einen schönen Platz."

Eine Weile arbeitete es heftig in dem kleinen, schmalen Gesichtlein, dann antwortete sie tapfer, des Priesters Hand ergreifend: „Ich will zur heiligen Filomena beten, daß sie mir hilft, mein Leiden geduldig zu ertragen."

Vianney legte die Hände auf den blonden Scheitel und segnete sie unter Tränen.

Weinend führte die Mutter ihr Kind davon.

„Sehen Sie doch, sie ist nicht geheilt!" flüsterte der Journalist Segourier dem Weinhändler zu. „Es ist nichts mit den Wundern von Ars."

„Aber der Krüppel, der soeben mit seinen Krücken aus der Kirche tanzte?" warf Herr Chenille ein.

„Wer weiß, was für ein Schwindel dahinter steckt! Auch ein gesunder kann an Krücken laufen. Aber kommen Sie, es scheint einen Wolkenbruch zu geben!"

Immer noch kniete der gelähmte Knabe neben seiner Mutter vor dem Altar der heiligen Filomena. Endlich bekreuzigte er sich, schaute seine Mutter an und sagte:

„Ich habe Hunger!"

„Ja, mein Kleiner", seufzte die Frau. „Ich will dich hinaustragen."

„Aber ich kann doch gehen!" widersprach der Knabe und richtete sich auf. „Ich kann doch gehen!" Ohne sich zu stützen machte er ein paar Schritte.

„Ein Wunder!" stammelte die Mutter und griff nach ihrem Herzen. Jeder Blutstropfen war aus ihrem Gesicht gewichen, und es schien, als wollte sie zusammenbrechen.

„Komm doch, Mutter!" drängte der Junge. „Was hast du denn? Stütz dich nur auf mich!"

Da tat die Frau einen lauten Schrei.

„Ein Wunder, ein Wunder!" griffen die Umstehenden den Ruf auf, und bald hallte es laut durch die ganze Kirche, so daß die Gewölbe erbebten: „Ein Wunder! Ein Kind ist geheilt."

Ein paar Männer wollten den Jungen auf die Schulter heben und aus der Kirche tragen, aber der protestierte energisch.

„Ich kann doch gehen. Ich kann doch ganz allein gehen! Oh, es gießt in Strömen!" sagte er enttäuscht, als er bei der Kirchentür anlangte.

„Siehst du, Mutter, ich habe doch schon daheim gesagt, du solltest ein Paar Holzschuhe kaufen. Jetzt kann ich in Strümpfen durch den Regen laufen."

„Ein paar Häuser weiter wohnt ein Holzschuhhändler!" rief einer der Umstehenden. „Komm, mein Kleiner, ich trage dich hin."

„Nein, lassen Sie mich ihn bitte noch einmal tragen!" bettelte die Mutter unter Tränen.

„Aber gewiß zum allerletzten Mal", fügte sich der Knabe.

Als der Geheilte mit seinen neuen Holzschuhen an den Füßen den Laden verließ, hatte es plötzlich aufgehört zu regnen. Die Sonne lugte durch die letzten Wolkenfetzen, und in ihrem Licht sprang der Bub, jubelnd vor Glück, über die Gasse.

War man in Ars auch an Wunder gewöhnt, so erregte die Heilung dieses Jungen besonderes Aufsehen. Von allen Seiten umdrängte man die Frau und ihren Jungen, ließ sich hundertmal versichern, daß der Achtjährige wirklich gelähmt gewesen und nun geheilt sei.

„Es sind genug Leute aus Saint-Romain hier, die das Gebrechen meines Kindes seit Jahren kennen!" antwortete die Mutter immer wieder und wirklich vermochten viele ihrer Dorfgenossen, die gleich ihr in Ars weilten, das Wunder zu bestätigen.

Der kleine Johannes-Maria war die unaufhörliche Fragerei bald leid.

„Daß ich laufen kann, seht ihr doch selbst!" antwortete er schließlich. „Und nun laßt mich los! Ich will mit den Kindern seilspringen."

Die Nachricht von der Heilung des Krüppels und des gelähmten Kindes gelangte auch in die Krankenstube im Haus der Maria Ricotier.

„Ob er auch mir helfen wird?" fragte die Schwindsüchtige, die todbleich in ihren Kissen lag.

„Er hat neulich auch die lungenkranke Ordensschwester Dorothea aus der ‚Vorsehung' in Vitteaux geheilt", antwortete ihre freundliche Gastgeberin. „Die Ärzte hatten sie aufgegeben, aber sie hat Ars völlig genesen verlassen."

„Wenn auch an mir ein Wunder geschähe!" stammelte die Sieche. „Wenn er käme und mir die Hand auflegte!"

„Wie Gott will!" nickte Maria Ricotier. „Geben Sie sich ganz in Gottes Hand!"

Unablässig hielt Eleonore Cambert den Blick auf die Tür gerichtet, als diese sich jedoch endlich auftat, war es nicht der Pfarrer, der über die Schwelle trat, sondern Herr Toccanier.

„Haben Sie es ihm gesagt?“ fragte die Kranke, sich ein wenig aufrichtend.

„Ja, ich habe ihm Ihren Zustand genau geschildert!“ bejahte der Kaplan.

„Und er? Was hat er gesagt?“

„Er hat geantwortet: ‚Die Dame, für die Sie bitten, ist Gott wohlgefällig. Das Kreuz ist auf der rechten Schulter. Es wird für sie die Leiter zum Himmel sein.‘ “

Die Kranke sank in ihre Kissen zurück, hielt lange die Augen geschlossen. Endlich aber blickte sie den Priester aus ihren großen, fieberglänzenden Augen an und sagte:

„Ich danke Ihnen für die Botschaft. Gottes Wille geschehe!“

In Frau Duprez war eine seltsame Wandlung vor sich gegangen, seit sie die Sakristei verlassen hatte. War sie bisher wie versteinert in ihrem Schmerz, stumpf und uninteressiert an allem, was um sie vorging, so fühlte sie sich jetzt von einem tiefen Frieden erfüllt, und oft glitt ein Lächeln über ihre bleichen Züge.

„Ich fahre morgen wieder nach Paris zurück“, teilte sie dem Priester Guillaumet am Abend dieses Tages mit. „In Ars habe ich gefunden, was ich überall vergebens gesucht habe, die Ruhe des Herzens.“

„Ist es indiskret, wenn ich frage, was die Veränderung in Ihnen bewirkt hat?“ fragte der Geistliche. „Ich habe einige Worte gehört, die Vianney zu Ihnen sprach, ohne jedoch ihren Sinn zu begreifen.“

„Nun, das ist eine lange Geschichte“, antwortete die Dame. „Dennoch kann ich Ihnen das Wichtigste in wenigen Worten sagen. Mein Gatte war Offizier im französischen Heer. Doch wurde er eines Vergehens wegen, das man ihm fälschlich zur Last legte, aus der Armee ausgestoßen, obwohl er sich in den Kämpfen um Sebastopol durch seine Tapferkeit ausgezeichnet hatte und mit einem hohen Orden dekoriert worden war. In seiner Verzweiflung beschloß er, seinem Leben ein Ende zu machen, und sprang von der Seinebrücke. Ich selber war innerlich völlig gebrochen, als man mich vor seinen Leichnam führte, mußte ich doch glauben, der Selbstmörder habe mit seinem irdischen auch sein ewiges Leben verloren. Der Pfarrer aber sagte mir, daß er gerettet sei.“

„Kannte Vianney Sie oder Ihren Gemahl?“

„Er hat weder mich noch meinen Gatten je zuvor gesehen und gewiß auch niemals von uns gehört.“

„So haben Sie Vertrauen! Es ist so, wie der Heilige gesagt hat“, antwortete der Priester tief ergriffen. „Es gibt Wunder der Seele, die größer sind als die des Leibes.“

Der letzte Pönitent, dessen Beichte Vianney zu später Nachtstunde hörte, war Franz Dorel, der seine Flinte und seinen Hund im „Barmherzigen Samaritan“ zurückgelassen und viele Stunden gewartet hatte, bis die Reihe an ihn kam; denn wenn die Männer, die in der Sakristei beichteten, auch nicht so endlos lange anstehen mußten wie die Frauen in der Johanneskapelle, so wurde doch auch ihre Geduld auf eine harte Probe gestellt.

„Es ist gut, mein Freund“, sagte der Pfarrer, als Dorel sein Bekenntnis beendet hatte, „Sie haben lange genug Ihr Herz an irdische Dummheiten gehängt, aber Sie werden Zeit haben, Buße zu tun.“

„Wie soll ich das verstehen?“ fragte der Mann aus Villefranche.

„Nun, Sie werden Trappist!“ antwortete Vianney. Wirklich nahm Franz Dorel wenige Jahre darauf das Kleid der Trappisten in der Abtei Unserer Lieben Frau von Aiguebelle. Bruder Arsenius, so hieß er im Orden, sagte später, daß er zwei Geschöpfen seine Bekehrung verdanke, dem heiligen Pfarrer und seinem Jagdhund.

Spät in der Nacht erst verließ Vianney den Beichtstuhl und kniete sich vor dem Bild der heiligen Märtyrerin hin und sagte: „Ich hätte Grund, dich zu schelten, heilige Filomena! Du hast dich nicht an unseren Vertrag gehalten. Ja, du bist ungehorsam gewesen gegen deinen Pfarrer! Hast du denn vergessen, was ich dir befohlen habe? Du solltest doch keine Wunder mehr wirken in Ars.“

Der Vorwurf des Pfarrers schien die Heilige wenig zu rühren. Dem Heiligen war es, als flüsterte sie ihm zu:

„Mein guter Pfarrer, hast du denn die beiden Gelähmten nicht selber zu mir geschickt? Warum schiltst du dann mit mir? Faß dich an die eigene Nase!“

„Eigentlich hast du ja recht!“ antwortete Vianney zerknirscht. „Es ist mir nur leid des Lärmes wegen, den man nun allenthalben um diese Geschichte machen wird. Aber tu, was du willst!“

Der Journalist setzte sich in der Nacht noch hin, um einen Bericht an die liberale Zeitung zu schreiben, die er vertrat. Doch zerbrach ihm die Feder, kaum daß er ein paar Zeilen geschrieben hatte, und hinterließ einen großen Klecks.

DAS ZEICHEN DER MADONNA

1857–1859

Wie eine Lawine kam es über das Dorf. Zu Vielhunderten drängten sich die Pilger aus Frankreich und den Nachbarländern durch die engen Gassen. Das wogte und schob sich durcheinander in bunter Herrlichkeit, Krinolinen und Mantillen, Bänderhüte und Spitzenschleier über hochgetürmten Frisuren, strahlende, ordengeschmückte Uniformen, Prälatenmäntel und Mönchskutten, rot, braun, violett, weiß und schwarz, so daß die Arser Mädchen nicht genug schauen konnten; der arme Pfarrer machte sich Sorgen genug, das junge Volk möchte sein Herz an die irdische Eitelkeit verlieren.

Und alle drängten sie durchs Kirchentor, umlagerten den Beichtstuhl, dessen Gefangener Johannes Vianney nun schon seit vielen Jahren war, und warfen die Last ihrer Sünden in den Abgrund der Barmherzigkeit, in das Herz des greisen Priesters.

Die himmlischen Musikanten probten ihr Frühlingskonzert in den blühenden Zweigen, der Sommer kam mit seinem Glanz, der Herbst warf seine Früchte den Menschen in den Schoß, Winterschnee deckte die schlafende Erde zu; der Pfarrer sah nichts von der erwachenden und vergehenden Herrlichkeit der Natur, er sah nur die engen Gitter, hinter denen er, der Gefangene Gottes und der Sünder, ohne Gnade und Schonung auszuhalten hatte, halb erstickt von der sommerlichen Schwüle, frierend und erstarrt in der erbarmungslosen Kälte des Winters.

Oft packte ihn ein jäher Schwindel, der ihm für Minuten das Bewußtsein raubte, oft schlummerte er vor übergroßer Müdigkeit für ein paar Minuten ein, oft trug man ihn ohnmächtig ins Pfarrhaus.

Die erste Stunde des neuen Tages aber fand man ihn wieder in seinem Gefängnis, und die Flut der Pilger wogte aufs neue heran. Vianney kämpfte mit der Sünde wie mit einem Ungeheuer, das vieltausendköpfig aus dunklen Schlünden auf ihn eindrang. Er mahnte und warnte, flehte und weinte, tröstete und belehrte. Dem einen genügte ein kurzes Wort, das aus dem innersten Herzen kam, dem anderen mußte er lange und ernst in die Seele sprechen, um ein Fünklein guten Willens zu entflammen.

Oft war sein Mahnwort kurz, sehr kurz, und doch hallte es in der

Seele wider und ließ sie nicht mehr los. Einem Pfarrer, der Vianney einen großen Kummer klagte, gab er nur das eine Wort mit: „Mein Freund, graben Sie tief in die Geduld des Heilands hinab!"

Einem Bischof, der in der Reihe der Pönitenten stundenlang geduldig ausgeharrt hatte, bis er an die Reihe kam, sagte er nur: „Lieben Sie innig Ihre Priester!"

„Wie schade!" seufzte er nach dem Bekenntnis eines jungen Menschen, gab die Buße an und sprach die Absolution.

„Hab doch den guten Gott recht lieb!" Das war alles, was ein junges Mädchen als Mahnwort mitnahm. Dennoch traf auch der kürzeste Zuspruch die Seele gleich einem glühenden Pfeil bis in ihre Tiefe.

Bei dem Bekenntnis eines Sünders, dem es offensichtlich an Bußfertigkeit gebrach, weinte der Pfarrer so sehr, daß der Beichtende ganz bestürzt nach dem Grund der Tränen fragte.

„Ich weine, weil Sie nicht weinen!" antwortete Vianney.

Zuweilen stieß er, das Laster bis auf die Wurzel auszubrennen, sein Wort wie ein glühendes Eisen in die Seelen, verlangte unnachgiebig nicht nur die entschlossene Absage an die Sünden, sondern auch den entschiedenen Bruch mit der nächsten Gelegenheit. Einer vornehm gekleideten Dame, in deren Herzensgrund er Sinnlichkeit und Stolz erkannte, verbot er, nach Paris zurückzukehren. Einem jungen Mann, der sich aus Menschenfurcht scheute, seinen Glauben öffentlich zu bekennen, legte er als Buße die Teilnahme an der Fronleichnamsprozession auf.

„Sie werden unmittelbar hinter dem Baldachin hergehen!" gebot er dem Furchtsamen, dem schon der Gedanke daran den Angstschweiß ausbrechen ließ.

Es gab auch Fälle, wo Vianney nur unter großen Vorbehalten die Lossprechung geben konnte. „Mein armes Kind", sagte er dann, „es fehlt Ihnen die rechte Zerknirschung des Herzens. Dennoch gebe ich Ihnen die Absolution. Ich werde selbst die Buße leisten, zu der Sie sich nicht entschließen können."

Wenn er dann am Abend todmüde nach Hause kam, griff er zur Geißel und schlug sich um dieses einen Sünders willen.

Längst konnte Vianney nicht mehr allen Pilgern die Beichte abnehmen. Ein paar Geistliche halfen ihm in benachbarten Kapellen und Kirchen, aber die meisten Pilger opferten doch Stunden, Tage und Nächte, um ihr Herz vor dem großen Priester ausschütten zu können. Ihre Last ließen sie im Dämmerlicht der Johanneskapelle oder Sakristei zurück, und den wiedergewonnenen Seelenfrieden nahmen sie mit. Vianneys Seele aber war oft von einer tiefen Traurigkeit erfüllt, wenn er sich endlich, ein, zwei Stunden vor Mitternacht heimschleppte.

„Die Sünder lassen mich nicht los", klagte er eines Abends dem Bruder Athanasius, den er zu sich bestellt hatte. „Ich bin der Gefangene meines Beichtstuhls. Ach Gott, wo ist die liebe Stille, nach der ich mich mein Leben lang gesehnt habe!"

Der treue Ordensmann schaute ihn mißtrauisch an. Vianney spürte den Blick und antwortete lächelnd: „Nein, nein, mein Freund, machen Sie sich keine Sorge. Ich denke nicht mehr an Flucht. Aber ich bat Sie her, um einen Brief zu schreiben. Meine Hände zittern so sehr, daß ich die Feder kaum sicher führen kann."

„An wen soll ich adressieren?" fragte der Leiter der „Vorsehung".

„An seine bischöfliche Gnaden Monseigneur de Langalerie, den neuen Oberhirten unserer Diözese. Schreiben Sie! Bischöfliche Gnaden! Ich werde immer gebrechlicher. Ich muß einen Teil der Nacht auf einem Stuhl zubringen und drei, vier Male in einer einzigen Stunde aufstehen. Ich bekomme Schwindelanfälle in meinem Beichtstuhl, so daß ich für Minuten fort bin. In Anbetracht meiner Krankheit und meines Alters will ich auf immer Ars entsagen. Ich habe das große Vertrauen, daß mir Eure Gnaden die Gunst, um die ich anhalte, gewähren. Sie wissen, daß ich nur ein armseliger Ignorant bin. So denkt alle Welt . . ."

Zögernd reichte Athanasius dem Pfarrer das geschriebene Blatt. Mit zitternder Hand unterzeichnete der Priester:

„Johannes-Maria Vianney, armer, unglücklicher Pfarrer von Ars."

„Ich werde recht herzlich zu Unserer Lieben Frau von La Salette beten, daß der Bischof Ihren Wunsch nicht gewährt", schüttelte der treue Bruder den Kopf.

„Unsere Liebe Frau von La Salette!" sprach Vianney mit müder Stimme nach. „Wenn ich nur wüßte, ob sie den Kindern wirklich erschienen ist!"

„Sie zweifeln immer noch daran?" fragte Athanasius erstaunt.

„Es ist noch nichts darüber entschieden. Man soll nicht vorschnell urteilen." Vianney hatte sich von seinem Sitz erhoben und wanderte ruhelos durch die Stube. „Wenn ich nur wüßte, ob man dem kleinen Schlingel Maximin trauen kann!" seufzte er.

„Vielleicht erbitten Sie ein Zeichen von der lieben Gottesmutter?" riet der Ordensmann.

„Ein Zeichen, ja, das wäre gut!“ nickte der Pfarrer lebhaft. „Oh, ich weiß ein Zeichen! Ich werde Unsere Liebe Frau von La Salette bitten, den Bischof zur Annahme meines Herzenswunsches zu bewegen. Wenn er mich dann von Ars ziehen läßt, glaube ich an die Erscheinung.“

„Nein, nein!“ antwortete Athanasius schnell. „Das geht nicht, weil ich die Muttergottes von La Salette um das Gegenteil bitten werde.“

„Nun, ich werde schon etwas finden!“ seufzte Vianney. „Aber nun gehen Sie schlafen. Es geht auf Mitternacht.“

„Es liegen da noch Postsachen, die noch nicht erledigt sind“, deutete der Bruder auf einen Stoß Briefe.

„Die meisten erledigen sich im Ofen oder im Papierkorb“, antwortete der Pfarrer, dem die täglich bei ihm eingehenden ruhmredigen Schreiben zuwider waren. „Gehen Sie schlafen!“

Als Athanasius das Haus verlassen hatte, schritt Vianney noch lange im Zimmer auf und ab. Allerlei Sorgen ließen ihn nicht los. Zwei Wochen war es noch bis Martini, wo er den Mietzins für dreißig arme Pächter zu zahlen hatte. 750 Franken fehlten noch an der erforderlichen Summe.

Wenn er recht herzlich zu Unserer Lieben Frau von La Salette um dieses Geld beten würde und sie ihm den Betrag bis zum festgesetzten Termin beschaffen würde! Ja, das sollte das Zeichen sein, um das er bitten würde. Dann würde er wissen, daß die Erscheinung wirklich geschehen sei!

So sehr war Vianney mit seinen Gedanken beschäftigt, daß er gar nicht merkte, wie die Lampe immer schwächer brannte. Schließlich erlosch sie mit einem letzten Aufflammen.

Der Pfarrer suchte nach einer Kerze, tastete nach einem Stück Papier, das er auf seinem Tisch fand, enzündete es am Feuer im Ofen und steckte die Kerze an. Den Rest des Papiers warf er in eine Aschenschale.

Im Schein der Kerze kramte er aus einer Lade das Bild der weinenden Gottesmutter von La Salette und betrachtete es lange.

„Verschaff mir das Geld, und ich will's als Zeichen nehmen, daß du wirklich erschienen bist!“ betete er inständig.

Als er am folgenden Morgen ins Pfarrhaus kam, sagte Katharina Lassagne, die das Essen auftrug: „Herr Pfarrer, ich habe heute morgen etwas in der Aschenschale gefunden!“ Damit hielt sie ihm den Rest eines verkohlten Briefes vor Augen.

„Ach, das ist nicht wichtig! Ich habe gestern meine Kerze damit angesteckt, als die Lampe erlosch!" antwortete Vianney leichthin. „Es ist gewiß nur eine dumme Schmeichelei verbrannt, die zu nichts anderem gut war."

„Es ist noch etwas mitverbrannt!" sagte Katharina. „Schauen Sie nur. In dem Brief hat ein Geldschein gelegen. Ein kleiner Zipfel ist übrig geblieben. 500 Franken steht darauf. Das andere ist verbrannt."

„Du lieber Gott, gerade jetzt, wo der Mietzins fällig wird, muß ich Geld verbrennen!" stöhnte der Pfarrer. „Schlimm, schlimm! Aber nicht so schlimm, als wenn ich auch nur die kleinste läßliche Sünde begangen hätte. Da habe ich aber teure Asche fabriziert!" lächelte er, das kümmerliche Überbleibsel der großen Banknote betrachtend.

Kopfschüttelnd verließ Fräulein Lassagne das Zimmer.

Vianney öffnete hastig den Rest der eingegangenen Post, überflog eilig die Briefe und warf sie, ohne zu Ende zu lesen, in den Papierkorb, wenn sie nichts anderes als Worte der Verehrung und Bewunderung enthielten.

„Dummes Geschwätz!" knurrte er vor sich hin. „Und den einzigen Brief, der Geld enthielt, muß ich verbrennen."

Immer näher rückte das Fest des heiligen Martinus, an dem der Zins fällig wurde. Aber es war wie verhext. So eifrig der Pfarrer auch seine Briefe öffnete, es fand sich nicht der kleinste Geldschein darin, und auch sonst blieben die gewohnten Spenden der Pilger aus.

„Nun kann nur Unsere Liebe Frau von La Salette noch helfen!" seufzte er am Abend des 10. November. Gewiß, er hätte den Schloßherrn von Ars um Hilfe bitten können oder den Grafen Cibein, der ihm wiederholt seine Unterstützung gewährt hatte, aber er hatte sich zu sehr auf die Muttergottes verlassen und darum nicht daran gedacht, bei anderen vorzusprechen.

Am Mittag des Martinifestes riß er hastig die Briefe auf, die für ihn bereit lagen, aber einer nach dem anderen wanderte zerknüllt in den Papierkorb. Als letzten öffnete er ein Schreiben aus Belley, in dem ihm der Bischof mit Worten herzlichen Bedauerns mitteilte, er sähe sich um der unsterblichen Seelen willen nicht imstande, ihm die Erlaubnis zu erteilen, Ars zu verlassen.

„Also wieder nichts!" seufzte Vianney. „Keine Versetzung und kein Geld! Wenn ich nur wüßte, wer mir jetzt aus der Klemme hilft."

Müde erhob er sich, um zu seinen Beichtkindern zurückzukehren, als er auf dem Fußboden einen Brief entdeckte, der ihm unbemerkt entfallen sein mußte. Es stand kein Absender auf dem Umschlag, doch war der Poststempel deutlich zu erkennen.

„La Salette" entzifferte Vianney und öffnete den Umschlag mit zitternder Hand. Er enthielt nichts als einen Packen Geldscheine, und als der Priester nachzählte, ergab sich genau die Summe von 750 Franken. Bebend ließ er die Banknoten auf den Tisch sinken und starrte sie an wie ein himmlisches Wunder.

„Das Zeichen!" stammelte er mit zuckenden Lippen. „Das Zeichen Unserer Lieben Frau von La Salette." Dann rief er Katharina Lassagne und sagte leuchtenden Angesichts: „Jetzt weiß ich, daß die Muttergottes den Kindern wirklich erschienen ist. Sie hat mir das Zeichen gegeben, um das ich bat." Damit deutete er auf die Geldscheine, die vor ihm lagen. „Wir können den fälligen Pachtzins bezahlen." Dann ging er eilig in sein Schlafzimmer und gab dem Bild der weinenden Gottesmutter wieder den Platz, von dem er es vor acht Jahren entfernt hatte.

Eine große, drückende Last wich von seiner Seele, Freude und Friede kehrten in sie ein.

Am Abend dieses Tages erschien Magdalena Mandy-Scipiot im Pfarrhaus und teilte Vianney mit, ihre Mutter sei schwer erkrankt.

„Ich möchte sie gerne Unserer Lieben Frau von La Salette weihen und sie bitten, die Kranke wieder gesund zu machen."

„Ja, ja!" nickte der Priester eifrig. „Weihen Sie sie der Muttergottes!"

„Und glauben Sie an La Salette und die Erscheinung?"

„Ja, ich glaube fest und von ganzem Herzen daran!" antwortete Vianney mit strahlendem Blick.

Wieder zog mit Schnee und Frost ein erbarmungsloser Winter ins Land. Vianney litt entsetzlich an einem immer ärger quälenden Husten, wälzte sich schweißgebadet auf seinem armseligen Lager und fand kaum mehr ein paar kurze Augenblicke unruhigen Schlummers. Trotzdem erhob er sich stets bald nach Mitternacht, wankte in die Kirche und nahm das große Werk seiner Barmherzigkeit wieder auf.

„Sie müssen sich schonen!" riet ihm sein alter Freund, der Bürgermeister Graf von Garets, aber Vianney schüttelte den Kopf und antwortete: „Ach, dummes Zeug! Für mich wird der liebe Gott schon sorgen."

In einer Nacht brach er auf dem Weg zur Kirche mehrmals zusammen, raffte sich aber immer wieder auf und ruhte nicht, bis er keuchend seinen Beichtstuhl erreichte.

„Ach, die Sünder bringen schließlich mich armen Sünder noch um!" klagte er seinem Kaplan Toccanier, als er völlig erschöpft heimkehrte.

Es war an einem Abend im Februar 1859. Ein wütender Schneesturm tobte um die Kirche von Ars, und als der Pfarrer zu später Stunde sich heimschleppte, mußte er sich schwer auf die Schulter des Sakristans stützen, sonst hätte der heftige Wind ihn umgeworfen.

„Ich werde gleich schlafen gehen", verabschiedete er sich von Bruder Hieronymus. Kaum aber hatte er sein Zimmer erreicht, als es an seiner Haustür pochte. Vianney, der einen Krankenruf vermutete, stieg die Treppe wieder hinab und öffnete.

Es war eine Frau, die über die Schwelle trat. Vianney hob die Lampe und starrte erschrocken in das ausgezehrte Gesicht einer Fremden, die ihn, vor Frost bebend, um Einlaß bat. Als sie den Schnee abschüttelte, sah der Priester die ganze Armut ihrer Kleidung. Gewiß eine Bettlerin, die um eine milde Gabe bat.

„Kommen Sie in mein Zimmer!" lud Vianney die zitternde Frau gütig ein und leuchtete ihr die Treppe voran. „Es ist zwar schon spät in der Nacht, aber so kann ich Sie nicht gehen lassen. Ich weiß nicht, wo Sie noch eine Unterkunft finden könnten. Das Feuer im Ofen ist ausgegangen", sagte er bekümmert. „Aber warten Sie, ich werde es wieder anzünden." Ohne eine Antwort abzuwarten, lief er, so schnell er konnte, in den Keller und kam keuchend vor Anstrengung mit einem Bündel Stroh und Reisig zurück. Aber das Holz war feucht und wollte nicht brennen.

„Ich bitte Sie, Herr Pfarrer, geben Sie sich keine Mühe!" sagte die Fremde, die sich von ihrer Erschöpfung ein wenig erholt hatte. „Ich bin an Frost und Kälte gewöhnt. Um was ich bitte, sind ein paar Worte, die mir die Seele erwärmen."

Beim Klang ihrer Stimme horchte Vianney auf. Dann schaute er die seltsame Besucherin lange an und fragte: „Wer sind Sie?"

„Erkennen Sie mich nicht?" lächelte die Fremde. „Ich bin Pauline Jaricot aus Lyon."

„Pauline Jaricot?" stammelte der Priester erschrocken. „Sind Sie mit dem Postwagen gekommen?"

„Nein, ich komme zu Fuß von Lyon. Ich habe kein Geld für die Postkutsche."

„Sie sind...?"

„Bettelarm!" nickte Fräulein Jaricot.

„Aber Ihr Vater war doch einer der reichsten Fabrikanten von Lyon?"

„Und ich stehe in der Armenliste unserer Pfarrei. Man hat mich um all mein Gut gebracht. Ich habe nichts als das, was ich auf meinem Leib trage."

„Um Gottes willen! Ich werde Ihnen helfen!" rief Vianney erschüttert.

„Nicht darum bin ich gekommen!" antwortete Pauline Jaricot. „Was ich brauche, ist ein wenig Trost und Aufrichtung für meine Seele. Ich weiß, daß es Gottes Gnade ist, die mich zum Bettler macht. Aber es ist nicht immer leicht, das Kreuz der Not zu tragen. Helfen Sie mir, Herr Pfarrer, damit ich nicht verzage!"

„Ich kann Ihnen Geld geben! Ich habe wohltätige Freunde, die Pilger..."

„Nein, lassen Sie mich in meiner Armut!" wehrte Pauline ab. „Ich will mich meinem Kreuz nicht entziehen, das Gott mir geschenkt hat. Helfen Sie mir nur, daß ich es in Liebe und Ergebung trage."

„Ich werde etwas zu essen suchen, ich glaube, daß ich etwas finden werde!" erbot der Priester sich eifrig.

„Suchen Sie nicht danach! Sie werden es gewiß ebensowenig finden wie trockenes Holz! Bitte, lehren Sie mich, wie ich Gott immer mehr lieben kann!"

Lange sprach Vianney in dieser Nacht mit der Verarmten, die ihm vor vielen Jahren das kostbarste Heiligtum, die Reliquie der heiligen Filomena, geschenkt hatte. Immer mehr staunte er über ihre Leidensbereitschaft. Pauline Jaricot, die bei ihm Trost suchte, lehrte ihn selbst, das Kreuz, das ihn zu jeder Stunde heimsuchte, noch mehr zu lieben als zuvor.

Ein Uhr schlug es vom Kirchturm, als der Priester sich endlich erhob und sagte: „Ich muß jetzt gehen. Die Sünder verlangen nach mir! Bleiben Sie hier und ruhen Sie sich aus! Bis zum Mittag wird Sie niemand stören." Dann nahm er ein hölzernes Kreuz von der Wand und drückte es Pauline Jaricot in die Hand.

„Das ist das Beste, was ich Ihnen geben kann und das einzige in dieser Nacht. Morgen wollen wir weitersehen."

Als er am Mittag heimkehrte, hatte die Besucherin das Haus schon verlassen. Vianney sollte sie nicht wiedersehen.

DAS SPIEL IST AUS

1859

Vor dem Altar der heiligen Filomena kniete Johannes Vianney, den Blick voll zarter Liebe zu der jungfräulichen Märtyrerin erhoben, die in unvergänglicher Schönheit zu ihm herabsah. Einen Blütenstrauß hatte er vor ihr niedergelegt, gleich einem Jüngling, der in den ersten Frühlingstagen seine Liebste mit Blumen schmückt.

„Es ist der letzte Lenz, der mich zu dir bringt!" lächelte er. „Den nächsten feiern wir, will's Gott, zusammen in der himmlischen Glorie. Mir altem Mann ist immer Frühling geworden, wenn ich zu dir kam, mein gutes Herz, mein Trost und meine Freude. Du hast mich reich gemacht in vielen Jahren, aber die Gaben, die ich dir brachte, waren gering. Ein paar Kerzen, ein paar Blumen, das war's! Sei meiner Armut nicht harm! Ich selber werd's nicht mehr können, aber meine Kinder werden dich schmücken, wie du es verdienst. Sie sollen dir eine Kirche bauen, die deiner wert ist, du mein Stern in der Nacht, du Sonne aller meiner Tage, meiner Augen süßes Licht! Ave, Filomena! Meines Herzens große Freude, ave!"

Am Abend des heiligen Osterfestes scharte Vianney seine Herde noch einmal um sich.

„Ich habe euch um mich versammelt", rief er von seiner Kanzel mit schwacher Stimme, „wie Moses sein Volk am Ende des langen Wüstenweges, bevor er den Berg seines Todes erstieg. Ich danke euch für eure Liebe, danke euch, daß ihr mich ertragen habt durch so viele Jahre. Nie habt ihr mir etwas abgeschlagen, um das ich euch bat. Heute morgen habt ihr dem Heiland in eurem Herzen eine Wohnstatt bereitet. An diesem Tag bitte ich euch, baut ein neues Gotteshaus, baut eine Kirche zu Ehren der kleinen Heiligen, die unseres Dorfes Wohltäterin war, die so viele Seelen getröstet und so viele Wunder der Barmherzigkeit gewirkt hat. Sie lasse ich euch zurück, wenn ich von euch scheide. Baut die Kirche der heiligen Filomena! Die Stimme versagt mir armen, alten Mann. Die Ostergnade erleuchte euer Herz. Das ist es, was ich euch wünsche."

Noch einmal kam Fronleichnam. Der Pfarrer schritt, schwer auf seinen Knotenstock gestützt, hinter dem Sanktissimum durch Gassen und

Felder. Er selbst vermochte die Monstranz nicht mehr zu tragen, doch hob er sie an den vier Altären noch ein wenig an, um alle zu segnen. Das war seines Lebens letzter hoher Tag.

Trotz der glühenden Sommerhitze hielt er Tag für Tag und Nacht für Nacht im Beichtstuhl aus, aber immer mehr schwanden ihm die Kräfte.

Eines Nachmittags verließ er zu ungewohnter Stunde die Kirche und wankte zu dem Häuschen, in dem Katharina Lassagne wohnte.

„Ach, meine liebe Katharina, es geht nicht mehr!" stöhnte er, halb ohnmächtig gegen den Türpfosten gelehnt.

„Kommen Sie herein und setzen Sie sich!" bat das Fräulein in Herzensangst. „Ich werde Ihnen eine warme Milch geben."

„Nein, nein, laß es gut sein! Was ich brauche, ist Ruhe. Ich will mich ein wenig hinlegen." Damit stapfte er an seinem Krückstock davon und schleppte sich zum Pfarrhaus.

Indessen bereitete Katharina die Milch. Als sie aber mit dem heißen Getränk ins Pfarrhaus trat, stieg Vianney eben wieder die Treppe hinab.

„Aber wo wollen Sie denn hin?" rief Katharina bestürzt. „Sie wollten sich doch hinlegen."

„Es fiel mir ein, daß ich keine Zeit dazu habe!" antwortete der Pfarrer. „Es warten noch zu viele in der Kirche."

„So trinken Sie doch wenigstens zuerst die Milch!"

„Nein, nein, ich will nichts!"

„Herr Pfarrer, Sie müssen die Milch nehmen!"

Vianney griff sich an die Stirn.

„Du machst mir Kopfschmerzen!"

„Sie trinken zuerst die Milch!" beharrte Fräulein Lassagne.

„Laß mich durch!"

„Erst die Milch!"

Schließlich erzwang sich der Pfarrer den Weg und gelangte auf den Kirchplatz. Katharina lief hinter ihm her.

„Sie trinken Ihre Milch, und wenn ich sie in den Beichtstuhl nachtragen müßte."

„Katharina, die Pilger schauen schon her!"

„Geben Sie ihnen kein schlechtes Beispiel und tun Sie, was man Ihnen sagt!"

„Na, dann gib her!" Vianney trank nun wirklich die Tasse leer und machte sich dann schleunigst von seiner unerbittlichen Haushälterin los.

Viele Pilger schauten mitleidig dem alten Manne nach, der voller Hast der Kirche zustrebte. Katharina aber hatte den Trost, daß der Pfarrer ihr am Abend nach seiner Heimkehr sagte: „Immerhin, Katharina, ohne deine Milch hätte ich es nicht ausgehalten."

In den letzten Julitagen war die Luft wie Feuer. Hitze und stickiger Dunst machten den Aufenthalt in der Kirche unerträglich. Zwar standen die Türen auf, aber statt der ersehnten Kühlung drang eine Backofenglut hinein. Viele der Pilger wurden ohnmächtig, andere verließen erschöpft die Kirche. Nur der Pfarrer hielt wie alle Tage, Stunde um Stunde, in seinem engen Gefängnis aus.

Selbst der späte Abend brachte kaum eine Abkühlung. Zitternd vor Anstrengung, verließ Vianney gegen 10 Uhr den Beichtstuhl und kniete sich zu seinem letzten Gebet vor dem Tabernakel nieder. Lange verharrte er so, auf seinen Stock gestützt. Dann winkte er den alten Oriol heran, einen wohlhabenden Gutsbesitzer aus Pélussin, der sich seit einigen Jahren in Ars niedergelassen hatte und mit einigen anderen Männern einen Wächterdienst in der Kirche versah.

„Geben Sie mir eine Kerze!" bat Vianney den getreuen Helfer, der sich beeilte, des Pfarrers Wunsch zu erfüllen. Das Wachslicht in der Hand, schritt Vianney von einem Altar zum anderen, betrachtete lange die heiligen Bilder gleich guten Freunden, denen man das letzte Lebewohl sagen will. Der Pfarrer wußte, daß die Stunde des Abschieds gekommen war.

Im Schein seiner Kerze leuchtete goldstrahlend Unsere Liebe Frau, das silberne Herz von Ars auf ihrer Brust.

„Ave Maria!" stammelte der Greis, das Knie beugend.

Weiter wanderte das Licht zum Bild des Nährvaters Jesu.

„Hab dich lieb gehabt, mein ganzes Leben lang! Hätte dir so gerne noch eine eigene Kapelle gebaut. Nimm den Willen für die Tat und tröste mich im Sterben!" seufzte Vianney.

Beim Choreingang hielten Papst Sixtus, der Kirchenpatron, und Blasius, der Wundertäter, die Wacht. Der Pfarrer nickte ihnen zu wie alten, lieben Bekannten. Der Schein der Kerze glitt über die Gesichter der Heiligen auf den Wandkonsolen. Da war der tapfere Diakon Laurentius, unzertrennlich verbunden mit dem Papst, dem er im Tode gefolgt war, der heilige Franziskus von Assisi, dessen Armut und Gottesliebe Vianney geteilt hatte, Katharina von Siena, die Erzengel Michael, Gabriel und Raphael mit dem jungen Tobias und schließlich der Bettler Benedikt Labre, der seines Großvaters Gast gewesen war und dessen Brief der

Pfarrer stets als kostbares Kleinod gehütet hatte. Lange stand der nächtliche Beter vor dem Bild des Schmerzensmannes in der „Ecce-Homo-Kapelle", das ihn an das Leid seines Lebens erinnerte.

„Alle Dornen hast du von meinen Wegen gesammelt und mit ihnen die eigene Stirne gekrönt!" stammelte Vianney unter Tränen.

Noch einmal trat er auf die Täuferkapelle zu, ließ das Licht über den Spruch gleiten, der den Eingang schmückte: „Sein Kopf war der Preis eines Tanzes." Wie sehr hatte der bunte Tanz der Welt sein Herz erschreckt! Nun war die irdische Lust verstummt, und unter den alten Nußbäumen tönte das Lied der Pilger. Die Täuferkapelle hatte ihnen den Frieden geschenkt, für Vianney war sie zum Ort seines großen Martyriums geworden. Nun aber würde die geduldig ertragene Qual ihr Ende finden.

Vor dem Bild der heiligen Filomena sprach der Pfarrer den letzten Gruß. Dann stellte er seine Kerze neben den gläsernen Schrein.

In der Nacht fand Vianney keinen Schlaf. Kurz nach Mitternacht erhob er sich und schleppte sich in seinen Beichtstuhl. Es begann ihn heftig zu schwindeln. Wieder und wieder schwanden ihm die Sinne. Mehrere Male mußte er die Kirche verlassen, um sich im Freien ein wenig zu erholen.

Um sechs Uhr feierte er, von seinem Kaplan gestützt, das heilige Opfer. Als er nach der heiligen Wandlung den Leib des Herrn in seinen Händen hielt, flüsterte er leise: „O Herr, wenn ich wüßte, daß ich Dich in der Ewigkeit nicht schauen dürfte, ich ließe Dich nimmer los!"

Von Fieberschauern geschüttelt, kehrte er in den Beichtstuhl zurück. Auch an diesem Tag wollte er seine Christenlehre halten. Aber er fühlte sich so schwach, daß er den alten Oriol herbeiwinkte und sich von ihm ein paar Tropfen Wein geben ließ. Da er nicht warten wollte, bis der Wächter ein Glas gefunden hatte, trank er aus der hohlen Hand. Ohne Hilfe erstieg er die kleine Kanzel und begann zu sprechen. Seine Stimme war so schwach, daß ihn niemand mehr verstand. Immer wieder wandte er sich um und deutete auf den Tabernakel. Das war seine letzte Predigt.

Bis in den tiefen Abend hielt er im Beichtstuhl aus. Dann kehrte er, schwer auf die Schulter des Bruders Hieronymus gestützt, heim. Auf dem Weg stand die Familie Garets und empfing seinen Segen.

Nur mit größter Mühe erreichte Vianney sein Zimmer. Der Sakristan half ihm auf sein Lager, dann ließ er ihn auf Wunsch des Heiligen allein. Katharina Lassagne hielt im Nebenzimmer Wache.

Eine Stunde nach Mitternacht riß sich Johannes Vianney noch einmal mit aller Gewalt auf, um in die Kirche zu gehen, aber es schwindelte ihn so sehr, daß er keinen Schritt zu tun vermochte. Unbewußt stieß er einen Hilferuf aus. Die treue Wärterin eilte herzu und half ihm, sich wiederum hinzulegen.

„Das ist mein armes Ende!“ stöhnte der Pfarrer. „Laß den Pfarrer von Jassans rufen!“

Aufs äußerste bestürzt, holte Katharina den Sakristan.

„Das ist mein armes Ende!“ wiederholte Vianney. „Ich bitte Sie, rufen Sie meinen Beichtvater!“

„Ich werde auch den Arzt holen!“ versprach Bruder Hieronymus.

„Das ist zwecklos!“ hauchte der Kranke. „Mir kann kein Arzt mehr helfen.“

Inzwischen hatte man auch den Kaplan gerufen, der rasch herbeieilte.

„Die heilige Filomena, die Sie vor sechzehn Jahren geheilt hat, wird Sie auch dieses Mal wieder gesund machen!“ sagte der treue Toccanier hoffnungsvoll.

„Nein, nein, jetzt kann auch die kleine Heilige nicht mehr helfen!“ schüttelte der Greis den Kopf.

Beim Morgengrauen trat Pfarrer Beau aus Jassans ins Zimmer und wenig später auch der Arzt.

Dr. Saunier konnte nur noch eine völlige Erschöpfung feststellen; als man ihn voller Angst nach seiner Meinung fragte, sagte er: „Wenn die Hitze nachläßt, können wir noch hoffen, hält sie an, werden wir ihn verlieren.“

Aber der 30. Juli gönnte dem Kranken keine Linderung. Schon in den frühen Morgenstunden brannte die Sonne erbarmungslos. Man verhängte die Fenster mit nassen Tüchern, ja, die treuen Pfarrkinder spannten rings um das Haus große Laken, die sie ständig mit Wasser benetzten.

Weinend drängten sie sich mit den Pilgern zur Tür des Pfarrhofes, umlagerten die Altäre in der Kirche, ein Wunder zu erflehen. Aber die Nachrichten, die aus dem Krankenzimmer gelangten, wurden immer trostloser.

Es ging zu Ende mit dem heiligen Pfarrer.

In großer Demut beichtete Vianney dem Mitbruder.

„Haben Sie Furcht vor dem Sterben?“ fragte Ludwig Beau.

„Das ist seltsam!“ antwortete Pfarrer Vianney mit schwacher Stimme.

„Ich habe mich immer gefürchtet, als Pfarrer vor den Richterstuhl Gottes zu treten. Nun aber ist alle Angst dahin. Ich sterbe ohne Furcht im Vertrauen auf die Barmherzigkeit Gottes."

Die Glocken von Ars läuteten, als Pfarrer Beau das Viatikum brachte. Zwanzig Priester geleiteten das Allerheiligste mit brennenden Kerzen.

Dem großen Priester, der seinen Heiland erwartete, rannen die Tränen über das zerfurchte Gesicht.

„Warum weinen Sie, mein Vater?" fragte Bruder Elias, einer der Ordensleute aus der Knabenschule.

„Ach, Bruder!" schluchzte Vianney. „Es ist so traurig, zum letztenmal zu kommunizieren."

Ein Leuchten erhellte seine Züge, als er den Herrn bei sich aufnahm. Voll Andacht empfing er die Letzte Ölung.

Der Pfarrer Dubois von Fareins hielt nach der heiligen Handlung die Wache bei ihm.

„Sie sind zusammen mit dem lieben Gott!" sagte der alte Mitbruder.

„Ja, mein Freund!" nickte Vianney, und aus seinen Augen strahlte überirdische Freude.

Auch in den folgenden Tagen nahm die Hitze nicht ab. Fliegen schwirrten ins Zimmer, die eine der Josefsschwestern von der schweißnassen Stirn zu verjagen suchte.

„Ach, lassen Sie die Fliegen nur, liebe Schwester!" lächelte Vianney. „Nur eines ist lästig, die Sünde!"

Viele der Pilger und Dorfbewohner drängten sich noch einmal über die Schwelle, baten um den letzten Segen oder beichteten ihre Sünden. Immer wieder hob der Kranke die Hand zu Segen und Lossprechung.

Am 2. August trat Pfarrer Raymond, Vianneys ehemaliger Kaplan, ins Zimmer. Unter Tränen brach er neben dem armseligen Strohsack nieder, auf den man Vianney auf seinen ausdrücklichen Wunsch gebettet hatte.

„Verzeihen Sie mir!" schluchzte er, der dem greisen Pfarrer so viel Leid angetan hatte. Vianney umarmte ihn mit großer Herzlichkeit.

„Ihr Besuch ist mir ein guter Trost!" flüsterte er. „Ich habe auf Sie gewartet."

Am gleichen Tag führte man ein kleines Mädchen in die Krankenstube, die dem Pfarrer weinend mitteilte, der Großvater liege im Sterben und bitte um den Segen.

„Wer ist dein Großvater, Kind?" fragte Vianney.

„Anton Givre heißt er!" antwortete das Mädchen. „Er erzählt

immer, er hätte Ihnen den Weg nach Ars gezeigt und Sie hätten gesagt, Sie würden ihm dafür den Weg zum Himmel zeigen."

„Ja, ich weiß!" lächelte der Greis. „Sag deinem Großvater, morgen brächte ich ihn vor das Himmelstor!"

Mittwoch, den 3. August, verbrachte der Sterbende in ständiger Vereinigung mit Gott. Erst der Besuch des Bischofs, der am Abend eintraf, ließ ihn aus seiner Verzückung erwachen.

Monseigneur Langalerie umarmte ihn unter Tränen und versprach, in der Kirche für ihn beten zu wollen. Vianney nickte dankbar, konnte aber kein Wort mehr erwidern.

Gegen zehn Uhr abends schien das Ende gekommen zu sein. Toccanier sprach die Scheidegebete und gab den Sterbeablaß. Um Mitternacht reichte der Missionar Monnin, einer von Vianneys treuesten Helfern während der letzten Jahre, dem Sterbenden sein Kreuz zum Kuß. Dann begann er die Gebete für den Todeskampf.

Mit einem Lächeln auf den Lippen tat gegen zwei Uhr Vianney in den Armen des Bruder Hieronymus den letzten Seufzer. Der alte Oriol schloß ihm die Augen.

Vom Kirchturm her läutete die Totenklage, und in allen Nachbarorten bis an das Saoneufer stimmten die Glocken mit ein.

Mit den Dörflern und den Pilgern, die in jener Nacht in Ars weilten, weinte Frankreich um den heiligen Priester. Den ganzen Tag über zogen die Trauernden an dem Zimmer im Erdgeschoß vorüber, in dem man den Toten aufgebahrt hatte.

Gefolgt von einer ungeheuren Menschenmenge, bettete der Bischof von Belley den Heiligen zur letzten Ruhe.

Am 14. August übertrug man den Leib des Entschlafenen in eine Gruft, die man im Schiff der Kirche ausgehoben hatte. Eine schwarze Marmorplatte verschloß das Grab. Unter dem eingezeichneten Kelch stand die Inschrift:

„Hier ruht Johannes Maria Baptist Vianney,
Pfarrer von Ars."

Papst Pius X., der an Vianneys Todestag, dem 4. August 1903, den Stuhl Petri bestieg, verkündete am 8. Jänner 1905 die Seligsprechung des großen Priesters.

Am Pfingstfest, dem 31. Mai 1925, erklärte Papst Pius XI. den armen Pfarrer von Ars zum Heiligen der katholischen Kirche.